U0961436

城市资源视角下城市休闲产业发展模式研究

栗 郁 著

電子工業出版社
Publishing House of Electronics Industry
北京 • BEIJING

内容简介

休闲产业作为城市化过程中的重要产业形态，已逐步成为我国国民经济新的增长点，以及引领城市发展、推动产业结构优化升级的重要途径。城市休闲产业的发展依赖所在城市供给的资源要素，与各种资源要素相互影响和作用，共同驱动产业发展。本书从城市资源的视角，以城市休闲产业为研究对象，探究城市资源对城市休闲产业的驱动作用，基于“资源评价分析—资源与产业的驱动关系—模式探索”的分析框架，从休闲产业发展依赖的城市资源分析入手，分析城市资源对城市休闲产业的驱动力作用，通过不同资源动力的组合关系归纳休闲产业发展模式，从而构建资源驱动下城市休闲产业发展模式概念模型；通过20个样本城市的实证研究，提出综合实力驱动发展模式、经济与人口资源驱动发展模式、城市功能和科技文化资源驱动发展模式和资源均衡驱动模式四种产业发展模式；通过对珠海城市休闲产业发展模式展开案例分析，为其休闲产业模式优化提出针对性建议。

本书可作为旅游休闲产业从业人员、旅游休闲经济研究人员的参考书。

图书在版编目（CIP）数据

城市资源视角下城市休闲产业发展模式研究 / 粟郁著. —北京：电子工业出版社，2022.5
ISBN 978-7-121-42612-4

I. ①城… II. ①粟… III. ①旅游业发展－研究－中国 IV. ①F592.3

中国版本图书馆CIP数据核字（2022）第016681号

责任编辑：石会敏 文字编辑：苏颖杰
印 刷：三河市良远印务有限公司
装 订：三河市良远印务有限公司
出版发行：电子工业出版社
北京市海淀区万寿路173信箱 邮编：100036
开 本：787×1 092 1/16 印张：10.75 字数：278.4千字
版 次：2022年5月第1版
印 次：2022年5月第1次印刷
定 价：69.00元

凡所购买电子工业出版社图书有缺损问题，请向购买书店调换。若书店售缺，请与本社发行部联系，联系及邮购电话：（010）88254888，88258888。

质量投诉请发邮件至zlts@phei.com.cn，盗版侵权举报请发邮件至dbqq@phei.com.cn。

本书咨询联系方式：738848961@qq.com。

前　　言

休闲经济作为新型的经济形式，强调生活品质和人居和谐，已逐渐作为推动经济社会发展的重要力量。改革开放以来，随着人们生活观念的转变和休闲意识的增强，休闲逐渐成为现代城市居民最普遍的生活方式之一，中国也逐渐步入“休闲时代”。发达的休闲服务和成熟的休闲市场成为中国城市繁荣的重要特征。休闲经济已经成为促进城市进步和引领城市发展的新动力。各类围绕休闲开展的生产和服务活动在人们生活中扮演着越来越重要的角色。休闲产业不同于传统意义的旅游业，是与人们休闲消费需求密切相关的产业群，主要包括旅游度假、休闲娱乐、休闲体育、文化等相关产业。一般认为，城市休闲功能越完善，城市休闲经济越发达，就标志着城市生活品质的提升和城市综合竞争力的增强。在此背景下，休闲产业由于其持续快速发展的特点和与其他产业间的强关联性，并有利于促进区域产业结构优化，因此越来越受到各级政府和部门的重视，并成为中国经济发展的一个新增长点。

2016 年 12 月，国家发展改革委提出 2017 年启动珠三角湾区等跨省域城市群规划编制，将香港、澳门和珠三角 9 个城市作为一个整体来规划。2017 年 3 月，政府工作报告中指出，要推动内地与港澳深化合作，研究制定粤港澳大湾区城市群发展规划，发挥港澳独特优势，提升其在国家经济发展和对外开放中的地位与功能。同年 7 月，国家发展改革委及粤港澳四方签订了《深化粤港合作，推进大湾区建设框架协议》，这标志着粤港澳大湾区建设的全面启动。粤港澳大湾区城市群的建设目标是要“努力将粤港澳大湾区建设成为更具活力的经济区、宜居宜业宜游的优质生活圈和内地与港澳深度合作的示范区，携手打造国际一流湾区和世界级城市群”。世界一流的城市群通常具有高度开放、创新引领、宜居乐业及区域协调等特征，这些特征既包括经济发展目标，也包含优质生活圈等社会发展内涵。由此，城市休闲产业将是粤港澳大湾区城市群产业发展的重要战略选择之一。

城市作为政治、经济、人口、文化的集聚中心，为休闲产业的发展提供了丰富的资源供给。不同城市在资源禀赋上有较大的差异。城市休闲产业发展的关键在于识别城市资源优势，根据资源禀赋进行产业发展模式选择，从而可以有效地利用和配置城市资源，形成产业竞争优势。当前有关城市休闲产业发展的理论研究较为薄弱，从资源视角探究休闲产业发展模式也无系统的研究成果。基于此，笔者选择城市休闲产业作为研究对象，从资源视角厘清资源要素和休闲产业发展的互动关系，探究城市休闲产业发展的规律和特点，为城市管理者识别和发挥资源优势，促进城市资源向产业竞争力转化提供科学依据。本书主要研究内容和创新贡献体现在以下几个方面。

第一，构建了资源驱动下城市休闲产业发展模式的概念模型。基于产业发展的动力分析和要素驱动发展模式理论，建立“资源评价分析—资源与产业的驱动关系—模式探索”的分析框架，从休闲产业发展所依赖的城市资源分析入手，分析城市资源对城市休闲产业的驱动作用，通过不同资源动力的组合关系来归纳休闲产业的发展模式，从而构建资源驱动下城市休闲产业发展模式概念模型。

第二，提出休闲产业视角下的城市资源系统构成，构建了城市资源测量指标。基于城市资源的理论，从休闲产业发展的视角，将城市资源划分为自然资源、人口资源、经济资源、科技文化资源和城市功能资源五个子系统，并在此基础上选取具体测量指标，通过20个样本城市数据进行主成分分析，最终构建了5个层面9个领域31个具体测度的休闲产业视角下城市资源系统。

第三，实证分析了各类城市资源对城市休闲产业的驱动作用。通过相关分析、多元回归分析，验证了自然资源、经济资源、人口资源、城市功能资源和科技文化资源五种城市资源因子和城市休闲产业产出皆呈显著正向关系。通过层级回归分析验证了4种资源因子的交互效应对城市休闲产业的产出有显著正向影响。各资源要素间的交互作用，较单一资源产生的驱动作用更大。此外，通过相对权重分析方法，研究发现其中经济资源和人口资源对城市休闲产业的产出贡献最大，构成了驱动城市休闲产业发展的主导资源，城市功能资源和科技文化资源对城市休闲产业产出的贡献较弱，构成驱动城市休闲产业发展的辅助资源。

第四，识别资源驱动下城市休闲产业发展的不同模式。不同的城市资源组合对城市休闲产业会产生不同的驱动作用。研究采用类间平均连接法对样本城市进行聚类分析，将样本城市分为五类。根据聚类分析的结果，以公共因素的方法贡献率为权重，计算出样本城市各类资源的得分，总结出这五类城市资源的组合特征规律，归纳其资源特征，进而识别城市休闲产业发展的不同模式。通过对比分析，识别出综合实力驱动发展模式、经济和人口资源驱动发展模式、城市功能和科技文化资源驱动发展模式和资源均衡驱动模式四种产业发展模式，并对珠海城市休闲产业发展模式展开案例分析。

在本书撰写过程中，笔者基于现有的研究，参考了诸多学者、机构的研究成果，在此，表示衷心的感谢。由于笔者水平有限，书中难免有些不妥或错误之处，恳请各位专家、读者不吝赐教，在此表示诚挚感谢。同时，本书出版得到广东省哲学社会科学“十三五”规划的大力支持，是2018年度学科共建项目《城市资源视角下粤港澳湾区城市休闲产业发展模式和路径研究》（编号：GD18XYJ01）的研究成果。

栗郁

2021年12月

目　录

第1章 绪　论

1.1 选题背景与问题提出

1.1.1 选题背景

收入与闲暇是休闲活动产生的两个基本条件。当人们的可自由支配收入达到一定水平后，人们会减少劳动时间，更多地参与休闲活动。同时，科学技术的发展释放了劳动力，社会必要劳动时间缩短，闲暇时间增加，导致相应的休闲消费需求日益增长。这些条件的共同作用促使休闲逐渐成为一种普遍的社会经济现象，越来越得到人们的关注，休闲产业经济学也已成为西方经济学中重要的分支学科。

改革开放以来，我国国民经济和国民收入水平持续增长。北京、天津、上海、广东、江苏等多个省、直辖市人均GDP早已达到或接近一万美元，率先达到中等发达国家标准。随着人们可支配收入和闲暇时间大幅增加，尤其是人们休闲观念的转变和休闲意识的增强，休闲已经成为我国城市居民重要的生活方式，中国也开始逐步进入“休闲时代”。党的十九大报告指出，当前我国社会的主要矛盾已经转化为“人民日益增长的美好生活需要和不平衡不充分的发展之间的矛盾”。休闲经济作为新的经济形态，强调生活品质和人居和谐。发展休闲产业正是满足人们美好生活需要的有效途径。不同于传统意义的旅游产业，休闲产业包括各类围绕人们休闲活动展开的生产和服务的产业群或产业链领域，由旅游业、娱乐业、文化业和体育业等相关产业构成。休闲产业能够强化城市功能和提升城市生活品质，并有利于经济转型升级，越来越受到各级政府和部门的重视。

《国民旅游休闲纲要（2013—2020年）》的发布将休闲发展上升到国家战略层面，把休闲定位于满足人民生活需求与促进社会和谐发展，这标志着中国休闲产业开始进入一个新的阶段。作为城市化过程中的一个重要产业形态，休闲产业已经成为引领城市发展的新动力。党的十九大报告提出，我国经济已由高速增长阶段转向高质量发展阶段，正处在转变发展方式、优化经济结构、转换增长动力的攻关期。我国的中央经济工作会议也明确指出，经济发展的主要任务已经由以经济规模扩张为主转向以提高经济增长质量和效益为主。提高经济发展质量，加快供给侧改革，推动产业结构转型升级，促进城市的可持续发展，是增强经济内生动力的必然选择。

很多城市都提出打造休闲城市的概念，通过发展休闲产业来实现城市的可持续发展和经济的转型升级。例如，杭州最早提出打造“休闲之都”的概念，成都、三亚、长沙等地也在大力发展城市休闲产业。近年来，国内各地休闲产业的规划建设也相继出台，产业发展势头强劲。在这种背景下，城市休闲产业作为现代服务业的重要组成部分，成为国内学术界关注的研究领域。

1.1.2 问题提出

随着我国社会经济持续健康发展，人们开始注重对人居环境和休闲生活的追求，城市的休闲功能日益增强。我们应如何推动休闲产业发展？

产业演变的总体趋势是从第一产业转向第二产业，继而转向以服务业为核心的第三产业。后现代主义理论将社会的发展分为前工业社会、工业社会和后工业社会三个阶段。而后工业社会的经济核心就是服务业。服务经济时代已经来临，旅游休闲、文化娱乐等服务业逐步成为城市主要产业部门和消费领域，也是后工业社会服务产业发展的主要方向之一。因此，城市休闲产业的兴起和发展是产业内部结构自然演进的结果，也与当前产业转型升级的方向相呼应。但是由于缺乏对休闲产业进行科学规划和布局，大部分城市的休闲产业发展还处于自由生长状态，缺乏整体规划和设计，定位不清晰，资源利用不充分。

产业发展与资源要素是密不可分的。资源要素的数量、质量在很大程度上决定了产业水平。城市作为政治、经济、人口、文化的集聚中心，为休闲产业发展提供了丰富的资源供给。城市休闲产业发展依赖所在城市所供给的资源要素，通过各种资源要素相互影响和作用形成的综合动力，共同驱动产业的发展，通过“资源增值”实现“产业增值”。目前，国内外学术界对城市休闲产业的研究多集中在产业分类、主要特征和总体战略模式的设计上，缺乏对城市休闲产业发展与资源要素之间互动关系的探讨。城市休闲产业发展需要什么样的资源？资源又以什么样的形式驱动城市休闲产业发展？城市休闲产业发展的模式和路径有哪些？这些问题都显得尤为重要。目前，指导休闲产业发展的基础理论研究尚比较缺乏，从资源视角来探究休闲产业发展也没有系统研究成果。基于此，本书选择城市休闲产业为研究对象，从城市资源的视角厘清这些资源和城市休闲产业发展的关系，探究城市休闲产业发展规律和特点，为城市管理者识别和发挥资源优势，促进城市资源向产业竞争力转化提供科学依据。

1.2 研究目的与意义

1.2.1 研究目的

任何产业的发展都离不开模式的选择。产业发展模式和发展路径直接决定了产业发展水平的高低。同时，产业发展与资源要素又是密不可分的，产业都倾向于在资源条件优越的区域聚集。资源要素的来源、形式、质量等在很大程度上决定了产业水平。城市资源在很大程度上决定了城市产业定位和布局。不同城市在资源上有较大的差异，要发挥独特的资源优势，将其转化为产业竞争优势，使城市经济获得最大优化和可持续发展。城市休闲产业不同于其他产业，和城市人们的社会文化生活紧密相关。自然资源、劳动、资本、技术、文化、基础公共设施和配套服务等都是发展休闲产业的重要生产要素。这些资源要素相互作用和影响，共同作用于休闲产业的发展，并彼此之间构成良性的互动促进关系。本书希望通过深层次地分析城市资源对城市休闲产业发展的驱动作用，识别资源驱动下城市休闲产业的发展模式，为推动城市休闲产业发展提供理论借鉴。

本书的具体目标有以下几个：

（1）探究促进城市休闲产业发展的城市资源构成。

（2）探究城市资源与城市休闲产业发展的驱动关系，厘清这些资源是如何驱动和促进城市休闲产业发展的。

（3）从资源角度识别城市休闲产业发展的不同模式，为城市休闲产业发展提供理论指导和路径选择。

1.2.2 研究意义

1. 理论意义

产业是国民经济可持续发展的支撑力量和社会和谐稳定的重要基石。习近平总书记指出，“产业结构优化升级是提高我国经济综合竞争力的关键举措。要加快改造提升传统产业，深入推进信息化与工业化深度融合，着力培育战略性新兴产业，大力发展服务业特别是现代服务业，积极培育新业态和新商业模式，构建现代产业发展新体系”。城市休闲产业的兴起和发展是产业结构自然演进的结果，也与当前产业转型升级的方向相呼应。

国内不少城市都在寻求通过发展休闲产业来实现城市可持续发展和经济的转型升级。各地休闲产业的建设规划也相继出台，产业发展势头强劲。但是当前指导休闲产业发展的理论和方法尚比较缺乏，尤其是关于休闲产业发展模式的研究，还没有系统的研究成果。

城市休闲产业一方面紧紧依赖所在区域所供给的资源要素，另一方面要将这些资源整合，使资源与人们的休闲生活相匹配，使资源增值，最终转化为休闲产业产出。城市休闲产业发展可以通过“城市资源—资源整合—产业增值”的层级来表现，即通过城市资源的不断积累，各种资源要素相互影响和作用，最终实现产业的增值，也为城市增值，提高城市的可持续发展能力。基于上述过程的解析，本书选择城市休闲产业为研究对象，探究城市资源对城市休闲产业发展的驱动作用，构建基于城市资源的城市休闲产业的发展模式，对深化城市休闲产业理论、促进城市资源向城市休闲产业竞争力的转化具有重要的理论指导意义。本书的理论意义体现为以下方面：第一，从休闲产业的角度重新界定城市资源的概念和维度，深化了当前城市资源理论研究的内容；第二，丰富了城市休闲产业的理论研究，开拓了从资源角度研究城市休闲产业的新视角；第三，丰富了产业模式的理论研究，阐释了城市资源对城市休闲产业发展的驱动关系，拓展了从资源角度提出产业发展模式的思路。

2. 现实意义

城市经济实质就是集聚经济。资金、人力、技术等各种资源以城市为中心汇集并相互作用，通过聚集效应，使资源使用效率成倍提高。产业也倾向于向资源条件优越的城市集聚。休闲产业与其他产业一样，都离不开对资源的依赖。同时，城市休闲产业与人们社会生活关联性强，涉及产业部门多，更注重城市资源的整合，对资源的需求更为强烈。本书的现实意义体现在以下两个方面：

第一，本书确定了城市休闲产业发展的核心资源，探索了城市资源对休闲产业发展的驱动作用，对帮助城市管理者识别和发挥资源优势，促进城市资源向产业竞争力转化具有重要的指导意义。

第二，本书通过构建资源视角下城市休闲产业发展的模式，帮助城市管理者通过系统地分析和评估城市资源现状来确定适合城市发展的休闲产业发展模式和路径选择，对促进城市休闲产业发展具有重要的现实指导意义。

1.3 研究现状与评述

1.3.1 城市资源的研究

1. 城市资源的定义

国内学者已对城市资源理论展开了相关研究，对城市资源的概念有不同的定义。

一些学者从资源的功能特性出发，对资源进行定义。王长安（2003）提出城市资源是以有利于城市建设与发展和城市形象提升为目的，运用政策手段，由政府主导来进行整合的各种资源的总称。潘安敏等（2009）认为城市资源是指用于城市建设和城市居民服务的各类资源要素的总称，包括物质资源、文化资源和人力资源。杜晓黎（2008）认为城市资源是城市为人们满足生活需要和提升生活品质所需的各种要素的总称。

另一些学者从研究对象出发定义城市资源。宋金柱等（2007）认为城市资源是指在城市经济和文明辐射范围内各种经济、社会、自然、历史等要素的总和。

周冰等（2008）认为城市资源泛指属于城市的所有资源，包括有形资源和无形资源。有形资源是指城市设施、房屋、土地等实体资源；无形资源则是指城市交通、城市空间等公共服务资源。张侃侃等（2012）从社会空间角度对城市资源进行定义，认为城市资源是指为提高整体城市生活品质，满足城市居民健康的生活需求，由政府提供的整个公共基础设施系统，包括城市社区体系与社区资源体系。

综上所述，国内学者对城市资源的定义并没有形成统一或权威的观点。因为在概念上存在分歧，学术界对城市资源构成也存在不同观点。

2. 城市资源的构成

学者们对资源构成的分类也不尽相同。按照城市资源的功能特性，王长安（2003）将城市资源分为三类：自然资源、再生资源、无形资源。自然资源包括土地、水、矿产资源等；再生资源是指通过生产创造出来的物质资源，包括市政公用设施，如路桥、园林等；无形资源是指由有形资源衍生出来的无形资产，包括城市文化、城市形象、城市品牌等。张超（2004）将城市资源分为三大类：经济资源、生态资源和社会资源。社会资源包括科教文卫及社保服务等；生态资源则包括公园绿地、市区内河流、空气环境等；经济资源包括企业生产性资源、居民消费性资源和城市公共服务性资源等。郭正模等（2011）将城市资源分为土地资产资源、生态环境资源、人口人力资源、产业经济资源、社会文化资源和行政制度资源六大类。

根据研究对象的不同，张凡等（2003）将城市资源主要分为自然资源和社会经济资源，其中，社会经济资源包括制度资源、企业资源、人力资源、人类文化遗产资源、城市形象资源等。宋金柱等（2007）把城市资源分为物质资源和无形资源。城市物质资源包括城市自然资源、城市共用资源（城市基础设施和科教文卫等非基础性设施）、非公有资源（产业、企业等城市经营要素）；城市无形资源包括城市文明形象、城市品牌等构成的无形文化资源和由资产使用权、经营权、冠名权等构成的无形经济资源。杜晓黎（2008）将城市资源分为五大类：自然资源、社会资源、功能资源、区位资源、政治资源。自然资源包括土地、空气、绿地等资源；社会资源包括人力资源、信息资源及资源的优化配置能力；功能资源包括城市基础设施和公共服务等；区位资源包括政治、经济和科技区位；政治资源包括政策制度及政府领导力和执行力。刘慧芳等（2010）提出把城市资源分为自然资源、再生资源和无形资源。自然资源主要包括土地、山林和水资源；再生资源包括通过人力、财力和物力再生产创造出来的资源；无形资源则是由城市文化、城市形象等延伸出来的无形资产。

也有学者从系统的角度对资源进行分类。易龙生等（2011）提出了城市系统的概念，城市系统由城市产业、城市资源、城市环境和城市管理四个子系统构成。张侃侃等（2012）把城市资源划分为三大空间体系：一是由城市交通构成的空间体系；二是由城市水电、燃气等公共资源构成的空间体系；三是由城市景观和公园绿地构成的空间体系。

综上所述，可以看出学者们对城市资源划分的角度不同，导致城市资源的分类存在差异，但仍然存在很大程度上的认同。很多学者都认为城市资源是城市产业发展的生产要素，除了物质资源，城市的人口、社会、文化、制度、品牌等无形资产也是城市发展需要的资源。

3. 关于城市资源评价的研究

现有的大部分关于城市资源的研究都局限于理论研究，有极少数学者对城市资源进行了量化评估。于博等（2007）提出城市资源与基础设施是城市可持续发展的基本要素，是城市经济活动的重要支撑，其承载能力只有满足城市经济和人们社会生活的需求，才能为城市生活提供有力保障。他们从城市资源、基础设施和经济社会发展三个层面构建了多层次评价指标体系，并对青岛城市资源和基础设施与青岛经济社会发展的协调关系进行了定量研究。

易龙生等（2011）提出了城市资源系统的概念，构建了由物质资源、文化资源和人力资源构成的城市资源系统。基于“生态城市”“宜居城市”“可持续发展城市”的评价标准，他们构建了 3 个大类、9 个亚类、30 个评价指标的体系，并在湖南选取了 5 个样本城市，从服务、生产和代谢 3 个方面对城市资源系统功能进行了定量分析。

何宜庆等（2012）针对鄱阳湖地区城市，根据其城市资源环境的特点，构建了适合鄱阳湖地区的资源环境质量评价指标体系，包含资源与利用、环境压力和环境治理三大类指标。该研究采用主成分分析和模糊隶属度法，对鄱阳湖地区 6个城市的资源环境质量和经济发展水平进行了定量研究。

肖扬等（2010）运用动力学模型研究城市发展与资源约束的关系，构建了城市资源竞争模型，分析了经济的市场作用、政府行为、人口与科技等相关因素对城市资源竞争结果的综合影响。

潘安敏等（2014）根据“两型社会”城市特点构建了一套城市资源评价指标体系。该指标体系将城市资源分为物质、文化、人力资源3大类9个亚类30个评价项目，并对每个项目都给出了具体的定性或定量标准。

郭庆宾等（2016）提出了城市资源集聚能力的概念。城市资源集聚能力是指城市吸引周边地区各种资源要素向城市中心集中的能力。该研究围绕城市资源集聚能力的理论基础和内涵、城市资源集聚过程与机制、城市资源集聚能力分类与测度、城市资源集聚效应等方面进行了理论梳理，并提出城市资源集聚能力综合评价指标体系和城市资源集聚能力测度方法仍有巨大的研究空间。

关于城市资源评估的研究非常有限，以上这些对城市资源的评价分析模型，对本书确定驱动城市休闲产业发展的资源因子，为形成城市资源的分析框架提供了重要的借鉴作用。

4. 关于城市资源管理与实践的研究

在城市化和经济快速增长的过程中，城市资源对经济发展的作用越来越凸显。从管理的角度，学术界存在对城市资源管理不同的观点。

（1）强调城市资源的可持续经营与发展

李涛（2003）强调对城市资源的可持续经营，城市管理者要对环境成本及环境效益进行经济价值评估，保护关键性资源，可再生资源的利用也要限制在可持续产出之内。陈秉钊（2006）提出城市经济可持续发展的关键是，通过科学地制定政策合理地使用城市资源。李勇（2006）、于博等（2007）、何宜庆等（2012）、钟世坚（2013）、于肖肖（2015）、周瑞刚（2016）在其研究中强调城市资源和经济发展之间的动态关系，通过合理地规划和科学地利用城市资源来实现城市经济的可持续发展。他们的研究中分别选取了特定的城市作为研究对象来讨论城市资源环境和经济协调发展的问题。城市经济可持续发展的实质是指社会、经济、资源和环境的协调共同发展。

（2）强调政府对资源的统筹和规划

在我国现行体制下，政府对资源配置具有决定性作用，尤其是政治资源，会直接影响其他资源的流动和迁移。很多国内学者都肯定了政府在资源配置中的权威性。张凡等（2003）强调政府经营，提出政府应该承担起资源的调控、转化及收益分配的责任。王振有（2004）提出政府是资源的唯一产权主体，政府掌握着城市经营的初始所有权、控制权、支配权。王晓鸣等（2005）认为资源分配低效和“市场失灵”现象必须通过政府统筹和规划管理的手段来解决，市场机制并不能解决所有资源分配问题。戴星翼（2007）认为必须通过制度建设保障城市资源的科学规范利用。政府可以通过制度来避免资源浪费和循环经济发展的障碍，确保城市资源的科学利用。单菁菁（2008）认为要全面系统地进行城市建设，推进城市化进程，政府应确保在科学规划下优化配置各种城市资源。

宋志英等（2008）提出城市资源空间利用规划的重要性，通过城市资源空间利用规划，构建资源型经济的平台。周冰等（2008）通过对美国圣何塞市与深圳市城市资源的利用方式和效率的对比研究，分析中美城市资源利用的差距，为中国城市资源管理方式提供了借鉴。

（3）强调城市资源的市场配置和公共参与

洪银兴等（2003）和于洪平（2004）都认为政府是城市经营的主体之一，市场在城市资源的配置中同样起重要作用，从而形成城市资源的市场配置。城市经营的实质就是城市资源配置的市场化过程。姜杰等（2004）认为我国城市治理当中公众参与的缺失、公众参与意识淡薄和制度空缺，会导致城市规划与建设和资源配置的非科学性、低效率、高成本，并有失公平和伤害公众利益。城市发展需要公众的参与，离不开政府、企业、非营利组织和全体市民的齐心协力。姚效兴等（2005）认为城市资源的过度市场化可能导致能源短缺、环境恶化、交通拥挤、供水不足、污染严重等风险，应建立城市资源经营风险防范体系，预防经营风险，实现城市和谐发展。杨全山等（2007）认为传统的城市管理模式存在公共产品和服务质量差、管理成本过高等弊病。他们提出引入市场机制，对城市管理机制进行创新，实现对城市资源的经营性管理，实现资源利用的最优化。

周伟等（2007）提出政府可以培育经济主体，如实行城投公司运作。城投公司作为城市重要经济主体，负责城市资源整合利用。政府主要通过加强引导，把握城投公司的方向、主导产业和任务。张侃侃等（2012）提出城市资源的公正配置模式，部分城市资源可通过市场手段进行合理配置，让城市居民平等享有城市资源，保障社会公平。

（4）从系统和信息化角度研究城市资源管理

钱莲文等（2005）提出通过综合运用地理信息系统、资源评价与管理等各种信息技术来管理城市资源，实现城市资源的优化配置。潘安敏等（2009）提出城市系统的概念，城市资源则是城市系统构成中的一个子系统。潘安敏（2012）提出了城市资源系统管理体系的概念，通过对城市资源进行科学规划和合理配置，来解决目前我国城市资源管理中的问题。

潘安敏等（2012）在城市资源系统理论的基础上，提出应用现代信息技术对城市资源实施管理，利用城市资源管理信息系统进行城市资源数据处理，以提高城市资源利用效率。刘忠菁等（2011）针对目前我国城市资源管理存在的政府失灵现象，建议引入城市资源使用引导信息化方案，从运筹学角度构建了城市资源“公共地”模型，对城市公共资源进行“完全信息”和“多阶段可观察行为重复博弈”分析和研究。

综上所述，城市资源相关研究以理论研究居多，多为定性研究，相关的定量和实证研究较少，从休闲产业的角度来研究城市资源的则更少。

1.3.2　城市休闲的研究

1. 关于休闲的研究

20 世纪以来，休闲问题引起人们的普遍关注。目前关于休闲的研究涉及哲学、社会学、心理学、管理学、经济学等不同学科领域。

（1）哲学视角

最早关于休闲的探讨是从哲学的角度展开的。亚里士多德提到，“休闲可以使人产生快乐幸福的体验和对生活的享受”。休闲是人们追求精神个性的发展和体验幸福的方式。Pieper（1952）提出休闲作为文化基础具有三个特征：第一，休闲使人的精神处于一种平和、宁静的状态；第二，休闲是个体实现再创造的机会和能力；第三，休闲是人类实现思想与灵魂自由的途径。

Goodale 等学者在他们的著作《人类思想史中的休闲》中，从哲学角度探讨了休闲的问题。他们提出休闲不仅是一种观念，而且是一种理想，是“探索人类生存的真正目的的问题”。Godbey 在《21 世纪的休闲与休闲服务》（1997）中分析了 21 世纪面临的机遇和挑战，预见了休闲观念的演变和休闲在社会经济中地位的凸显。1962 年，De Grazia 在其著作《论时间、工作和休闲》中也从政治和哲学的角度探讨了休闲问题，阐述了西方社会中的社会、经济和政治矛盾给休闲活动带来的障碍。

1961 年，学者 Brightbill 在《人与休闲：娱乐的哲学》一书中探讨休闲与生活品质的关系，提出人的休闲娱乐生活会影响个体在社会中的定位，是人类幸福的来源。Brightbill 在《挑战休闲》（1963）中讨论了休闲与人类的价值和情感之间的联系，在《以休闲为中心的教育》（1977）中探讨了休闲在教育活动中扮演的角色，并提出休闲教育的概念。Brightbill 等学者认为只有通过休闲教育，改变人们的休闲理念和价值观念，才能使人们充分享受休闲带来的真正快乐。

国内最早关于休闲研究的作品也是从哲学的角度展开的。学者马惠娣（1998）在《休闲文化哲学层面的透视》一文中从文化哲学的角度来诠释休闲，认为休闲是通过人的外在行为表现出来的，但是由特定时期的社会经济文化、生活方式和价值取向所决定。季斌（2001）在“休闲：洞察人的生存意义”中探讨了人与休闲的哲学关系。许斗斗（2001）则从哲学、社会学、经济学等多角度来分析休闲与消费，认为休闲与消费实际上都是人类生活的形式，是人的价值存在表现。

（2）社会学视角

社会学视角中的休闲是社会生活的一种方式，是人的生活方式和个性的展现。法国学者 Dumazedier（1967）在《走向休闲的社会》一书中探讨了休闲与家庭、工作、社会的关系。休闲是人们从工作、家庭、社会服务中解脱出来的个人时间，是自由发挥创造力和完成自我塑造的过程。1960 年，美国学者 Kaplan 所著的《美国的休闲——社会调查》一书从社会阶层、工作、家庭、宗教、文化价值观等诸多维度研究了美国社会的休闲问题。他认为诸多社会因素，如价值观、文化观乃至社会阶层都直接或间接地影响了人们的休闲决策。1987 年，Mcguire 等学者在《走向自由——休闲社会学新论》中提出休闲是人摆脱生活必需之后的自由，追求物质与精神的统一，并促进自由与自我发展。1992 年王雅林等所著的《闲暇社会学》一书是国内学者关于休闲社会学最早的研究成果。他们提出人类社会将步入休闲文明时代，社会主导价值观将向“时间自由”转型。宋瑞（2006）提出生活质量与休闲活动之间存在显著的正相关关系，参与休闲活动能够显著提升生活品质。

（3）心理学视角

心理学视角主要从休闲给人们带来美好、愉悦的心理体验的角度来研究休闲行为和动机。Csikszentmihalyi（1990）出版的《畅——最佳体验的心理学》，书中提出休闲完全是一种个人的心理体验，本质上没有外在具体标准界定，人可以超越“工作—休闲”的界限去寻求“畅”的最佳内心体验。

美国学者 Neulinger（1981）认为休闲就是显示个人的天赋、才能和潜力，从而“做自己”。因此，休闲的体验是来自于对自由的感知与人内在动力结合的结果。他认为对休闲的唯一判断标准是人们心灵体验到的自由感。“感觉到自由”才是人们理想中休闲的心理状态，“感觉到约束”则是非休闲状态。对“自由”与“约束”的心理感知是区分休闲与非休闲的标准。

国内学者张广瑞等（2001）认为休闲是一种特定的生存状态或特定的生活方式，人们在自由支配的时间里选择从事个人偏好的活动，并获得身心愉悦和精神满足的体验，完成自我实现与自我发展。原梅生（2008）认为休闲的本质与内涵包括“可自由支配的闲暇时间”“自由选择的休闲活动”“闲适的精神状态”“心理或精神体验”四大要素。

（4）管理学视角

20 世纪 80 年代，随着休闲活动、休闲产品和服务项目的增多，西方学者开始从管理学视角关注对休闲的营销、规划、经营管理的研究。其中 Havitz 和 MaCarville 等人的研究成果较为突出。Havitz（1997，1999，2005）对休闲消费行为和非营利公共休闲进行了大量研究。他提出通过休闲服务营销方式影响人们对休闲服务产品的选择和偏好。MaCarville（1993，1995，1996）对休闲消费行为进行了研究，通过一系列试验观察人们在休闲消费中对不同价格模型的反应，以及对不同休闲服务质量的反应，来探究价格和服务质量对休闲消费行为的影响。

（5）经济学视角

传统经济学对休闲的研究主要是从休闲需求的角度来进行的。20 世纪初期，经济学家开始从闲暇时间的经济价值的角度进行系统研究。从经济学角度，休闲时间被认为是收入的替代品。Becker（1976）从消费的视角研究休闲，提出工作与休闲时间的最佳组合可以使消费者效用最大化。瑞典经济学家 Linder（1970）在《受折磨的有闲阶级》中提出休闲不是简单的不工作，休闲的同时也是消费，因此休闲也是社会经济系统的构成部分。此外，部分学者从家庭生产角度展开休闲研究。Gronau（1976）研究了家庭时间利用模式，发现工资等经济因素和配偶的学历、孩子数量等社会因素都会对休闲时间分配产生影响。Gronau 的研究还发现性别和婚姻状态都会导致人们休闲时间的差距。Hochschild（1996）、Sullivan 等学者（2004）也对闲暇时间和收入之间的关系进行了系统研究。Ross 等（2008）运用城市经济理论探讨了休闲的经济价值，分析了工作时间、休闲时间、劳动损益之间的关系。

随着休闲经济的兴起，尤其当休闲逐步成为国民经济中一种重要产业时，对休闲产业的研究也越来越得到重视。Wilson（2003）的《休闲经济学》系统分析了休闲产业的市场结构和未来发展，这标志着休闲经济学已经成为经济学的一个分支学科。王宁（2000）是国内较早研究休闲经济领域的学者，他提出大力发展休闲产业是社会经济发展的需要。马惠娣是国内休闲研究领域的权威学者，她提出休闲经济具有“带动消费、调节再分配”作用，休闲产业将成为我国新的经济增长点。王东宇（2000）、郑胜华（2001）、宋瑞（2002）等学者都探讨了休闲产业在我国国民经济中的地位和作用。邓志阳（2001）、楼嘉军（2006）等学者提出发展休闲产业的意义主要体现在促进经济增长、扩大内需和调整产业结构等几个方面。近年来，关于休闲经济和休闲产业的研究已经成为我国休闲研究中的热点。

2. 关于城市休闲的研究

休闲是城市生活的重要组成部分。Stansfield（1964）在《美国旅游研究中的城乡不平衡》中首次提出了城市旅游的概念，被认为是西方城市休闲游憩（Recreation）研究的起源。此后，1960 年兴起的英国“游憩中心运动”不仅促进了整个欧洲的休闲游憩系统建设，也极大地推动了城市休闲研究。20 世纪 80 年代以后，西方社会大量关于城市的研究中都涉及了城市休闲问题，促进了城市休闲理论的发展。

1985 年，Jansen-Verbeke 提出了“城市休闲产品”（City Leisure Product）的概念。

城市聚集了各类休闲娱乐设施，成为人们休闲娱乐活动的集聚中心，从而形成了对旅游者具有吸引力的城市休闲产品。英国学者 Williams（1995）在其著作 *Recreation and the Urban Environment* 中探讨了城市游憩活动的发展，分析了城市休闲产生发展的过程。Olkusnik（2001）研究了19世纪末华沙城郊假日休闲社会现象，提出城市化是推动城市休闲发展的主要力量。

随着休闲活动范围的拓展，很多学者从休闲空间的角度展开了休闲的研究。台湾学者李崇馨等（2002）认为城市休闲空间的建设可以满足休闲主体的需求，为城市休闲需要创造机会。Freestone 等（2004）通过对澳大利亚城市公园的研究，提出公共休闲空间的位置、设计、开发与管理等通常与当地的风俗、文化态度、社会意识相关。他提出通过促进社区发展、环境可持续和文化认同等战略对旧的城市公园进行重建并赋予新的内涵。Poudyal 等（2009）等学者通过对城市休憩公园面积的景观价值和需求评估，发现城市休憩公园的临近性和范围对其属性有重要的影响。休闲是人们在闲暇时间里感受放松和愉悦的过程。Victoria 等（2008）对休闲满意度进行测量，研究发现社会变量直接影响休闲满意度。此外，Isoahola（1980）、Kelly 等（1992）、Edginton 等（1995）、Huang 等（2019）的研究皆表明休闲活动与生活满意度呈正相关关系。

随着城市化进程的加速，休闲对城市经济可持续发展的促进作用日益显著。由于我国存在较大的城乡区别和地域发展的不平衡性，从城市发展角度来研究休闲问题，迎合了我国现阶段城市发展的实际需要。陈世斌（2006）提出城市休闲是指特定地域范围（城市）内休闲主体的休闲观念和休闲行为。李耿为（2007）认为城市休闲是城市经济休闲化、文化闲暇化、城市居民生活娱乐化及运动普及化等社会现象的融合。郑胜华等（2006）认为城市休闲是以提高人们生活质量为目的、以城市为载体的休闲活动，主要包括旅游观光、教育培训、体育健身、文化娱乐等现代休闲消费方式。沈映映（2009）等提出"城市休闲是指在城市范围内的人们的休闲观念、休闲行为及相关的休闲产业供给和休闲消费需求的总和。"

关于城市休闲的研究主要集中在以下几个方面。第一，城市休闲者的行为特征和需求调查，主要集中在休闲主体的行为特征、休闲态度与动机、休闲行为与生活工作满意度的研究等领域。随着人口老龄化的趋势，城市老年人的休闲行为是研究热点。第二，城市休闲空间是城市休闲的重要组成部分。很多城市开始重视休闲空间的建设和城市形象的树立。目前关于城市休闲空间的研究主要集中在休闲空间结构、空间规划设计、休闲空间管理等几个方面。第三，城市休闲产业。随着城市经济的繁荣，人们的休闲需求日益提升，城市休闲的供给也越来越聚集和规模化，休闲产业在国民经济中的地位也日益凸显，成为城市经济发展的重要推动力。近几年国内学术界对休闲产业的研究热度呈上升趋势，休闲产业与城市整体经济融合发展成为城市可持续发展的研究热点。

1.3.3 休闲产业的理论研究

1. 休闲产业的定义与构成

休闲产业是近代工业文明的产物，随着社会科技的进步，与休闲相关的产业逐渐形成。西方学者展开了休闲产业的研究。Stephen（1986）通过对英国休闲产业发展的分析，提出影响休闲产业需求的两个因素是国民收入增加和工作时间减少。大部分西方学者都把休闲产业视为服务业的一部分。Veal（2002）认为休闲产业主要是指为满足人们闲暇消费的需求，提供休闲产品、服务和休闲设施的团体和个人的集合。杰弗瑞戈比对休闲产业的定义是与旅游、疗养、娱乐等休闲行为有关的行业。Wilson（2003）在其著作《休闲经济学》中将休闲需求与行业对应起来，包括度假、休闲、娱乐、爱好等相关产业。Roberts（2004）在其著作《休闲产业》中将休闲的供给者分为商业部门、公共部门、自愿性组织，他对休闲产业的定义是包括旅游、体育、节庆、餐饮酒店、媒体及文化、博彩、艺术等相关产业的产业。Tribe（2011）认为休闲产业是生产用于满足休闲需求产品与服务旅游、娱乐及休闲的相关机构。北美标准行业分类将服务业分为七大类，其中，休闲产业和餐饮酒店业（Leisure and Hospitality）被分为一类，休闲产业包括艺术（Art）、游憩（Recreation）和娱乐（Entertainment）。根据英国标准产业分类，休闲产业包括提供餐饮和住宿、文化娱乐、艺术体育、旅游博彩及相关管理支持服务的行业。欧美学术界有观点认为休闲产业是为满足消费者休闲需求而提供产品和服务的部门，很难对休闲产业的范围有一个全面的统计，几乎所有产业都涉及与休闲产业相关的工作，所以无法全面而准确地定义休闲产业的范围。

国内学术界对休闲产业的定义也不一致。学者们从不同角度对休闲产业进行了不同的划分。张顺等（2005）提出休闲产业包括提供旅游度假、餐饮、文化娱乐、体育健身和身心愉悦的服务的行业。马惠娣（2003）、张宝成（2008）等学者则把休闲产业划分为旅游业、娱乐业、文化产业和体育产业四大产业。周彬（2009）将会展产业和旅游产业、文化产业、和体育产业一起列为休闲产业的四大产业。以上这些定义和分类虽然存在某些行业门类划分的细微差异，但总体都趋同于将休闲产业归属于第三产业。有部分国内学者认为休闲产业可以有广义和狭义的不同解读，休闲是一个大产业系统，由不同的产业构成和融合。卿前龙（2007）认为休闲产业几乎涵盖所有产业的一部分，他把休闲产业分为休闲第一产业、休闲第二产业和休闲第三产业。休闲第一产业是指第一产业中可以为休闲活动提供资源的行业或部门；休闲第二产业主要指休闲产品的生产制造业；休闲第三产业则主要是指休闲服务业。魏小安等（2006）从产业结构的角度提出休闲产业可以划分为休闲基础产业、休闲支撑产业和休闲延伸产业。弓志刚等（2011）认为广义的休闲产业包括直接和间接提供休闲产品和服务的经济形态和产业系统。杨琛丽等（2010）将休闲产业分为主体产业和辅助产业。付达院（2015）将休闲产业分为广义和狭义两大类，广义上的休闲产业体系包括公共休闲产业和商业休闲产业。其中，公共休闲产业包括公共休闲空间、场所设施和公共休闲服务与管理；商业休闲产业则包括农业休闲产业、工业休闲产业和服务休闲产业。

综上所述，国内外学界对休闲产业都没有完全统一的定义，只是大致存在趋同。国内学者基本上都认同休闲产业包括旅游、文化娱乐、体育等核心产业，归属服务业或第三产业。正是由于休闲产业与其他产业有广泛且较强的关联性，国内外学界对休闲产业的定义并不完全统一，行业内的具体门类并不明确，目前我国国民经济统计中暂时也很难对休闲产业进行确切的统计。

2. 休闲产业发展的影响因素

产业发展对环境有较大的依存度。国内学者分别从宏观和微观的角度探讨了休闲产业发展的影响因素。许峰（2001）通过对影响城市休闲产业布局的因素分析，提出自然资源禀赋、社会经济基础、客源市场条件、企业生产性质和城市规划都是影响城市休闲产业布局的主要因素。郑胜华等（2005）研究发现城市休闲产业对城市环境存在较强的依赖性，城市经济发展水平在很大程度上决定了城市休闲产业的发展空间。张丽君（2006）分析了城市休闲产业的结构，提出休闲产业结构首先受到区域经济发展、休闲需求和供给的制约，科学技术也是很重要的影响因素。沈映映（2009）在对城市休闲产业的研究中提出交通区位、政府政策、市场需求、休闲资源都是休闲产业发展的重要影响因子。其中，休闲资源和交通区位是基础条件。

政府的政策推动，尤其在宏观资源配置上的主导作用是决定休闲产业发展方向和水平的主要因素。唐湘辉（2006）提出影响休闲产业发展的主要因素包括产业政策、管理制度、市场条件和投资模式，其中，政府产业政策和扶持力度最为重要。卿前龙等（2006）提出休闲服务业是随着城市化进程发展的，城市化进程和休闲服务业发展之间相互影响、相互促进。弓志刚等（2010）基于共生理论展开休闲产业研究，系统分析了休闲产业共生发展中共生环境、共生模式及其演化等。乔青青等（2015）提出社会、政策、教育环境是休闲产业发展的重要环境，尤其是教育环境。刘邦凡等（2009）和杨菊仙等（2015）均从政治、经济、社会和技术等宏观角度探讨了休闲产业的发展环境和机遇。

除了宏观层面，学者们也从休闲时间和休闲需求、行为等微观层面探讨了休闲产业发展问题。巨鹏等（2001）从距离、信息与接待质量三个方面讨论了城市休闲产业部门的客源结构。魏小安等（2007）提出影响城市休闲的因素主要有休闲服务、休闲供给、休闲管理和休闲营销四个方面。何建民（2008）运用产业经济学原理，从城市居民的休闲消费行为和休闲需求结构的变化分析了城市休闲产业发展导向。周彬（2009）以宁波市为例分析了影响宁波休闲产业发展的因素，包括时间因素、收入因素、消费观念因素和消费结构因素。

综上所述，休闲产业发展的影响因素，在宏观层面涉及政策制度、经济发展水平、科学技术、教育等环境因素，在微观层面涉及消费行为、需求供给、市场条件等。

3. 休闲产业的评价

国外学术界较早开始对休闲产业的发展水平评价进行研究，也提出了多种分析技术和评价方法。Gahwiler 等（1998）在前人研究的基础上，提出了休闲产业选择期望效用模型。Bright（2003）采用平均值标准差方法构建了休闲产业评价模型。随后，还有一些学者采用了多目标决策树模型、蒙特卡罗模型等技术进行休闲产业评估。

近年来，国内学术界对休闲产业评价的研究也日趋增多。陈世斌（2006）对城市休闲产业合理规模进行了研究，提出通过国民经济协调状况、内部结构协调状况和产业可持续发展状况等测度来反映休闲产业的规模，构建了“总量适合度”“内部协调度”和“高度化程度”三个评价数学模型。李国强等（2013）运用隶属度和相关分析法，构建了休闲体育产业竞争力评价体系，并对京津冀都市圈 10 个城市进行了实证研究。张冰（2013）运用因子分析法从政府、经济、人口、体育资源四个方面构建了包括 12 个具体指标的休闲产业综合实力评价指标体系，对我国 13 个省市的休闲体育产业发展进行了定量研究，全面评价了休闲体育产业综合实力。李丰玉等（2014）基于系统科学原理，从休闲农业产业集群的系统节点和系统结构两个方面，采用层次分析法（AHP）建立了休闲农业产业集群竞争力评价指标体系，对休闲农业产业集群的竞争力进行了评价。刘飞瀑（2015）基于城市休闲适宜程度、城市休闲经济实力、城市休闲基础设施建设水平视角，构建了城市休闲产业发展水平综合评价指标体系。陈超等（2016）从支撑条件、发展环境、市场潜力和发展效益四个方面构建了休闲产业发展潜力评价指标体系，并以宁波市为例进行了实证研究。李丽梅（2018）基于休闲产业特性，构建了由服务设施、需求潜力、经营绩效和支持环境四个方面35个具体指标构成的休闲产业发展评价指标体系，并对我国30个省、市的休闲产业进行了实证研究。

1.3.4 休闲产业发展模式的研究

任何产业的发展都离不开模式的选择。产业发展模式和发展路径直接决定了产业发展水平的高低。关于休闲产业发展模式的研究并不多，且侧重点各有不同。关于休闲产业发展模式的研究主要有以下几个视角。

1. 产业融合发展的视角

产业在发展过程中，产业之间的边界变得模糊，逐渐和其他产业产生融合，从而形成新的产业，这就是“产业融合”。厉无畏（2002）综合了不同的研究观点，提出“产业融合是指不同产业或同一产业内的不同行业通过相互渗透、相互交叉，最终融为一体，逐步形成新产业的动态发展过程”。产业融合现象最早发生在计算机行业，然后扩展到金融业、制造业及服务业等领域。从某种程度上说，休闲产业就是产业融合的结果。第一产业和第二产业与第三产业相互融合发展，形成新的休闲产业业态。2011年山东发布的《山东省国民休闲发展纲要（2011—2015）》中就明确提出要通过“休闲”带动产业融合，将传统的第一产业与第三产业融合，大力发展休闲农业和休闲渔业。

较多的国内休闲产业发展研究都提出了产业融合发展的模式，尤其是集中在农业、休闲体育和旅游业的融合方面。陈琳（2007）从产业融合的视角来研究农业旅游，提出依靠农业资源为旅游提供服务，形成农业与旅游业融合发展的模式。李美云（2008）通过分析旅游业与动漫业之间的边界特征，通过两大产业间的互动发展，提出动漫旅游发展模式。钱静等（2009）提出用将旅游、生态农业和文化创意产业进行融合发展的模式来解决北京十渡景区旅游可持续发展的问题。冯建国等（2011）、王琪延等（2013）、伍婷（2014）、唐书转（2016）皆从不同角度探讨了农业与旅游产业的融合模型，并进行了实证研究。

服务业的边界也日益模糊，现代服务业融合更是大势所趋。刘芳（2010）通过对现代服务业融合现象的分析，提出服务业可以从产业内部融合和跨产业融合。肖建勇（2012）对饭店业融合进行了系统研究，提出饭店业除与房地产业融合外，还可以与诸多行业融合，构建新的休闲产业业态。王美学（2013）、何祖星等（2015）、钟菊华（2015）、刘建中（2016）都认为运动休闲产业与旅游产业高度关联，在旅游需求改变和技术的进步与创新的动力作用下，两大产业融合发展是趋势所在，并阐述了两大产业的融合过程和融合路径。贝力（2016）提出人口老龄化趋势下的体育健身休闲产业与养老产业融合发展的模式。城乡融合，旅游与农业、体育等其他相关产业的融合发展模式是目前国内学术界关于休闲产业模式研究的主体方向之一。

2. 产业链发展的视角

随着社会分工的深化，组织的某些职能不断地被分离出去，由其他更专业化的组织分担，而这些专业化的组织由于分工而形成了产业链。这就是“分工而形成产业链”的思想。李心芹（2005）认为产业链是在一定的空间范围内，不同但相关产业的各个企业以产品、技术、资本等为纽带结成的一种纵向关系战略联盟。唐志鹏等（2007）认为产业链是由主导产业与其他相关产业组成的一个产业系统。总而言之，产业链是在价值链和供应链的基础上，从产业的角度研究产业内企业间或产业间的关系链。

近年来，不少学者从产业链的角度探讨与休闲相关的产业的发展模式。王起静（2005）基于产业的链的理论提出构建旅游产业链的发展模式——虚拟一体化和创建知识联盟。赵承华（2007）通过分析我国乡村旅游产业链，提出整合乡村旅游产业链的发展思路。黄小晶等（2008）从循环经济的角度探讨了构建城乡旅游产业链的问题。郑胜华等（2009）从产业链整合的角度提出休闲产业链整合的发展模式。郑炎潮等（2011）结合澳门和横琴的新情况和未来发展趋势，提出构建横琴旅游休闲聚集区，共建“澳门—横琴”一体化的“世界旅游休闲中心”，营造以博彩业为核心的“世界旅游休闲产业链和聚集区”的新思路。孙慧等（2011）以唐山市为例，提出加强区域间旅游合作、延伸旅游产业链和构建旅游产业集群的思路，以实现当地旅游产业的创新发展。弓志刚等（2012）从产业整合视角，指出要根据城乡的资源禀赋、经济基础等状况，对城乡休闲产业进行整合，构建城乡休闲产业链和城乡休闲产业集群，促进城乡休闲产业协调发展。方旭（2012）对休闲产业链进行了系统阐述，分析休闲产业链的内涵、特征及形成动因，分析休闲产业链核心驱动机制，并以咸宁休闲产业为例提出了产业链驱动机制构建策略。伍婷（2014）引入模块化理论，对农业产业链和旅游产业链进行了解构和重构，提出将旅游产业链价值模块和农业产业链模块融合，提升产业竞争力。以上研究都强调产业链的驱动机制，城乡休闲产业链构建已成为研究中的热点。

3. 产业集群化发展的视角

1909 年德国经济学家 Weber 在《工业区位论》中提出集聚和集聚效应的概念，集聚效应是指一种优势会导致企业成本的节省和收益的增加。Krugman（1991）认为产业集聚效应在制造业中心区尤为明显。一个特定地区的集聚效应会形成一定规模的生产集群，特定的分工会导致分工专业化而产生超额收益。Kim 等（2001）认为产业集群的发展模式能产生外部经济效应，企业可以享受劳动力资源自由流动、公共基础设施的收益，从而节约企业的成本。同时，产业集群会为企业发展带来更多的优势，增强企业的竞争力。产业集群内的企业可以通过合理分工协作，加快集群内部知识与技术的传播与扩散，提升集群内部资本的积累，集群内部企业间的合作关系也更为牢固。

早期的关于产业集群的研究主要集中在制造业，后来逐渐延伸到高新技术产业和服务行业。Mommaas（2004）探讨了21世纪初期的荷兰文化集群现象，建议政府部门要利用集聚效应的优势进行文化项目管理，更好地发挥文化在城市发展中的作用。Jackson等（2006）分析了澳大利亚的旅游产业，突破性地将产业集群理论应用于服务行业的分析，并基于集群理论建议区域旅游产业应采取集群发展模式，以降低行业成本，提升区域旅游业的竞争优势。Hall（2005）、Cunha等（2005）、Fernando等（2009）、Fernando（2012）等都运用产业集群理论系统分析了餐饮、文化、旅游行业等休闲产业，提出通过集群内企业的互动发展来提升行业的竞争力。

在产业集群理论研究的基础上，国内学者展开休闲产业集群的理论研究，并提出休闲产业集群化发展的模式。国内学者苏东水（2002）研究发现，我国休闲产业发展呈现区域集聚发展的态势，休闲产业中同类企业和与其配套的相关服务业集聚在一起，形成产业集群。王晔（2006）在产业集群和可持续发展理论基础上，提出城市休闲产业集群化发展的模式。张维（2007）对休闲产业集群的概念进行了界定，并归纳总结了休闲产业集群的类型和特征，构建了休闲产业集群建设与区域竞争力提升的模型。梁强（2008）探讨了休闲产业集群的构建理念，认为产业集群组织模式是中国城市休闲产业发展的关键，并提出基于体验经济构建城市休闲产业集群。付达院（2015）深入研究了休闲产业集群的竞争优势，提出通过铺开、扩散及渗透等路径，强化集群内部的融合和互动。乐仁油等（2011）对体育会展与体育产业集群的互动关系进行了研究，提出用产业集群理论来推动体育产业的发展。

国内学术界对休闲产业集群化发展模式的研究多以某省、市区域为研究对象，并侧重于产业发展的具体对策研究。吴静祎等（2010）结合河北省现状从宏观角度提出休闲体育产业发展模式：一是打造“一市一品”形成“区位品牌”的休闲体育产业模式；二是构建“区域链”形成区域联动的休闲体育产业战略联盟。郭勇（2010）分析了休闲产业集群的内在运行机制，并对山西省休闲产业集群进行了实证研究。刘祺（2011）从区域增长的视角探讨了休闲产业集群的发展模式，并对山西省休闲产业集群化发展路径提出对策和建议。方竞敏（2011）从共生理论的角度探讨了休闲产业集群问题，并以杭州市为例，提出杭州旅游休闲产业集群化的发展对策。张晓东（2012）对城市休闲产业和城市休闲产业集群进行了基础理论研究，并以太原市为研究对象，分析了太原市休闲产业集群的形成机制和发展规律并提出对策和建议。杨菊仙等（2015）在对长株潭休闲产业发展环境分析的基础上，提出促进该区域休闲产业集群发展的对策和建议。连凯宇（2015）通过分析国内外产业集群发展的模式，提出河北沿海地区休闲产业集群升级的发展战略与对策。综上所述，产业集群化发展模式是目前休闲产业发展模式研究的主要视角之一。

4. 资源依赖的视角

资源作为生产要素，对产业发展、产业结构和产业模式有重要的影响。20世纪60年代，西方学者开始分析“荷兰病”的形成机理及其演进。这些研究使得人们对自然资源在产业发展、转型、模式选择中的作用有了更全面深刻的认识。Auty（1995）最早提出了“资源诅咒”（Resource Curse）的概念，丰裕的自然资源有时候反而会抑制经济增长。Sachs等（1995，1997，2001）选取一些发展中国家作为样本，对“资源诅咒”这一假说进行了实证检验。研究结果表明自然资源丰裕与经济增长之间存在显著的负相关性。近年来，国内很多学者也展开了相关实证研究，论证区域产业发展是否存在“荷兰病”或“资源诅咒”的现象。徐康宁等（2006）研究发现自然资源丰裕在短期内会推动区域经济快速增长，但是长期来看反而制约了经济社会发展，呈现典型的“资源诅咒”的特征。张复明等（2009）的研究则认为自然资源产业形成“诅咒”的原因是优势资源会产生“吸纳效应”“黏滞效应”和“锁定效应”等相关效应，形成资源业发展的“自强机制”，同时抑制了其他产业的发展。邵帅等（2009）则发现自然资源丰裕的地区通常具有资源型发展的路径依赖特征，在我国西部地区能源开发中，能源产业对技术创新和人力资本投入有挤出效应及政治制度弱化效应，从而阻碍了经济增长。

随着我国社会经济发展，行业各界对资源环境问题的关注度日益提升，许多学者开始研究资源依赖与城市经济增长和城市产业发展的关系。孙永平等（2011）探讨了资源依赖、地理区位与城市经济增长之间的相互关系，发现资源依赖与城市经济增长之间呈现明显负相关关系，地理区位对城市经济增长也会产生显著的影响。杨莉莉等（2014）利用空间计量方法，实证研究了资源产业依赖与我国省域经济增长及其传导机制。李楠（2015）从分产业行业的角度研究了资源依赖、技术创新和产业发展的作用机理，并且实证检验了资源依赖、技术创新和产业发展之间的关系。韩秀丽（2015）研究发现我国东部的城市化发展呈现以市场为导向的主要特征，而中西部的城市化发展则依赖于政府资源的分配，提出不同城市应该依赖自身的资源优势和比较优势来规划城市发展。董嘉鹏（2012）强调了资源在城市发展和价值增值过程中的重要地位，从资源依赖和资源整合的角度构建了资源整合增值分析框架，通过城市整合营销，实现城市整体增值。郑慧慧（2015）分析了城市价值的形成过程，并基于资源依赖理论探讨了如何通过合理利用和分配城市资源来实现城市价值。

休闲产业和其他产业一样，其发展都依赖于资源要素的开发与利用。近年来有少数学者从资源的视角来展开对休闲产业发展模式的研究。张春生（2008）以陕西省为研究对象，研究休闲产业与资源效率及经济增长之间的关系，构建了休闲产业与资源效率及经济增长的系统动力学模型，并提出了“资源与经济协调发展型”产业发展模式。马育倩等（2010）强调社会资源在休闲产业发展中的作用，提出地方政府应通过制定休闲产业政策和完善产业标准，引导居民休闲消费。吴茂力等（2011）以成都市三圣乡乡村休闲产业为例，提出特色产业助推城乡统筹发展模式。王芳（2011）从资源的可持续利用角度探讨旅游业发展模式，提出生态旅游模式、农业乡村旅游模式、文化节庆旅游模式、休闲体育游模式、国家公园旅游模式和海岛旅游模式。程南洋（2012）通过对森林休闲旅游产业的研究，构建了资源与环境影响分析模型，提出了休闲旅游产业创新发展路径。徐海霞（2012）从理论上分析了文化和休闲的相互关系，以青岛市为例，提出了基于特色文化定位的休闲产业发展模式。郑自立（2015）通过分析湖南休闲文化产业的现状与问题，提出以文化与科技融合推动休闲文化产业发展的五种模式，即政府与市场平衡驱动模式、异业联盟创新模式、移动互联网平台建设模式、“政产学研资”一体化创新模式大数据技术导引模式。

总体而言，从资源角度展开对休闲产业发展模式的研究暂无系统研究成果，以上大部分研究只是涉及了某些资源因素对休闲产业的不同程度的影响，或者从资源的角度提出产业发展战略，而并没有对这些资源要素进行系统研究，也没有量化的数理论证，研究的深度和范围都具有较大的局限性。

5. 系统动力学的视角

系统动力学（System Dynamics）是根据系统内部组成要素互为因果的反馈特点，研究信息反馈系统的学科，被广泛应用于社会和经济活动的分析，从系统的内部来寻找问题发生的根源。休闲产业本身也是层次众多、关系复杂、内涵丰富的系统。借助系统动力学的分析手段可以分析休闲产业的内部要素关系和发展运行机制。

有关休闲产业动力系统的研究主要集中于旅游业，包括资源利用与评价、旅游规划与开发、旅游发展等问题，同时国外学者更加关注区域旅游业发展的系统性，提出了包括自然、文化、经济、社区、政府等方面的旅游系统功能。Neil 等（1983）、Jafari 等（1987）都强调旅游业的开放性和系统性，提出旅游者获得的满足、旅游从业人员获得的报酬、旅游企业和旅游地获得的利润都对区域旅游产业发展产生积极的影响。在此基础上，Gunn（1988）提出旅游系统对旅游需求的依赖，主要依靠“推—拉”驱动力。他提出旅游功能系统模型由需求板块和供给板块组成，供给板块由旅游吸引物、旅游服务和设施、旅游交通、信息和引导四部分组成。

随着人们对旅游发展系统认识的发展，学术界将系统理论和动力机制引入城市旅游发展研究领域，形成了城市旅游动力机制（Driving Mechanism）的理论。国内学者彭华（1999）在国内较早展开了对旅游发展动力系统及其结构模型的理论研究。袁国宏等（2004）提出了由旅游者、旅游产业、目的地居民、目的地政府和客源地政府构成的整合旅游动力系统。冯进松等（2006）构建了由中介系统和支持系统所构成的城市旅游发展动力系统，并根据城市旅游主导因素的不同将城市旅游动力模型分为资源驱动型、经济吸引型、需求推动型和综合驱动型四种。唐承财等（2007）基于城市旅游发展的主导因素和辅助因素，构建了城市旅游发展动力模型，并提出了资源驱动型、经济驱动型、需求推动型、综合都市型四种城市旅游发展模型。梁圣蓉等（2008）运用系统动力学理论构建了由推动力要素和支持力要素构成的城市会展旅游的动力系统。王旭科（2008）对城市旅游发展动力因子进行了研究，提出城市旅游发展的三个主要动力——资源动力、经济动力和社会动力，并基于这三种主要动力建立了城市旅游发展的四种动力模式——资源动力模式、市场动力模式、形象动力模式和社会动力模式。翁钢民等（2010）对河北省旅游发展动力系统进行了研究，提出了由资源环境、经济和社会文化三个子系统构成的旅游发展动力系统。张勇（2010）从宏观、中观及微观层面分析了城乡旅游动力系统的构成。曹艳英等（2010）基于自组织系统理论，把区域旅游业视为一个整体系统，包括内生核心动力系统、外生支持促进系统和内外耦合互动系统。杨主泉（2011）通过对生态旅游产业动力系统进行分析，提出了生态旅游产业发展的六大动力——旅游者、企业、社区、政府、生态城市和第三部门，动力机制主要包括利润驱动机制、竞争驱动机制、合作驱动机制、政府驱动和信息驱动等。邓超颖等（2012）根据自组织理论和系统动力学理论构建了一个包括需求系统、吸引系统、中介系统、支持系统及监管系统的生态旅游可持续发展动力系统。马春野等（2011）基于旅游系统演化理论和系统动力系统理论，提出了“资源—社会—环境”协调旅游业发展理论模型。杨春梅（2014）基于系统动力学理论，构建了冰雪旅游业发展动力系统模型,并提出了资源驱动型、经济高效型、文化兼顾型、环境保护型四种冰雪旅游业发展模式。除了旅游产业发展的动力系统研究，也有学者展开了休闲产业领域的动力系统研究。来璐等（2010）分析了大城市周边区域农业观光休闲产业，提出了由初级动力、二级动力、调节与刺激动力构成的产业发展动力机制。学者肖亮（2010）对城市休闲系统进行了研究，根据各主导影响因子对不同城市休闲系统发展的作用机理，提出了城市休闲系统发展的四种模式：休闲资源主导、经济主导、人居环境主导、综合实力主导。

通过文献梳理可以看出，从系统动力学视角对产业模式的研究取得了较系统和全面的研究成果。不同的产业都需要有核心“动力”作为支撑，促进产业向合理化和现代化方向发展。不同的产业的主导动力不同，必然对应不同的动力模式。产业发展模式需要从不同动力的分析入手，利用主导动力及其与其他动力的组合关系来构建发展模式的框架。系统动力学研究视角为本书的研究提供了重要的分析框架。

1.3.5 研究评述

通过对相关文献的梳理，可知关于城市休闲产业的研究现状，介绍如下。

1. 城市休闲产业的构成存在不同维度的划分方式

学术界对休闲产业的研究虽较多，但研究的角度不同，学者们对城市休闲产业的构成和分类存在不同维度的划分方式。理论界对休闲产业尚未形成统一的定义，行业缺乏统一的理论指导，导致休闲产业的统计口径迥异，很难对休闲产业进行全面的经济统计与分析，增加了定量分析的难度。由此，有必要对城市休闲产业范畴和边界进行清晰的界定。

2. 城市休闲产业的研究理论偏多，鲜有定量实证研究

城市休闲产业是当前产业经济学研究中的热点，但大多都是宏观政策和发展战略视角的定性研究，定量实证研究较少，且大多以某省或市为个案，探讨城市休闲产业发展路径和对策，并不具有代表性和普适性。因此，需要采用定量方法对我国城市休闲产业进行系统研究，为全面提升产业发展水平提供理论指导。

3. 对城市休闲产业发展模式的研究尚处于起步阶段

对城市休闲产业的研究相对于对其他产业的研究来说较晚，对于休闲产业发展模式还没有形成统一的认识，且现有的研究多集中于旅游产业，而旅游产业仅仅是休闲产业的一种产业形态，导致对休闲产业发展模式的探讨尚显不足。因此，有必要从更全面的产业角度来探讨休闲产业的发展模式。

4. 从资源的视角展开对休闲产业及其模式的研究较少

学术界在城市资源和城市休闲产业理论方面各自取得了独立的研究成果，暂没有学者深入探究这二者之间的关系。现有对休闲产业发展模式的探索主要从产业集聚、产业融合等角度提出休闲产业发展的战略思考。也少数学者从资源的视角探讨资源对休闲产业的影响，但主要是从单一资源因素角度展开的。

基于以上文献整理，本书将对城市休闲产业进行界定，把城市资源和城市休闲产业放入同一研究框架，分析影响城市休闲产业发展的资源系统构成，并深入分析城市资源和城市休闲产业的驱动关系，从资源的视角展开对城市休闲产业发展模式的研究。

1.4　研究内容、科学问题与创新点

1.4.1　研究内容

本书的核心内容是通过分析城市休闲产业发展依赖的城市资源，探究城市资源对城市休闲产业的驱动作用，识别城市资源视角下城市休闲产业发展的不同模式。具体研究内容如下。

1. 通过对产业发展动力和发展模式的理论研究，构建城市资源视角下休闲产业发展模式的概念模型

城市休闲产业发展依赖所在城市所供给的资源要素，各种资源要素相互作用，共同驱动产业的发展。基于资源要素驱动发展模式理论，本书提出资源驱动下的城市休闲产业发展模式的概念，资源是城市休闲产业发展的基础动力，驱动是关键，产业增值是最终目的，三者构成循环提升，形成了“资源评价分析—资源与产业的驱动关系—模式探讨”分析框架，从而构建了城市休闲产业发展模式的概念模型。

2. 提出休闲产业视角下的城市资源系统构成，构建城市资源评价指标体系

城市休闲产业不同于其他产业，和城市的社会文化生活紧密相关，对城市资源的需求和依赖更为强烈。本书将从休闲产业发展的角度拓展对城市资源的理解，从城市休闲产业发展所依赖的资源分析入手，对城市资源的内涵及维度进行重新界定，构建了一套完整的城市资源评价指标体系，并运用 20 个样本城市数据进行实证检验，从而确定推动城市休闲产业发展的城市资源构成。

3. 根据城市资源对休闲产业发展的驱动机理，实证分析城市资源对城市休闲产业的驱动关系

根据城市资源对休闲产业发展的驱动机理分析，本书提出自然资源、经济资源、人口资源、城市功能资源和科技文化资源因子对城市休闲产业驱动作用的原假设。本书通过对 20 个城市的样本数据的相关分析和多元线性回归，实证检验了各类城市资源对休闲产业产出具有正向影响力。本书通过相对权重分析，依据相对权重系数解释方差（百分比），进一步探讨了各资源因子对城市休闲产业产出的贡献力大小，根据各项资源因子对产业产出的贡献力的排序来确定驱动城市休闲产业发展的核心资源构成。

4. 识别城市资源驱动下的城市休闲产业发展的不同模式

基于城市资源对城市休闲产业的驱动分析，以及不同城市资源组合形成的交互效应对城市休闲产业的驱动力作用，识别资源驱动下的城市休闲产业发展的不同模式。

本书采用类间平均连接法对样本城市进行聚类分析，根据同类城市的资源组合特征规律，识别资源视角下城市休闲产业发展模式，并结合案例城市进行对比分析。

5. 珠海城市休闲产业发展模式案例分析

以珠海市作为案例研究对象，运用本书提出的城市资源评估指标体系，对珠海城市资源进行评价，确定其资源优劣，并结合珠海休闲产业的发展特点，提出珠海城市休闲产业发展模式的路径选择，并为珠海未来产业发展提出对策、建议。

1.4.2 科学问题

本书提出的科学问题是探究资源驱动下城市休闲产业的发展模式。该问题又可以分解为以下三个子问题。

1. 驱动城市休闲产业发展的资源要素有哪些

城市资源是驱动城市休闲产业的重要生产要素。城市休闲产业发展依赖所在城市所供给的资源要素，不仅包括自然资源，还包括广泛的社会资源，如社会文化资源、经济人口资源等，都是城市产业竞争优势最直接的来源。本书以休闲产业发展视角对城市资源的内涵及维度进行了重新界定，并提出城市资源系统构成，在此基础上构建城市资源评价指标体系，由此确定驱动城市休闲产业发展的资源构成。

2. 城市资源如何驱动城市休闲产业发展

在确定了驱动城市休闲产业发展的资源构成基础上，根据城市资源对休闲产业发展的驱动机理，进一步具体分析这些资源要素对城市休闲产业的驱动力强弱作用，从而识别城市休闲产业发展的资源驱动力构成。

3. 如何以城市资源的视角来识别城市休闲产业发展模式

各类城市资源的驱动力不同，以不同资源组合方式可以识别出城市资源驱动下的城市休闲产业的不同发展模式。但是这些城市资源具体如何进行动力组合，推动城市休闲产业发展？本书通过聚类分析样本城市的城市资源组合的规律，识别出资源驱动下城市休闲产业发展的不同模式。

1.4.3 创新点

1. 构建资源驱动下城市休闲产业发展模式概念模型

关于城市休闲产业发展模式的研究尚处于起步阶段。本书通过对产业发展的动力和发展模式的理论梳理，基于要素驱动的模式理论，建立了“资源评价分析—资源与产业的驱动关系—模式探索”的分析框架，创新性地以资源驱动视角构建了城市休闲产业发展模式概念模型。

2. 从城市休闲产业发展视角构建城市资源评价指标体系

学术界对城市资源构成尚未形成统一的认知，且关于城市资源的研究大多停留在理论层面，定量研究较少，也没有以城市休闲产业发展的视角进行城市资源的界定和划分。本书根据文献研究和专家咨询方法，以休闲产业视角对城市资源的内涵及维度进行了重新界定，提出城市资源的系统构成，将城市资源划分为自然资源、人口资源、经济资源、科技文化资源及城市功能资源五个资源子系统，并在此基础上构建了包括系统层、领域层和具体测度指标的三级评价指标体系。通过对样本城市数据进行主成分分析，确定了 5 个系统、9 个领域、31 个可量化并与城市休闲产业发展相关性强的具体测度指标，形成了更为完整的休闲产业视角下的城市资源评价指标体系。

3. 通过实证研究城市资源与城市休闲产业的驱动关系，确定驱动城市休闲产业发展的关键资源

当前对城市休闲产业的研究多集中在产业分类、特征和总体战略模式的设计上，缺乏关于城市休闲产业发展与资源要素之间互动关系的探讨。根据城市资源对休闲产业发展的驱动机理分析，本书提出5个原假设：自然资源、经济资源、人口资源、城市功能资源和科技文化资源都对城市休闲产业产出具有正向影响。实证研究结果表明，这5种资源因子皆和城市休闲产业产出呈显著正向关系。其中，经济资源因子对城市休闲产业产出贡献最大，其次为人口资源，城市功能资源和科技文化资源对城市休闲产业的产出贡献较弱，自然资源对城市休闲产业的产出贡献最弱，由此确定了经济资源、人口资源、城市功能资源和科技文化资源是驱动城市休闲产业发展的关键资源。此外，本书通过层级回归方法进一步分析了这四种资源之间的良性互动，形成的交互效应比单一资源有更强的驱动力作用。

4. 从城市资源视角识别城市休闲产业发展的四种模式，开拓了研究城市休闲产业发展模式的新视角

前人对城市资源和城市休闲产业理论分别展开了较为独立的研究，但鲜有学者深入研究二者之间的互动关系。本书创新性地将城市资源和城市休闲产业放入同一研究框架，以资源驱动视角来探究城市休闲产业发展模式，开拓了新的研究视角。现有产业发展模式的识别方法主要是理论推导和定性案例分析，存在一定的主观性和任意性。运用本书构建的城市资源评价指标对样本城市的各资源层面进行分层评估，归纳其资源特征，然后采用类间平均连接法对样本城市进行聚类分析，并根据同类城市的资源组合特征规律，识别资源视角下城市休闲产业发展的不同模式，通过对比分析，识别出综合实力驱动发展模式、经济和人口资源驱动发展模式、城市功能和科技文化资源驱动发展模式及资源均衡驱动模式四种产业发展模式。

1.5 研究方法与技术路线

1.5.1 研究方法

本书主要采用的研究方法如下。

1. 文献分析法

对文献资料进行系统梳理，并从中找到当前休闲产业研究领域存在的问题和不足，从而确定本书的研究方向，并建立本书的理论框架。

2. 主成分分析法

根据 20 个样本城市数据对本书提出的城市资源指标体系进行主成分分析，用累计方差贡献度测量5个资源因子对变量的总解释度，用因子载荷矩阵对各因子分布进行探索性分析，从而确定城市资源因子。

3. 回归分析法

采用回归分析法探究城市资源与城市休闲产业产出之间的结构关系与因果关系，确定影响城市休闲产业产出的资源因子排序为：经济资源、人口资源、城市功能资源、科技文化资源、自然资源。

4. 相对权重分析法

在进行多元回归分析后，采用相对重要分析继续深入分析每个预测变量对结果变量的可解释方差的比例贡献，从而进一步确认关键预测变量及其预测量值，即分析各个自变量（城市资源）对于因变量（城市休闲产业产出）的解释力大小，从而确定了经济和人口是驱动城市休闲产业发展的主导资源，城市功能和科技文化是驱动城市休闲产业发展的辅助资源。

5. 阶层回归分析法

采用阶层回归分析法分析得出，这些城市资源因子之间产生的交互效应对城市休闲产业的驱动力比单一资源的驱动力更大。

6. 聚类分析法

运用聚类分析法将样本城市根据城市资源差异进行分类，基于不同城市资源的驱动力作用的特点，提出城市休闲产业发展不同模式。

1.5.2　技术路线

本书的技术路线图如图 1-1 所示。

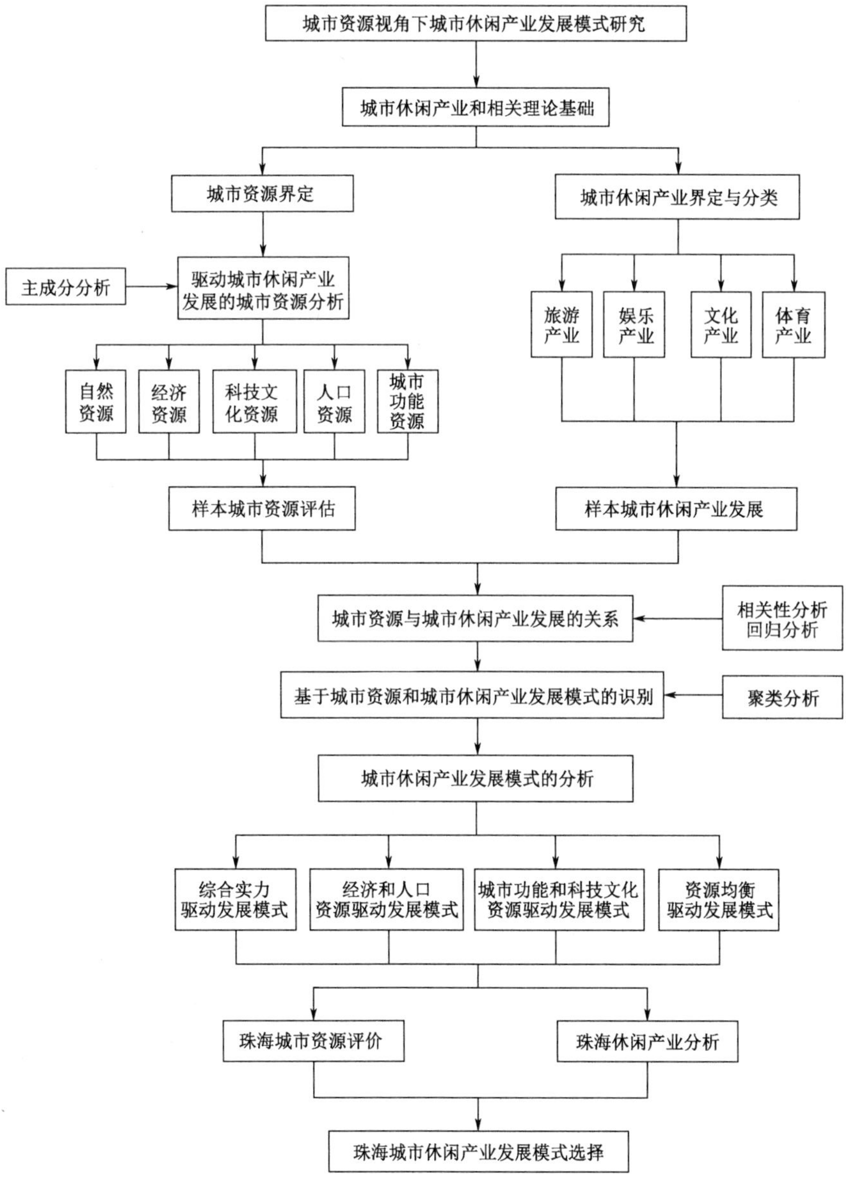

图 1-1　技术路线图

第 2 章　理论框架与概念模型构建

2.1　城市产业发展的相关理论

2.1.1　城市功能的演化

《中华人民共和国城市规划法》中城市的法律含义是“国家按行政建制设立的直辖市、市、镇”。1984年《中共中央关于经济体制改革的决定》中提出加快以城市为重点的整个经济体制改革的步伐，指出“城市是我国经济、政治、科学技术、文化教育的中心，是现代工业和工人阶级集中的地方，在社会主义现代化建设中起着主导作用”。城市是一定区域范围内经济、政治、文化的中心，在国民经济和社会发展中起着主导作用。

城市是以城市居民为主体，以自然环境为依托，以经济活动为基础，与人们社会生活联系极为紧密的有机整体。城市与乡村的不同主要表现为密集性和高效性。城市密集性是指某特定范围内人口、物质、空间和社会活动高度密集，主要包括人口的密集、物质资本的密集，还有知识文化的密集。与乡村相比，完善的设施、通信、交通、制度、管理水平会使城市运营更高效。

城市功能是指城市在政治、经济、文化生活中承担的任务和作用。城市功能分为基本功能和特殊功能。城市的基本功能是指为满足人们在城市中的各种生活、经济和社会活动的需要。城市的土地、水源、自然环境和城市道路、桥梁等基础设施为人们生活提供最基本的物质条件。城市的生产、交通、分配、信息商业、运输等功能满足人们经济活动的需要，教育、卫生、文化娱乐、体育、社会保障满足人们社会活动的需要。这些是任何城市都具备的基本功能。随着社会的发展，城市功能日趋多元化，城市休闲功能成为城市功能的重要延伸。城市休闲是城市在生产、商业和居住等主要功能之外拓展的新功能，是城市化的一种表现形式。

Bramham 等（1989）研究了西欧6个工业化大城市的休闲发展问题。在工业化进程中，这些城市资源损耗、环境破坏状况严重，生产和生活成本增加。该研究提出当城市发展到一定阶段，应当把工业转移到城市周边地区，城市产业主体要向低污染、低耗能的第三产业方向转变，尤其是第三产业中的现代服务业应成为城市新的主导产业。

中国学者吕宁（2010）在《中国城市休闲和休闲城市发展研究》中对城市功能的历史变迁进行了归纳总结，如表 2-1 所示。

表 2-1 城市发展阶段及其功能演化

发展阶段	前城市化阶段	城市化前期阶段	城市化中期阶段	城市化后期阶段	成熟的城市社会
城市特征	城市发展缓慢	轻工业大发展，城市人口快速增长	重工业工程深化，城市人口迅速增长	技术密集型的制造业和第三产业迅速发展	以服务业为代表的第三产业为主导，城乡一体化
城市功能	商业功能不明显	生产功能凸显	以生产为主，服务功能占次要地位	以生产主导向服务主导转变	服务功能占主要地位，休闲功能凸显
发展目标	人口集聚	人口、生产要素集聚	规模经济	有品牌影响力的城市	更加重视生活品质和民生问题

资料来源：《中国城市休闲和休闲城市发展研究》，吕宁，2010。

人们注重舒适的居住环境和生活品质，关注民生和幸福感问题，这正是社会进步和城市发展的体现。城市休闲功能发展的实质是城市为了满足人们不断提升的城市休闲需求，持续提供相应休闲供给的结果，是未来经济社会发展和城市转型的必然方向。

2.1.2 城市产业的划分

产业发展与城市发展是密不可分。城市产业决定了城市经济功能和城市性质，也是促进城市经济增长的重要条件。关于城市产业的划分，研究问题的角度不同，产业分类也不一样。

1. 三个产业划分

1935 年经济学家费希尔最早提出将经济产业分为 3 个层次：第一产业、第二产业、第三产业，分别与 3 个阶段的经济活动相对应。1940 年昆士兰政府工业部局长 Colin Grant Clark 提出第一产业以农业为主，第二产业是制造业，其他产业都归入第三产业。自此，三个产业划分逐渐成为全球普遍采用的产业分类方式。

（1）联合国产业分类

根据 1971 年的标准产业分类（SIC），世界各国全部经济活动可以分为 10 个大类：农林渔猎；矿业；制造业；电力、煤气、供水；建筑业；批发、零售、旅馆、饭店；运输、储运、通信；金融、保险、不动产；政府、社会与个人服务；其他经济活动。每个大类下面分成若干小项，再分解为若干细项，大、中、小、细共 4 级。这种产业分类将全世界的经济活动分层分割，并使之规范化。其中，农林渔猎业和矿业属于第一产业；制造业，电力、煤气、供水和建筑业属于第二产业；其他都属于第三产业。

（2）我国国民经济行业分类

根据2011年我国《国民经济行业分类》，行业（或产业）是指从事相同性质的经济活动的所有单位的集合。新标准的行业分类将将国民经济行业划分为门类、大类、中类和小类 4 级。其中包括农林牧渔业，采矿业，制造业，电力、热力、燃气及水生产和供应业、建筑业、批发零售业等20个门类，95个大类、396个中类、913个小类。第一产业包括农林牧渔业；第二产业包括采矿业，制造业，电力、热力、燃气及水生产和供应业、建筑业等；其他都属于第三产业。其中，第三产业中又包括流通部门、生产和生活服务部门、提高科学文化和居民素质服务的部门及社会公共需要服务的部门。

2. 以产业链的角度划分

以产业链的角度，可以将物质产业部门分为上游产业和下游产业。上游产业是指生产初级产品和中间产品的产业；下游产业是指生产最终产品的产业。经济学认为各产业部门之间由于原料的供给和产品的使用而存在着一种协作关系。这种协作关系又分为前向联系和后向联系。某产业与接收其产出的产业或部门之间的联系属于前向联系，某产业与为其提供生产供给的产业或部门之间的联系属于后向联系。上游产业的前向关联度高，下游产业的后向关联度高。经济全球化的发展趋势使产业与社会经济发展的整体关联度不断提高，产业与产业之间的联系更密不可分。除了某些终端消费品生产，绝大多数产业相对于其他相关产业，既是上游产业，又是下游产业。产业要形成竞争优势就必须和其上下游产业建立合作共赢的关系。

3. 以经济功能的角度划分

城市产业按经济功能可以分为主导产业、优势产业、支柱产业。主导产业在城市产业结构中处于主要的支配地位，产业综合效益较高，对城市经济的驱动作用较大。优势产业则是指在当前经济总量中产业产出占有一定份额，产业运行状态良好，资源配置合理，在一定时间内具有较大的增长潜力的产业。支柱产业指的是其经济规模在城市经济总量中占有较大份额的产业，只有对相关产业起到带动作用，才有可能成为城市中的支柱产业。

美国经济学家罗斯托（1962）在其著作《经济增长的阶段》中提出经济增长不仅是经济总量增长的过程，更是主导产业依次更替的过程，不同发展阶段的主导产业各不相同，旅游休闲产业是追求生活质量阶段社会的主导产业之一。城市主导产业本身成长性很强，并能对较多产业产生带动和推动作用，对城市经济增长和产业结构升级转换具有重大的导向和推动作用。城市主导产业的选择，取决于很多条件和因素。主导产业会根据所依赖的资源、体制、环境等因素的变化而更替，因此在不同的区域、不同的经济发展阶段，主导产业也是不一样的。重要的是该产业和城市中其他产业相比，是否在资源、技术、劳动力等生产要素上具有竞争优势。每个城市都需要确定自己的主导产业，通过合理布局、专业化分工、资源有效利用，提升城市外部的竞争力。只有主导产业的资源得到合理配置以及经济运行平稳，才有可能形成优势产业，最后发展成为支柱产业。

4. 生产要素的划分

经济学中，生产要素就是生产经营中所需要的各种资源。产业生产要素包括自然资源和由劳动力、资金、科学技术构成的社会资源。根据生产要素在不同产业中的密集程度和不同比例，可以将产业分为劳动密集型、资金密集型、技术密集型产业。在实际构成中，有的行业不是单纯的某种要素密集，而是几种要素的密集度都很高。产业结构遵循由简单到复杂、由低级到高级的发展规律，由以劳动密集型产业为主转向以资金密集型产业为主，再向以技术密集型产业为主转移。与自然资源不同，劳动力、资金、技术这些社会资源会随着社会的发展而逐步积累（项英辉，2011）。图 2-1 中，OM、MN、NF 分别表示经济发展的不同阶段，技术、资金、劳动力三条曲线形状反映出不同阶段各种资源相对重要性的变化。在城市的生产要素的投入结构中，技术和资金投入比例和贡献越大，表明城市经济质量越高。生产要素投入替代的不断变化，直接反映城市经济产业结构的变化。

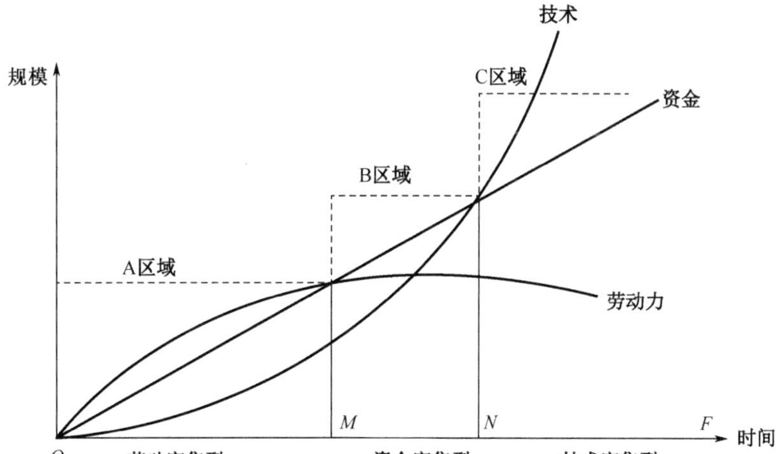

图 2-1 生产要素积累过程与相应产业结构的变化（项英辉，2011）

2.1.3 城市产业结构

城市产业结构是指城市经济系统中各产业之间形成的相互适应和相互协调的比例关系。城市产业结构决定了城市经济功能和城市性质，是推动城市经济增长的重要条件。城市产业结构是社会分工变化在城市经济中的反映。合理的产业结构能有效促进城市经济发展。

随着社会生产力的发展和社会分工的深化，在我国城市产业结构中，第一产业所占比重呈不断下降趋势，同时第二产业和第三产业所占比重不断提高。从北京、上海等大型城市产业发展趋势来看，第三产业已成为很多大型城市的主导产业。城市产业发展应通过科学的产业发展规划，确定发展比较优势产业，最终形成合理的产业结构布局。在确定城市产业结构布局时，需要根据城市产业发展目标，结合城市产业发展环境和自身的资源特点，考虑以下几个基本因素。

1. 城市资源

由于不同城市具有很强的地域性，且生产力发展水平和城市资源存在较大差异，所以城市产业布局应遵循比较优势的原则。每个地域的城市都将在某些物质或资源上具有比较优势，这种较高的相对效益必将导致和决定劳动的地域分工或者专业化生产的形成。因此，产业布局既要结合城市特点，又要发挥资源优势，以促进城市产业分工。

2. 城市功能

城市功能是由城市的各种结构性因素决定的城市的机能或能力。城市通常具有生产、生活、流通、服务、创新等综合功能。目前，我国城市的基本功能可以分为综合型、政治型、经济型、交通型、文化旅游型等不同定位。城市功能除了政治、经济等共同功能，还应该具备一些特殊功能，即某个城市或某类城市所特有的功能，应能表明城市个性，是区分城市之间的界限，决定某个或某类城市的性质及其在一定时期内的发展方向，如外贸进出功能、交通枢纽功能、旅游休闲功能。影响城市功能的主要因素包括城市的自然条件、城市的经济实力及其主导产业。由于行政区划、历史地理原因和发展水平差异，城市产业规划要充分考虑城市发展特色，突出其功能优势，强化其城市定位。

3. 辐射范围

城市规模在一定限度内时，经济效益递增；超过一定限度，经济效益递减。城市，尤其是中心城市，成为全国或不同地区的经济发展中心后，可以辐射和吸引周围地区，带动周围地区的经济发展，形成合理的经济网络。从我国城市经济的辐射范围来看，城市可以分为国际大都市、区域中心城市、省域中心城市。因此，城市在进行产业规划布局时，要从自身的发展条件出发，考虑城市发展等级和产业辐射范围。

各种产业结构演变理论都认同产业演变的总体趋势是从第一产业向第二产业转移，进而转向以服务业为核心的第三产业。产业结构演变的主要表现形式有以下几种。

（1）产业规模扩张，规模经济形成，产业分工日趋专业化。

（2）产业结构依次由第一产业主导向第二产业、第三产业主导演进。

（3）生产要素的利用率提高，技术和资本作为生产要素的重要性日益凸显。产业结构由劳动力密集型产业向资本、技术型产业占主导演进。

（4）由低附加值产业占优势向高附加值产业占优势演进。

后现代主义理论将人类社会的发展分为前工业社会、工业社会和后工业社会3个阶段。Daniel Bell（1976）在《后工业社会的来临：对社会预测的一项探索》中提出，后工业社会的经济核心就是服务业。当前，服务经济时代已经来临，休闲旅游、文化体育娱乐已经成为现代城市居民主要的消费领域，城市公共服务业也逐步成为城市的主要产业部门。因此，城市休闲产业的兴起和发展是产业结构演进的结果，是后工业社会服务产业发展的方向，也与当前的产业转型升级的方向一致。

总而言之，城市产业结构与城市经济发展关系密切，决定城市经济发展的基础、方向和发展潜力。同时它也是动态的、开放性的。城市在发展的过程中会不断适应新形势的要求，通过各种手段和途径调整和优化城市的产业结构，推动城市经济健康持续发展。

2.1.4 城市产业发展要素

在经济学意义上，生产要素就是指生产过程中的输入，其实质就是社会生产经营时所需要的各种资源的总称。法国经济学家萨伊的“生产三要素”就是指土地、劳动和资本，其中，“土地”泛指自然资源，“劳动”是指生产和经营所需要的人力资源，这些都是保障国民经济运行及社会生产经营过程中所必须具备的基本资源。随着社会的发展，技术、信息等也作为独立的资源要素投入生产。项英辉（2011）在其专著《城市经济学》中提出决定城市产业发展的要素有基本要素、政策要素和社会文化要素，其中基本要素包括区位、资源、科技、信息、政策、劳动力等；政策要素包括产业发展政策、城市基础设施环境等；社会文化要素包括与城市产业发展相适应的科教文卫、体育、社会保障等方面要素。这些要素共同作用于城市产业，并对城市产业的发展起着推动作用。

PEST（Politics，Economy，Society，Technology）是一种行业和企业对外部宏观环境的分析模型（见图 2-2）。所谓 PEST，是指政治、经济、社会和科技四大主要外部宏观要素。后来又增加了教育（Education）与人口统计（Demographics）环境。从市场营销的角度看，这些宏观要素都是企业、行业可以利用的资源要素。不同行业和企业根据自身特点和经营需要，分析的具体内容略有差异，但是这四大要素都是核心基础。

PEST 模型也可以用作分析城市产业发展要素的框架。城市产业发展的政治要素是指国家或地区的政治体制、方针政策、法律法规等政策环境，它会对产业发展、监管及产业内的企业活动产生重大影响。城市经济环境是指国民经济发展的概况，反映国内外经济发展趋势和行业所面临的产业环境和竞争环境等。影响城市产业发展的经济要素主要包括产业结构、分配结构和经济发展水平、国民收入等。城市社会要素是指影响产业发展和消费需求变化的社会性因素，包括与城市产业发展相适应的文化教育、价值观念、人口变动和社会结构等因素。科技要素是指对城市产业发展有推动作用的科技力量，它与经济社会环境产生相互作用，包括社会科技总水平、变化趋势和科技变迁等。城市产业发展需要考虑这些环境要素的利弊，应根据这些要素的比较优势来确定产业发展方向。

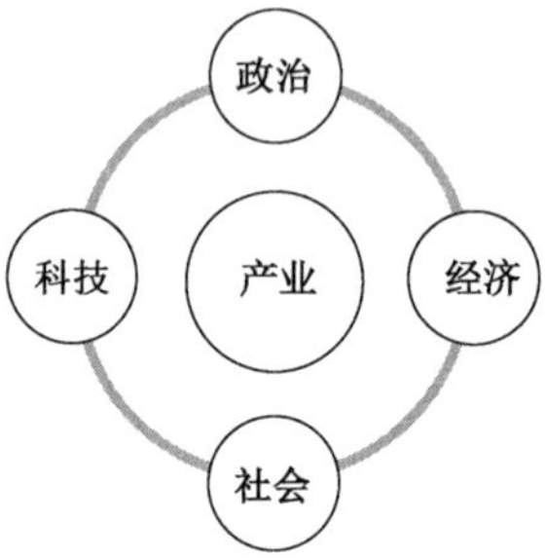

图 2-2　PEST 分析模型

2.1.5　城市产业发展动力

城市产业是城市经济系统的重要组成部分，有产生、发展、成熟和消亡的过程。胡建绩（2008）对产业发展的定义是“一个以价值增值为实质，以主导产业群为载体，以整体经济增长为形式的产业内生发展的过程”。狭义上的产业发展是指一个产业形成、发展、进化的整个过程，其中包括产业从无到有、从弱到强、从低级到高级的过程。事物的发展通常有量上的积累，还有质上的跨越。产业的发展导致产业的规模扩张和经济效益的提升，这是量的积累；产业发展过程中不断地吸收和积累所需的资源要素，通过自身生命周期的蜕变，从而实现整体产业的升级换代，这是质的跨越。因此，广义的产业发展包括产品升级换代、产业结构日益优化，以及产业组织经营合理化的过程。产业发展除了单个产业发展，还包括产业结构发展，二者既有区别又密不可分。单个产业的发展升级导致产业自身的地位在产业结构中的改变，使产业间的关系发生改变，导致产业结构的升级。二者是因果关系，产业结构的升级是由于各个产业的发展变化，资源在各产业间的分配和产业间技术经济的数量比例关系产生变化，导致在整个经济体系中的产业间关系、结构和发展方向转变的整个过程（芮明杰，2005）。

总而言之，产业发展是通过单个产业扩展与优化，不断提升产业效率，最终产业结构逐步优化升级的过程。产业动力研究是促进产业发展的核心。动力是指驱动产业形成和发展的一切有利因素，包括产业生成动力和发展动力。制度经济学认为产业变迁的根本原因之一就是制度和劳动分工，强调劳动、产业发展和交易成本的关系。产业发展是受动力机制驱动，由产业外部的驱动和内部的驱动共同作用的结果。如图 2-3 所示，产业外部驱动力包括自然资源、劳动力、投资、制度等因素，产业内部驱动力源于市场需求和技术创新。也有经济学理论将产业发展动力分为外生动力和内生动力，或者主导动力和辅助动力。这些只是动力要素划分的角度不同。总而言之，产业发展受到多重动力的影响，各种动力因素的组合作用在不同程度上推动产业的发展。

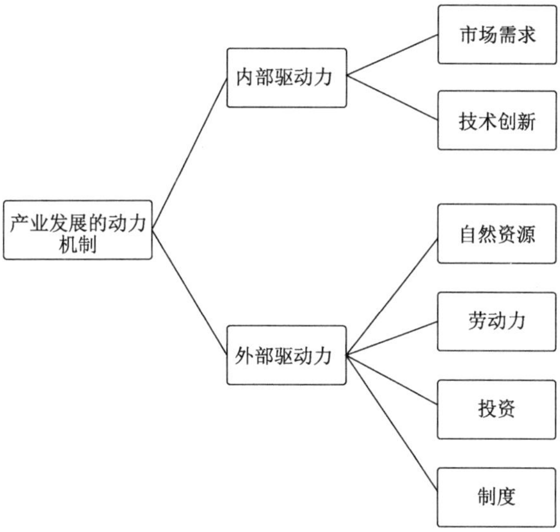

图 2-3 城市产业发展的动力机制

1. 城市产业发展的驱动机制

（1）利益追逐

利益是产业发展的最主要驱动机制。正是由于人们对利益的追逐，才导致产业的产生、发展，以及消亡。利益驱动机制取决于超额利润、平均利润率和产业边际收益递减规律的作用。通常，某城市行业的利润和投资回报率越高，其行业的吸引力就越大，产业的形成和发展速度也就越快。相反，如果行业利润率和投资回报率降低，边际收益大幅递减，则产业发展开始减慢或者衰退。如果某城市新兴产业领域的投资预期回报比较高，发展潜力大，利益的驱使会使衰退产业中的资源向新的领域转移，从而促进新兴产业的形成和发展。同时，也是由于利益的驱使，当共同创造的效益大于各自创造的效益之和时，行业内不同企业和行业外的相关企业会自动联合起来，发挥各自的优势，通过产业内或者产业间的合作和交换实现产业的增值。

（2）供需关系

除了利益的追逐，产业的驱动机制中还有市场供需关系。在市场经济条件下，任何经济活动都可以归结于需求与供给关系的变化。城市经济的增长是由供给和需求两方面的相互作用决定的。对城市产品的需求来自两个方面：一是满足城市自身的多种需求，如很多城市产业主要是为当地居民的需要提供产品服务；二是来自城市以外的需求，即城市外部市场提出的需求。城市基础部门模型就是以此为基础的，把城市经济分为基础部门和非基础部门。基础部门是城市以外部市场为导向，满足外部市场需求的城市产业的集合。基础部门又称输出产业，是城市的支柱产业。非基础部门既满足输出产业的生产活动产生的需求，同时又满足城市居民日常生活需要，因此又称地方产业。城市经济学理论中的需求导向模型（the Demand Orientated Model）就强调经济增长的动力来自外部市场对城市产品的需求。正是外部市场需求的变化，促使城市基础部门的建立和发展，同时带动非基础部门的增长，从而促进城市经济的整体增长（董利民，2011）。在社会发展过程中，市场需求是不断变化的。早期，人们收入水平上升，恩格尔系数降低，社会物质的丰裕导致对农产品的需求相应降低，而对纺织品与轻工产品产生更多的需求，由此促进了纺织业和轻工业相关产业的形成和发展。中期，随着生活水平的提升，物质日益丰富，人们对耐用消费品需求增加，促进了原材料工业的形成和发展。现阶段，社会物质极大丰富，人们的消费更趋向品质化和个性化的需求，为高端制造业和服务业的形成和发展提供了基础。同时，城市经济增长理论的供给基础模型（the Supply-based Model）认为城市经济增长取决于城市内部的供给状况，如果城市供给条件好，就可以吸引更多的资金、劳动力和技术等生产要素，促进城市产业的发展。城市供给基础包括城市产业的物质与技术基础、专业化协作的程度、投资环境，如城市的基础设施水平等。

城市产业发展就是经济要素的流动和积累的过程，是城市供给和需求两方面相互作用的结果。需求刺激产业的产生和发展，而供给基础决定产业增长的速度和持续时间。二者都是城市产业运行的动力机制，必须结合起来研究。

（3）差异性

差异性也是城市产业发展的内在驱动机制。古典国际贸易理论中的“比较优势原理”（Law of Comparative Advantage）提出“各个国家生产技术上的差异会造成劳动生产率和生产成本的绝对差别，贸易各方应集中生产并出口其具有绝对优势的产品，进口其不具有绝对优势的产品，将资本和劳动投入那些最有利可图的行业”。不同城市产业在技术与生产方面存在巨大差异，产业中各企业在资源及运营、组织形式上也存在较大的不同，同样存在比较优势。这些“差异优势”和规模经济的效应，促进了专业化分工，从而促进产业的发展。正是这些差异性的存在，使现代城市产业分类呈现多样性。

（4）竞争

城市产业之间的竞争也是产业发展的外部驱动机制。正是由于市场的竞争，才激发了城市各行业的生命活力，有利于产业内的创新和发展。垄断和保护并不利于产业的长期发展。波特的产业竞争理论揭示了产业竞争力越强，越有利于产业的形成和发展。产业竞争力可以体现一个产业的兴衰。一个产业的竞争力越强，越有利于资金、技术、人力等资源要素的集聚，其发展动力越强。

2. 城市产业发展的内部驱动力

（1）需求

需求是城市产业发展最重要的动力源和内部驱动因素。满足城市中人们社会生活的需求是产业发展最大的动力和目标。社会总需求中份额最大的部分就是普通大众的消费需求。消费需求的变化包括需求总量和需求结构变化。城市人口数量的增加与人均收入水平的提高会扩大消费需求的总量。经济发展水平提升，城市居民的消费需求结构就会发生变化。随着生活水平的提高，人们的消费需求从衣食等基本生活需求转向文化、休闲、娱乐等社会需求，因而带动了相关城市产业的发展。人们消费需求的变化导致各消费品产业部门在生产总量中所占的比重改变，最终影响产业发展的进程。

（2）技术创新

在知识经济时代，技术是产业发展的重要推动力。技术创新将提高生产效率，优化资源配置，促进市场的分化和需求升级，从而进一步促进产业发展。技术创新对产业的影响是通过影响要素配置与转化效率，提高产业的投入产出比的。创新也可以看作一种生产关系的重构，即打破原有的自变量和因变量关系，组建“新组合”，以提升生产效率。科技创新还会促进产业分化和新兴产业的形成。在新兴产业形成初期，技术创新的作用尤为显著。技术上的创新使新产业从原产业中分离出来成为可能。从这个意义上讲，产业是技术创新的产物，技术创新又推动城市产业发展。技术创新导致市场上的优胜劣汰，也带来新的产业机会。

3. 城市产业发展的外部推动力

（1）自然资源

资源禀赋是产业经济发展的基础，经济活动必须与当地的资源禀赋结合起来才能产生良性循环。自然资源提供产业发展所需的物质基础，某区域中产业的形成往往源于当地的自然资源禀赋。例如，水资源丰富和土地肥沃的地区，农业发展水平较高；自然风光优美、旅游资源丰富的地区，旅游业往往是当地的主导产业；矿产资源丰富的地区，通常都以资源型产业为主。一般情况下，在进行区域产业规划时，要发挥本地的资源优势，最先开发自然资源禀赋丰裕的相关产业，然后再发展其他的产业。

自然资源对区域的产业结构会产生不同程度的影响。一般而言，自然资源丰裕的地区，更有利于形成综合性的产业结构。自然资源对第一产业区域分布有直接的影响，因为第一产业对自然资源的依赖性较强。自然资源对第二产业发展也有间接的影响，如间接地影响原材料工业与其他加工工业。除旅游业外，自然资源对第三产业的影响相对较小。总体而言，自然资源对农业与矿业影响最大，其次是运输业、建筑业、旅游业与加工业。

（2）劳动力

资源投入规模和资源利用效率决定了产业的发展规模，其中劳动力是一种不能替代的资源，是产业发展的主要生产要素之一。传统的经济增长理论认为，物质资本与劳动力的数量是促进经济增长的主要因素。劳动力的数量直接影响产业生产率。首先，产业产出和劳动力投入量呈正比，即投入的劳动力越多，产出越高，那么该产业发展就越快。其次，劳动力数量影响产业结构。在劳动力资源丰富和劳动力成本较低的区域，当地的产业偏向于向劳动密集型产业方向发展；在劳动力资源短缺和劳动力成本较高的区域，当地的产业则偏向于向资本密集型产业发展。从劳动力供给角度，劳动力的流动与现有劳动力数量和产业的劳动力需求量密切相关。实际就业人数和产业的劳动需求量差距越大的产业，劳动力流动量也越大，其产业发展潜力也相对越大。劳动力的供给状况决定了产业的劳动力需求能否得到满足。劳动力供给和需求影响劳动力在各产业间的流动和配置，从而对产业产生影响。

除了劳动力数量，劳动力质量对产业发展也有重要的影响。20 世纪 60 年代，美国经济学家舒尔茨把劳动力的质量因素引入了经济增长理论，为分析经济增长“剩余”问题，提出了“人力资本”理论。人力资本是以劳动力的数量和质量表示的非物质资本。产业可以通过对人力资本的投资、劳动力质量的提高、产业创新能力的提升，来实现产业资源的转移和利润的增加。在劳动力数量不变情况下，劳动力质量越高，适应新技术的能力越强，劳动生产率越高。通过人力资本投资能产生递增收益，能减弱或者消除资本、土地等资源要素对产业发展的不利影响。随着科技的进步，尤其是在知识经济时代，人力资本发挥着比物质资本更为重要的作用。

（3）投资

产业的发展离不开资本的输入。资本还可以通过产业间的关联效应促进有关产业的互动发展。产业投资规模越大，产业产出水平越高，产业发展的速度也就越快。投资的增加可以改善城市公共基础设施，扶持产学研发展及增加人力资本投资、提升劳动力素质，为产业发展营造良好的外部环境。产业可以通过投资来获取自然资源或者资本、劳动和土地等传统生产要素，获得外生比较优势；也可以通过资本注入获得信息、人力资源、知识等，形成内生比较优势，促进产业快速成长。

固定资产投资是产业投资中最重要的组成部分。产业投资通过形成固定资产而决定了各产业的产出能力。产业投资规模大会直接导致固定资产增加，从而为产业发展奠定物质基础。投资规模越大，雇用的劳动力也就越多，产业增长速度也就越快。因此，产业投资规模决定了产业发展的进程。同时，投资结构，即投入到各个产业的资本比例，在很大程度上也对产业结构产生了影响。

（4）制度

制度也是城市产业发展的驱动因素之一。制度可分为正式制度和非正式制度。正式制度有明确的存在形式并以组织形式进行监督并保证实施；而非正式制度是指社会生活中约定俗成的惯例或者标准，包括价值信念、道德伦理规范等。制度对城市产业发展的推动作用体现在3个方面：一是相关制度降低了交易成本，从而有利于产业发展；二是相关制度可以帮助产业寻求规模经济，使外部效应内在化，提升产业的经济效益；三是制度可以帮助产业规避风险，减少行业发展中的不确定性。制度可以把资源从城市非生产性部门转移到生产性部门或者从生产效率低的部门转移到生产效率高的部门，通过推动城市产业资源的优化配置，促进产业发展。

2.1.6 城市产业发展模式的类型

关于城市产业发展模式，学术界暂无统一分类。不同学者从不同产业角度提出了不同的模式类型。在旅游休闲产业的领域，彭华（1999）从旅游产业动力角度提出资源驱动型、经济驱动型、需求驱动型等几种产业发展动力模型。王大悟等（1998）提出我国旅游产业应该采取政府主导型发展模式。章尚正（2002）、张建梅（2003）都分析了政府主导发展的模式存在诟病，提出应转化成市场主导模式。马春野等（2011）则提出应以产业系统内部组织方式来取代政府主导发展模式。朱竑等（2005）提出以经济驱动型模式的旅游产业发展模式。唐承财等（2007）基于城市旅游产业的动力模型，提出经济驱动、需求驱动、旅游资源驱动等产业模式。王旭科（2008）通过对城市旅游业的动力分析，提出体制动力模式、市场动力模式、形象动力模式、社会动力模式。郑自立（2015）提出文化与科技融合推动休闲文化产业发展的5种可行模式：政府与市场平衡驱动模式、异业联盟创新模式、移动互联网平台建设模式、“政产学研资”一体化创新模式、大数据技术导引模式。吴丰林等（2010）认为城市产业发展的驱动力源于产业系统内部的要素和其余外部诸要素之间的信息物质交换，将城市产业模式分为内核动力主导型和调控动力主导型、其中内核动力主导型又分为资源系统主导型、环境系统主导、产业系统主导型、腹地市场系统主导型。调控动力主导型又分为区位系统主导型、政策系统主导型、创新系统主导型、市场开放系统主导型。温茜茜（2013）根据产业发展的驱动分析，提出要素驱动发展模式、投资驱动发展模式、创新驱动发展模式、市场驱动发展模式、制度（产业政策）驱动发展模式等几种产业发展模式。从以上这些模式的划分可以看出，虽然产业不同、划分维度不同，但都是从产业发展驱动力的角度来界定产业发展模式的。

因此，城市产业发展模式的研究可以从产业动力角度分析，利用主导动力与其他动力的组合关系来构建发展模式。不同城市产业的主导动力不同，必然对应不同的动力模式。通过城市产业发展动力分析，市场需求、资本、技术创新、自然资源、劳动力、制度是产业发展的 6 个驱动因素，根据这些驱动因素特征分类，可以将城市产业发展模式归纳为要素驱动、资本驱动、需求驱动、制度驱动、创新驱动这几种模式。

1. 要素驱动模式

温茜茜（2013）根据产业发展的驱动要素的差异，提出了要素驱动发展的产业发展模式，其中要素包括自然资源和劳动力要素。产业发展除了需要自然资源和人力资源，基础设施、资本等也都是产业重要的生产要素构成。这些要素与产业发展的匹配程度是获取产业竞争优势的关键。产业发展初级阶段，要素驱动发展模式特别适用于那些对资源依赖较大的产业，如农业和采掘业等，必须依靠丰裕的自然资源禀赋和人力资源等，才能推进产业发展和壮大。大部分城市主导产业的选择都倾向于自身生产要素比较丰腴的产业。例如，杭州作为国家知名的旅游城市，旅游业已经成为当地的主导产业，主要是基于杭州深厚的历史人文旅游资源积淀。要素驱动模式的选择源于产业核心竞争力即产业发展所依赖的生产要素必须在行业内具有显著的比较优势。但是值得注意的是，生产要素不是一成不变的，要素资源包括不可再生和可再生资源，不可再生的资源会逐渐减少甚至枯竭，可再生的资源和劳动力成本也逐年上升。如果资源的比较优势逐步丧失，又没有新的驱动因素，这种发展模式的产业就必然面临竞争力的衰退。

2. 资本驱动模式

一般来说，产业发展在初期对资源要素的依赖较大。当产业发展到一定程度后，现有资源逐渐不能满足产业持续发展的需要，就会产生对资本的需求。企业资本的投入可以改良硬件设施，引进新技术和行业人才，大大提高产业的工作效率。另外，政府资本的注入可改善城市基础设施，加强人力资本投资，扶持产学研研究，为产业发展营造良好的宏观经济环境。产业可以通过资本的注入来获取外部的自然资源或资本、劳动力等生产要素，从而获得外生比较优势，也可以通过资本获得信息、人力资源、知识等，形成内生比较优势。因此，资本驱动可以通过产业投资来补偿要素驱动发展模式的缺陷，带动产业继续快速成长。资本驱动发展模式下的产业可以克服生产要素禀赋的局限，并具有一定的进入性壁垒，有利于保持行业核心竞争力。例如，广东的东莞是一个传统旅游资源相对不足的城市，但是强劲的经济实力和在酒店旅游接待设施上的资本投入，大力推动了当地休闲产业的发展。

3. 需求驱动模式

市场营销的理念中一直强调以消费者需求为核心，即消费者导向的市场驱动，强调通过市场需求来引导企业的生产和营销活动。随着社会经济的快速发展，市场消费特性已逐渐从数量型向质量型转变，人们的需要也从低层次的物质需要转变为更高层次的社会和自我实现的需要。正是市场需求的驱动，不断刺激和推动企业进行产品、技术、服务等创新，提供和创造满足消费者需要的产品和服务，从而带动产业的发展。需求驱动发展模式要求行业利用科技发展的契机不断地开发新产品去满足消费者不断提升的消费需求，并挖掘消费者潜在的需求去引导新的消费，从而获得产业发展的动力。休闲产业不同于传统意义的旅游产业，是满足人们休闲消费需求的相关产业群。随着人们生活观念的转变和休闲意识的增强，休闲逐渐成为现代城市居民最普遍的生活方式之一。正是由于市场需求驱动，休闲产业越来越受到各级政府和部门的重视。大力推进休闲产业发展需要了解休闲消费市场需求，甚至创造和刺激消费需求，以满足消费者多样化、差异性、深层次的需要。

4. 制度驱动模式

外部政策和制度的力量可以使生产要素从低效率的产业向高效率的产业转移，实现产业资源的优化配置，从而驱动产业的发展。同时，合理的制度可以减少交易成本，提高交易效率。在制度驱动发展模式中，政府发挥着至关重要的作用。政府一直是产业发展的坚强后盾，它能够通过调节资源配置和生产要素供给，来引导产业发展方向。政府的产业政策和相关制度有利于引导有限资本流入正确的产业，甚至带领产业进行跨越式发展。在不同发展阶段，政府会根据不同地域发展的需要，从国家总体战略出发，对某些重点产业进行政策扶持，制定不同的产业政策，扶持新企业，鼓励企业引进先进技术，兴建相关的基础设施，以与产业发展相匹配。近年来，政府对休闲产业日益重视，很多地方政府都把旅游业作为重点扶持的产业。国务院《国民旅游休闲纲要（2013—2020年）》把休闲产业发展提升到了国家战略的层面。与此同时，一系列区域发展规划和产业发展规划相继出台，制度上的导向给我国休闲产业带来了重大的发展机遇。

5. 创新驱动模式

创新是社会发展最活跃的因素。洪银兴（2011）提出创新驱动就是利用知识、技术、企业组织制度和商业模式等要素对现有的资本、劳动力、物质资源等有形要素进行新组合。吴丰林等（2010）提出创新推动型是指依靠通过知识外溢效应及研究成果的转化来推动产业发展的一种模式，主要由技术创新机制、创业人才集聚机制、鼓励创业的文化氛围等因素促成。创新驱动是一种新的资源配置方式，是产业可持续发展的动力。

王来军（2014）提出创新驱动体系是由创新要素、创新主体、创新机制和创新环境 4 个要素构成一个动态开放系统，通过技术创新、知识创新、制度创新、市场创新、服务创新、金融创新等方式形成的创新合力。创新带动产业发展的过程大致如下：局部个体创新—创新扩散—群体技术创新—新兴产业形成—企业优胜劣汰—产业发展。个体创新通常是偶然性和分散化的个体行为。这些零散的个体行为可以通过创新扩散，由创新成功的个体慢慢向群体迈进，成为更有效的组织形式和群体行为模式，并在群体中推行（罗杰斯，2002）。技术创新，使新产业从原产业中分化出来，提供了新产业出现的可能性。不断创新使生产效率上升，资源配置优化，新产业出现，由此带动市场的分化和行业的竞争，产业中优胜劣汰、适者生存，从而完成产业的发展和制度变迁。

这些城市产业发展模式本身并无优劣，是产业外部环境与内部因素发生变化而共同作用的结果。在产业发展的初级阶段，主要依赖自身的资源禀赋，发挥本地的自然资源和劳动力优势，来进行产业生产，对资本和技术的要求较低。随着产业的发展和规模的增长，仅仅依赖自身的资源禀赋无法满足产业继续增长的需要。产业的发展需要资本的注入来帮助市场的扩张和资源的积累，此时资本驱动模式逐步替代要素驱动模式。在资本驱动模式下，产业可以摆脱对自然资源禀赋的依赖，而通过外部资本的注入来实现产业的增长。此时，充足的资本、有利的扶持政策、完善的城市基础设施等能给产业带来更强的驱动作用。在全球化的经济形势下，很多国家和政府会从国家战略发展的角度，对一些重点产业进行特别的政策倾斜和给予投资扶持，从而对某些产业形成制度驱动模式。在知识经济时代，科技创新逐渐成为产业发展的新动力，尤其是高科技和知识型产业。科技创新使现有产业不断优胜劣汰，促使新兴产业的不断涌现，从而使整体产业系统得到更新发展。在此发展背景下，产业发展模式偏向于创新驱动模式。在很多情况下，要素驱动型、制度驱动型、资本驱动型和创新驱动型几种产业发展模式是同时并存的。有些产业的发展侧重于要素驱动模式，有些产业则依靠制度驱动和政府主导，有些产业则靠资本或技术创新驱动。模式的选择因素取决于产业自身的发展特点、资源禀赋充裕程度、资本的扩充速度、科学技术的发展水平及政府的战略规划等不同条件。此外，单就某个具体产业来看，产业发展模式也不是单一的，可能是几种模式的结合体，如资本和创新的联合驱动模式。例如，一些新兴产业依靠国家的政策扶持、巨额资本的注入、本地高素质的人力资源，加上技术创新推动，形成联合型驱动的产业发展模式。

产业发展模式本身并无优劣，只要结合产业自身特点，与外部环境相适应，有利于发挥自身产业优势，有助于产业升级，推动整体经济发展，就是好的模式。选择产业发展模式要基于城市的现实情况，所以要充分考虑匹配性和可行性。模式也不是一成不变的，当城市产业内部因素或外部环境发生变化时，产业发展驱动要素的状态和动力作用也会发生改变。因此，为了适应城市产业发展需要，产业应根据不同发展阶段驱动要素的变化，对发展模式进行相应的调整和选择。

2.2 城市休闲产业的界定

2.2.1 城市休闲的提出

国内关于休闲城市和城市休闲的相关研究日益增多，城市休闲产业已经成为产业经济学领域研究的热点。如何界定城市休闲是城市休闲产业研究中最基础的问题。休闲本身就有极其丰富的内涵，国外学术界对于城市休闲也没有严格统一的界定。目前，国内学术界关于城市休闲的界定存在以下不同角度的理解。

1. 休闲活动发生的地域范围

与广义的休闲不同，城市休闲有明确的休闲活动发生的地域范围，可利用资源具有地域的差异性。Jansen-Verbeke（1985）提出城市休闲产品的概念，城市的休闲活动主要是围绕城市内各种休闲娱乐设施产生的。郑胜华等（2006）将城市休闲定义为城市范围内的休闲产业供给和休闲消费需求的总和，其实质就是休闲概念的地域化。陈世斌（2006）强调城市休闲是在特定城市地域范围内的休闲观念及休闲行为的总称。楼嘉军（2006）认为城市休闲和城市旅游的区别主要是服务主体的地域不同，城市旅游面向外来旅游者，而城市休闲的主体则是城市居民。城市休闲的实质是传统城市旅游的升级。李耿为等（2007）认为城市休闲泛指任何在城市地域范围内发生的休闲活动。李刚（2009）对城市休闲的界定是在城市范围内的城市居民所特有的休闲观念、休闲行为和休闲消费需求及相关休闲产业供给的总和。

这些概念都从地域角度强调城市休闲是在城市地域范围内，所有利用城市空间和城市休闲供给资源来满足城市休闲者休闲需要的各种休闲活动的总和。

2. 强调休闲的社会功能

很多学者在对城市休闲的界定中都强调了城市休闲的社会功能。李耿为（2007）认为城市休闲是一种社会现象，其表现为经济休闲化、文化闲暇化、生活娱乐化和运动极限化等各种综合性的社会现象。孙九霞等（2006）强调休闲活动对社会健康积极的影响，认为城市休闲是以城市为载体，以文明、健康的休闲理念为基础，以提高人们生活品质为目的一种社会活动。吕宁（2010）在其研究中也强调了城市休闲可满足城市发展需要，提高城市生活品质，在推动城市发展中发挥重要的社会作用。

这些研究都从社会的角度，强调城市休闲是城市化过程中一种现代社会现象，具有文明、健康等社会属性，有利于城市文明建设和居民生活幸福感的提升。

3. 强调休闲的系统构成

随着系统动力理论研究的深入，学术界在现有城市休闲研究成果上，引入了系统动力学理论。张普成（2008）最早提出城市休闲系统的概念，构建了由城市经济、城市交通、城市休闲环境、城市休闲基础设施建设4个子系统组成的城市休闲系统。华钢等（2009）也从系统的角度研究城市休闲，把城市休闲视为由城市休闲需求、城市休闲供给、城市休闲管理和城市休闲支持等4个子系统构成的复杂系统。肖亮（2010）对城市休闲系统进行了较为全面的阐述，他认为各种自然、经济、社会休闲要素有机结合成一个由城市休闲需求系统、城市休闲引力系统、城市休闲运行系统、城市休闲支持系统构成的复合系统。

国内学者对城市休闲的不同界定，从不同角度诠释了对城市休闲的理解，分别强调了城市休闲的不同属性特点。

总而言之，本书认为城市休闲是一种城市现代文明的生活方式，是在城市休闲空间内利用城市休闲供给资源来满足休闲消费者的休闲需求的所有社会经济文化现象的总和。

2.2.2 城市休闲产业的概念

城市休闲产业的发展是顺应中国城市化进程和城市产业结构调整的需要。关于城市休闲产业的概念，国内学术界存在不同的定义。张磊等（2003）认为城市休闲产业是满足城镇居民日常休闲活动需要的一种产业形态，是国内城市传统服务业的升级。学者马惠娣（2004）提出休闲产业是为人们休闲活动进行专门生产或提供专业服务的所有经济活动的总称。张顺等（2005）指出城市休闲产业是为满足城市休闲者各类休闲活动的需要提供的产品、空间和设施所构成的产业系统。陈世斌（2006）认为城市休闲产业是为城市休闲活动提供休闲产品和服务的行业总合，也是休闲供给和休闲需求的总和。唐湘辉（2006）提出休闲产业已经渗透在国民经济各行各业，包括满足人们休闲需要而提供相关产品与服务的企业群，尤其是餐饮住宿、文化娱乐体育和其他服务业。杨琛丽（2010）认为城市休闲产业是以满足城市人们休闲生活的需要，向城市休闲者提供休闲产品和服务的相关企业构成的集合。

本书基本沿用前人对休闲产业的定义，强调城市休闲产业是在城市空间范畴下，为满足城市休闲消费的需要而提供各种休闲产品和服务的行业总称。城市休闲产业涉及城市社会文化生活的各个层面，与其他产业有极强关联性。城市休闲产业不是一个独立的产业，而是社会经济发展到一定程度，旅游、交通、餐饮、服务等相关产业相互融合演进而成的一个新的综合性产业系统。

2.2.3 城市休闲产业的划分

随着休闲研究的深入，人们对休闲产业的认识逐步清晰，国内外学术界对休闲产业的范围没有统一权威的界定，休闲产业的边界较为模糊，产业划分仍存在较大的分歧。在北美标准行业分类中，休闲产业和餐饮酒店业都属于服务业门类，其中休闲产业主要包括文化艺术和游憩娱乐行业。在英国标准产业分类中，休闲产业包括提供餐饮和住宿、文化娱乐、艺术体育、旅游博彩及相关管理支持服务的行业。欧美学术界有观点认为很难对休闲产业有一个全面的统计，几乎所有产业都涉及与休闲产业相关的工作，所以无法全面而准确地界定休闲产业的范围。国内学术界对休闲产业的划分也不一致，我国国民经济核算中暂时也没有休闲产业的行业分类。对休闲产业进行清晰划分有助于休闲产业的经济统计和分析。目前，国内学术界对休闲产业的划分可以归为以下几类。

1. 依据休闲产业部门归属来划分

休闲产业可以按照经营机制上的部门归属来进行产业划分，如旅游度假、酒水美食、文化娱乐、体育健身。马惠娣（2003）最早指出休闲产业是指与人们的休闲生活较为紧密的相关产业系统，包括旅游业、娱乐业、体育业、文化产业四大产业。她也提出休闲产业的产业边界模糊，与第三产业有大量的交叉和渗透现象。张顺等（2005）提出休闲产业包括休闲空间、休闲设施、休闲服务三大构成要素。张宝成（2008）对西安的休闲产业进行了实证分析，把旅游业、文化产业、会展业、体育和娱乐业划为休闲产业的五大主导产业。杨振之等（2008）也提出休闲产业与旅游业存在大量交叉重叠的现象，由此根据旅游产业体系的特征把城市休闲产业也分为“食、住、行、游、娱、购”六大要素，形成了城市休闲产业体系。沈映映（2009）在其研究中把城市休闲产业分成休闲旅游、休闲体育、休闲娱乐与文化、休闲购物、休闲餐饮五大类型。

《2010年中国休闲发展报告》中根据产业部门归属将休闲产业划分为旅游休闲、文化休闲、体育休闲和其他休闲4个类型。

2. 依据产业的盈利性来划分

城市休闲活动可以分为公共休闲和商业消费休闲，因此可以根据休闲活动的盈利与否来进行产业划分。许峰（2001）根据市场需求和产业的盈利性，把休闲产业组织分为营利性组织、非营利性组织和公益性组织3种类型。王寿春（2005）提出把城市休闲产业分为商业休闲和公共休闲。其中，商业休闲是指由居民休闲行为和休闲活动产生的相关商业休闲消费，包括旅游、文化娱乐以及体育健身产业。公共休闲产业则有非营利公共服务的性质，包括与公共休闲活动相关的产业。

3. 依据产业内部各行业的关联度来划分

休闲产业是与城市社会生活紧密相关的综合性产业系统。产业内部各行业关系密切，共同满足人们休闲生活的需要。唐湘辉（2006）提出休闲产业是为了满足人们休闲需要而提供相关产品与服务的企业群，它们渗透在国民经济各行各业。根据休闲产业内部各行业之间的关联，具体分为核心产业、支持产业和关联产业三大类。核心产业是直接为休闲活动提供产品和服务的企业群；支持产业是为核心产业提供支持的企业群；关联产业是为核心和支持产业提供各项服务的企业群。郑胜华等（2009）、王晔（2006）、杨琛丽等（2010）等学者都根据产业内部的关联程度将休闲产业分为主体休闲产业、辅助休闲产业和相关休闲产业。其中，主体休闲产业是指直接提供休闲产品和服务的企业群，包括旅游、文化娱乐、休闲体育企业等；辅助休闲产业是指为主体产业提供供给和支撑的企业群，如休闲用品制造企业等；相关休闲产业是指为主体和辅助休闲产业提供交通、资金等支持服务的企业群体，如银行、交通物流公司等。

4. 依据产业的空间范围来划分

休闲空间是近年来休闲研究领域中较为热门的话题。张顺等（2005）根据休闲产业依存的空间范围和设施规模上的差异，将城市休闲产业分为城市核心区休闲服务业、城区休闲服务业、社区休闲服务业、公共休闲服务设施和城郊休闲服务业。石强（2006）指出在空间上，休闲产业结构可以分为城市与城郊两大休闲板块，其中，城市又分为市、区、街道、社区四级休闲体系。

5. 依据国民经济产业分类来划分

现代产业体系主要按第一、第二与第三产业进行划分。很多学者认为休闲产业广泛存在于国民经济三大产业中，所以休闲产业的涵盖范围非常广。卿前龙（2007）依据国民经济行业分类法，把休闲产业分为休闲第一产业、休闲第二产业和休闲第三产业。所谓休闲第一产业是指第一产业中为休闲生产和服务提供资源的行业或部门；休闲第二产业又称休闲物品业，包括休闲相关产品的制造业和建筑业；休闲第三产业则是休闲服务业，包括旅游休闲业、健身和美容休闲业、文化娱乐服务业、餐饮休闲业、其他休闲服务业。

综合以上观点，付达院（2015）对休闲产业进行了较为系统和全面的划分，他把休闲产业分为广义和狭义两大类，广义的休闲产业包括公共休闲产业和商业休闲产业，其中，公共休闲产业包括公共休闲设施、公共休闲场所及公共休闲服务与管理；商业休闲产业则按国民经济行业分类，分为农业休闲产业、工业休闲产业、服务休闲产业。狭义的休闲产业则专指休闲服务业，包括旅游休闲、娱乐休闲、休闲文化传播和休闲体育健身产业。

综上所述，关于休闲产业的范围界定仍没有统一的认识，学者们对休闲产业范围的研究存在不同的观点。学者们从不同维度对休闲产业进行划分，皆存在一定的合理性，都能独立成为休闲产业划分的分析构架。休闲活动与人们的社会生活密切相关，导致休闲产业与其他产业有强关联性，很多为人们休闲需要提供间接产品的行业都可以列入休闲产业的范畴。魏小安等（2006）提出休闲产业是一个完整的产业系统，由不同产业层次构成，包括休闲基础产业、休闲延伸产业、休闲支撑产业。休闲基础产业包括旅游业、体育休闲业、文化休闲业，休闲延伸产业包括休闲农业、休闲商业、休闲房地产，休闲支撑产业包括休闲工业、休闲信息产业、休闲中介业。学者王琪延等（2015）在《关于休闲产业统计分类的思考》中通过梳理国内外学者及机构关于休闲产业的定义及分类，提出了较为完整的休闲产业的分类。他提出广义的休闲产业包括 3 个层次，以核心休闲产业为中心，向三大产业渗透，其具体分类如表 2-2 所示。

表 2-2 广义休闲产业统计分类

核心休闲产业	为核心休闲服务的相关服务业（延伸产业）	休闲农林牧渔业	休闲工业	休闲设施（休闲房地产）
旅游休闲产业	为核心休闲产业服务的商业、邮电信息、新闻出版、通信、金融与保险、交通等相关行业	休闲林业	休闲食品制造业	旅游休闲设施
运动休闲产业				度假休闲设施
娱乐休闲产业		休闲农业	休闲装备制造业	运动休闲设施
文化休闲产业				娱乐休闲设施
养生休闲产业		休闲渔业	休闲服务制造业	游憩休闲设施
公益休闲事业				养生休闲设施
宗教休闲产业		休闲牧业	其他休闲品制造业	文化休闲设施
其他休闲产业				其他休闲设施

资料来源：王琪延等. 关于休闲产业统计分类的思考，2015。

基于这种理解，国民经济中的很多产业类型都可以归入休闲产业，但是目前的国民经济行业分类很难对行业中具体属于休闲产业的部分进行确切的拆分，从而导致很难从统计学角度对休闲产业进行全面的经济统计和分析。

《2011 年中国休闲发展报告》中提出“休闲相关产业”的概念，包括旅游休闲、文化休闲、体育休闲、其他休闲产业等几个部分。根据卿前龙（2007）提出“消费者直接使用”的原则，生产和提供“消费者直接使用和消费”的休闲产品和服务的行业才纳入休闲产业的范畴。王琪延（2015）也提出狭义的休闲产业即核心休闲产业，是进行休闲产业相关研究与国民经济核算的基础。狭义的休闲产业包括旅游业、体育业、养生业、娱乐业、文化休闲、宗教及其他休闲产业。尽管视角不同，但从中可以看出学者们公认的休闲产业主要包括旅游业、文化艺术、娱乐与体育业等核心产业。

本书认为城市休闲产业应以可持续发展和产业升级为前提，以现代服务业为主导。按国际上通行的产业分类法，休闲产业应当属于第三产业。因此，本书选取狭义理解上的休闲服务产业作为本书内容范畴。

2.2.4 城市休闲产业的体系

本书中的城市休闲产业特指狭义层面的休闲产业，是指为城市休闲活动直接提供产品和服务的第三产业内的产业群，包括旅游休闲产业、娱乐休闲产业、文化休闲产业和体育休闲产业，如图 2-4 所示。

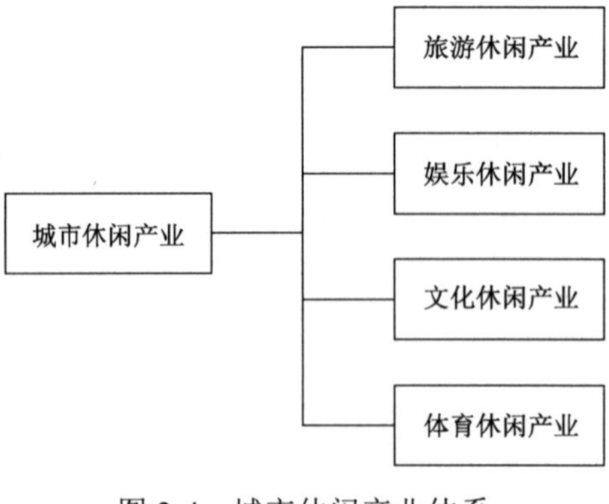

图 2-4　城市休闲产业体系

1. 旅游休闲产业

传统的旅游业是以观光旅游活动为主，通过旅游资源、旅游设施以及相关劳务服务，满足人们参观游览等活动的需要，主要包括“食、住、行、游、购、娱”六大基本要素。随着国民经济增长和人口素质提升，城市居民开始追求更健康、有品质的休闲方式，人们的休闲消费结构日趋高级化。休闲旅游是传统旅游业的升级。城市休闲者更注重旅游活动的参与性和体验性。除了满足六大基本消费需要，旅游休闲消费正在向高级化市场结构发展，包括以高端商业客户为主体的商务休闲旅游，以健康养生、疗养为主题的休闲度假，以研学活动项目主题为中心的教育休闲，以及户外探险、登山徒步、攀岩跳伞等探奇旅游活动。旅游业能快速有效地带动旅游目的地消费、GDP 和就业的增长，旅游业的拉动效应远远超过休闲产业内的其他产业。目前，随着国民收入的增加，旅游已经成为中国大众最重要的休闲方式之一。2017 年旅游业总收入达到 54 万亿元，其国内旅游收入为 4.57 万亿元①，比 5 年前翻了一番，对我国经济增长的拉动作用显著，是城市休闲产业中的主导产业。

2. 娱乐休闲产业

传统的娱乐业是指为娱乐活动提供场所和服务的行业，包括电影院、KTV 歌舞厅、书网吧、台球保龄球场、游艺场等的娱乐活动。娱乐活动可以分为室内和室外娱乐活动。室内娱乐活动指可以在室内场馆展开的各种娱乐活动，如电影、表演、歌舞、卡拉 OK、室内娱乐游戏、游艺活动等。室外娱乐活动包括大型游乐园、主题公园和旅游景点内娱乐设施的活动。在消费升级的发展趋势下，人均收入增长导致人们休闲娱乐的需求增强。另外，消费主力军慢慢从 60 后、70 后变成了 80 后、90 后，消费市场结构发生重大变化。科技的创新带来休闲娱乐方式的更新和升级。以网络游戏为核心，以影视、文化、动漫等多业态融合产生的“泛娱乐”概念日渐形成，数字娱乐产业逐渐成为行业热点。在“互联网+”背景下，泛娱乐产业将成为是未来最有增长潜力和价值回报的投资领域。

3. 文化休闲产业

文化产业包括一切提升人类精神和生活品质的产品或机构。不同的文献对文化产业的划分也存在较大的差异。从广义上说，文化产业可以细分为文化产品制造业、文化产品批发零售贸易业、文化服务业。由于文化产业的范畴相当广泛，本书中的城市休闲产业体系中的文化休闲产业主要指文化服务业，是与人们的休闲生活、休闲行为、休闲需求密切相关的文化产业，特别是以文化旅游、民俗文化、节庆会展、文化创意等为主导的经济形态和产业系统。2002 年党的十六大报告首次将文化产业纳入政治报告后，各地政府相继出台文化产业发展规划，文化与经济、政治、科技的结合日益紧密，正在发展成为一个重要的产业群。从 2004 年到 2016 年，文化产业的增加值从 3440 亿元上升到 30786 亿元，占 GDP 比重从 2.15%上升到 4.14%②。数据显示文化产业正逐

---

① 国家旅游局.旅游数据首登政府工作报告，旅游业拉动经济增长作用明显 .http://www.cnta.gov.cn/xxfb/jdxwnew2/201803/t20180309_858813.shtml.

② 金融界. 2016 年中国文化产业增加值破“三万亿”占 GDP 比重 4.14%. http://finance.jrj.com.cn/2017/09/26144123170875.shtml.

渐发展成为国民经济的重要组成部分。文化休闲产业的发展对于满足人们精神文化需求、增进社会和谐、激发城市活力具有重要的作用。

4. 体育休闲产业

广义上的体育产业是指与体育运动相关的一切生产经营性的活动，包括体育产品生产和体育服务经营两大类。本书中的城市休闲产业体系中体育休闲产业主要是指狭义层面的体育服务业，是社会各部门提供的与休闲体育服务密切相关的产业领域，主要包括体育旅游、体育健身、体育表演竞赛及体育彩票等。体育休闲产业以体育休闲活动为基础，满足人们健康生活需求，拉动体育消费，还能培育新的经济增长点。随着社会经济的发展，体育休闲和体育消费逐渐成为城市居民普遍推崇的现代生活方式。但近年来随着国民对体育健身娱乐、竞技体育等消费需求的大幅增长，从目前全民健身的社会现象，可以预测我国的体育休闲产业正迎来高速发展。全民健身服务体系是体育休闲产业的重要部分，全民健身服务业将成为体育休闲产业中最大的产业。

2.3 资源驱动下城市休闲产业发展模式概念模型

2.3.1 城市休闲产业发展模式概念的提出

产业模式是指在一定的经济环境下，产业具有的与当时环境相符的阶段性的发展思路及相对定式。产业发展模式通过分析产业发展特点，探究产业发展的规律，对产业发展方向和特征进行高度概括。产业发展模式的研究可以从产业发展动力入手，利用主导动力启动及与其他动力的组合关系来构建发展模式。城市产业发展的驱动要素有很多，包括城市区位、资源、科技、信息、政策、劳动力等，共同推动产业发展。基于不同城市产业的特点，以及这些要素在不同产业中地位的差异，会导致其驱动作用力存在较大的差异，由此形成不同的发展模式。当劳动力要素是产业发展的核心要素时，就形成劳动密集型产业发展模式；当技术成为产业发展的主要驱动力时，就形成技术密集型产业发展模式。

由于指导休闲产业发展的基础理论研究尚比较缺乏，所以关于休闲产业发展模式也没有系统研究成果。目前国内外学术界暂没有对城市休闲产业发展模式有统一的定义。本书提出的城市休闲产业发展模式就是结合城市休闲产业发展特点，分析休闲产业发展的动能和驱动因素，从而对产业发展特征进行高度概括。我国区域经济发展水平存在较大差异，各区域休闲产业发展也具有不同的发展特征，造成不同地区休闲产业发展的动能也存在差异。

本书的城市休闲产业发展模式基于要素驱动模式的理论。在经济学意义上，生产要素就是社会生产经营时所需要的各种资源的总称。决定城市产业发展的要素包括区位、资源、科技、信息、政策、劳动力、产业发展政策、城市基础设施环境，以及与城市产业发展相适应的科教文卫、体育、社会保障等方面的要素。这些要素共同作用于城市产业，并对城市产业起着推动作用。城市休闲产业不同于其他产业，和城市社会文化生活紧密相关。城市休闲产业的发展一方面紧紧依赖所在城市所供给的资源要素，另一方面通过各种资源要素相互影响和作用形成的综合动力，共同驱动产业的发展。这些资源的整合与休闲产业发展相匹配，使资源增值，最终实现产业的增值，也为城市增值。因此，本书认为城市资源是推动城市休闲产业发展最重要的生产要素。

本书提出的城市休闲产业发展模式是基于资源要素的驱动视角，对城市休闲产业发展的总体方式和特征进行的高度概括，并提出不同城市资源驱动力作用下的城市休闲产业发展的路径选择。

2.3.2 资源驱动下城市休闲产业发展模式概念模型构建

产业发展受到多重动力的影响，各种动力因素的组合作用在不同的程度上推动产业的发展。经济学理论将产业发展动力分为外生动力和内生动力，外生动力包括自然资源、劳动力、投资、制度等因素，内生动力源于市场需求和技术创新。从经济学生产要素的角度看，这些都是产业的生产要素，即资源要素。

不同的产业都需要有核心动力作为支撑，促进产业向高度化和现代化方向发展。城市休闲产业与其他产业的最大不同的是兼有社会性和生态性，对外部的资源环境依赖性较强。基于要素驱动模式的理论，本书提出城市资源是驱动城市休闲产业发展的重要动力。这里讨论的资源不仅包括自然资源，还包括广泛的社会资源，如社会文化资源、经济人口资源等，都是城市竞争优势最直接的来源。繁荣的城市经济能吸纳城市劳动力，以强大的经济辐射力带动区域发展，实现社会经济的稳定富足，为休闲产业提供充裕的财政支持。城市居民的可支配收入和休闲消费能力形成了良好的经济资源。城市经济发展水平高，人口增加并吸引众多的投资者、旅游者，将为城市带来人口资源。城市的历史、文化塑造的良好城市形象和品牌，可吸引人才落户，提升城市居民教育文化水平，集聚城市智力资源；城市便利的交通可为休闲产业提供良好的可进入性，以及良好城市基础设施为城市居民和外来访客休闲生活带来便利，这是城市的支持服务资源。城市的科技发展有利于开发新的休闲产品和服务，促进休闲产业发展水平提升，这是城市科技资源。这些资源要素基于城市空间向心力形成集聚，产生良性循环效应，相互影响作用，形成交互响应，是推动城市休闲产业发展的根本动力。

本书从休闲产业的角度拓展对城市资源的理解和战略运用，在全面梳理相关研究基础上，对城市资源的概念、类型进行阐述和分析，尝试构建“资源评价分析—资源与产业的驱动关系—模式探讨”的分析框架，对休闲产业所依赖的城市资源进行分析，确定休闲产业发展的核心资源要素。主导动力不同，必然对应不同的动力模式。本书通过辨析不同资源要素对休闲产业的动力作用的大小，从不同动力分析入手，利用主导动力启动以及与其他动力的组合关系来构建发展模式的框架。本书提出资源驱动下的城市休闲产业发展模式，资源是城市休闲产业发展的基础动力，驱动是关键，产业增值是最终目的，三者构成循环提升，从而形成城市休闲产业发展模式概念模型，如图 2-5 所示。该研究模型由以下几部分构成。

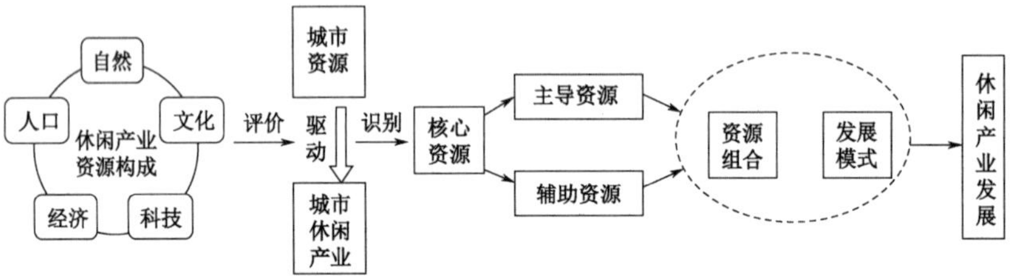

图 2-5　资源驱动下的城市休闲产业发展模式概念模型

1. 资源要素评价与分析

城市休闲产业和城市居民的社会生活关联很大，产业发展受多方面因素的影响，本书按照“自然—人口—经济—科技—文化—环境—产业”的基本思路，考虑资源禀赋、经济增长、人口增长、技术创新等生产要素对休闲产业发展的影响，通过构建基于休闲产业的城市资源评价指标体系，确定城市休闲产业发展的资源测度。

2. 资源与产业驱动的关系

在确定影响城市休闲产业发展的资源因素的基础上，探究这些城市资源的贡献力小大，即对于休闲产业而言，哪些资源是主导资源，哪些资源是辅助资源。本书通过对影响休闲产业产出的资源要素的进行回归分析与检验，辨识其中的关键资源因素，为实现休闲产业可持续发展提供理论参考。

3. 资源动力组合

不同资源要素组合，通过影响休闲产业的需求和供给，形成不同的动力作用，驱动休闲产业发展。通过资源和产业的驱动分析发现，不同的资源动力组合会产生更大的作用，即通过“资源增值”实现“产业增值”。城市资源合力跟具体的城市有关系，因为每个城市拥有的资源是不一样的，所以没有一个完全相同的具体模式适合于所有城市。

本书以城市资源的视角，探究城市资源对城市休闲产业的驱动关系，通过测度样本城市的城市资源的规律和共同特征，识别基于城市资源的城市休闲产业的发展模式，以促进城市资源向城市休闲产业竞争力的转化。

2.4 本章小结

本章通过对产业发展的动力和发展模式的理论梳理，建立“资源评价分析—资源与产业的驱动关系—模式探索”的分析框架，从休闲产业外部的城市资源分析入手，分析城市资源对城市休闲产业的驱动作用，通过不同资源动力的组合关系提出城市休闲产业发展模式，从而构建资源驱动下城市休闲产业发展模式概念模型。

目前，学术界对城市休闲的理解和城市休闲产业的范围界定并没有形成高度的一致性。本书以狭义层面上的休闲产业作为研究范畴，认为城市休闲产业是指在城市空间范畴，直接为城市居民和外来者提供各种休闲产品和服务的行业总和，包括旅游休闲业、娱乐休闲业、文化休闲业、体育休闲产业，同时提出城市休闲产业发展模式是基于资源要素的驱动视角，对城市休闲产业发展的总体方式和特征进行高度概括，是不同资源驱动力作用下的休闲产业发展的路径选择。

第3章　影响城市休闲产业发展的城市资源分析

资源禀赋是产业经济发展的基础，经济活动必须与当地的资源禀赋结合起来才能形成良性循环。城市休闲产业作为城市化过程中的一个重要产业形态，与其他产业一样，都离不开对资源的依赖。同时，休闲产业涉及的产业部门很多，与城市居民的社会生活关联性强，对城市资源的需求和依赖更强烈。休闲产业属于“幸福产品”，其关键目标是提升人们生活的质量。城市作为政治、经济、人口、文化的集聚中心，为休闲产业发展提供了丰富的资源。这里讨论的城市资源不仅包括我们以前所理解的自然和物质资源，还包括广泛的社会资源。城市资源是城市竞争优势最直接的来源和驱动城市休闲产业发展的重要生产要素。本章将从城市休闲产业发展的角度拓展对城市资源的理解和运用，从城市休闲产业发展所依赖的资源分析入手，通过构建城市资源评价指标体系，确定促进休闲产业发展的城市资源。

3.1　影响城市休闲产业发展的城市资源构成

关于城市资源的理论很多，但是学术界并没有形成完全统一的观点。关于城市资源的构成存在不同的观点。王长安（2003）将城市资源分为自然资源、再生资源和无形资源三大类。自然资源包括土地和水资源；再生资源是城市的重要资产，是通过社会生产投入再生产的资源；无形资源包括城市文化和城市品牌。洪银兴等（2003）将城市资源分为自然资源和社会资源两大类，自然资源包括土地、空间等自然环境；社会资源包括基础设施和人文资源，其中基础设施包括供电、用水、交通等公共设施；人文资源包括人力资源、历史文化资源、科学教育资源等。张凡等（2003）提出城市资源具体包括自然资源、人类文化遗产资源、制度资源、企业资源、人力资源和城市形象资源六个方面。张超（2004）认为现代城市资源由生态资源、经济资源和社会资源构成，生态资源则包括城市山林、公园绿地、空气环境等，经济资源包括生产性、消费性和服务性资源，社会资源包括科、教、文、卫等公共服务。宋金柱等（2007）把城市资源分为有形（物质）资源和无形资源，物质资源包括自然资源、公用资源和非公用资源，无形资源包括无形的文化资源和无形的经济资源。杜晓黎（2008）将城市资源分为自然资源、区位资源、社会资源、政治资源、功能资源五大类。易龙生等（2011）提出城市资源子系统的概念，城市资源子系统由物质资源、文化资源和人力资源等要素构成。他们提出自然环境是构建城市资源系统的物质基础，自然环境决定了城市资源系统的基本结构与发展方向，社会环境决定了资源系统发展与演变。郭正模等（2011）将城市资源分为产业经济资源、土地资产资源、社会文化资源、人口人力资源、生态环境资源和行政政治资源六大类型。

此外还有一些学者从城市的资源环境质量和经济发展协调关系的角度，提出了城市资源的测量指标，为研究城市资源的系统构成提供一定的理论依据。于博（2007）提出了城市资源与基础设施的评价指标体系，其中城市资源包括自然资源、人力资源、无形资源三个一级指标。易龙生等（2011）认为城市资源系统的形成和发展是自然和社会环境等多种因素共同作用的过程，提出了物质资源、文化资源、人力资源三个一级指标，要素类资源、公共服务资源、历史文化资源、现代文化资源等7个二级指标的评价体系。董嘉鹏（2012）从城市营销资源角度，提出了7个城市支持资源的评价指标，包括自然资源、区位资源、经济资源、文化资源、政治资源、智力资源、关系资源。潘安敏等（2014）按照两型社会建设的目标与要求，构建立了一套城市资源系统评价指标体系，将城市资源分为物质资源、文化资源和人力资源3个一级指标组成的复杂系统。

虽然关于城市资源的研究并不多，也没有统一和权威的定义，但通过文献整理，可以发现学者们在资源分类上存在一定程度的趋同，为本书确定城市资源的系统构成提供了一定的理论依据。综上，将有关城市资源系统构成的研究归纳如表3-1所示。

表3-1 城市资源系统构成的相关研究

文献	城市资源系统构成
王长安（2003）	自然资源；再生资源；无形资源
洪银兴等（2003）	自然资源；社会资源（包括基础设施、人文资源）
张凡等（2003）	自然资源、人类文化遗产资源、制度资源、企业资源、人力资源、城市形象资源
张超（2004）	经济资源、社会资源、生态资源（城市山林、公园绿地、空气环境）
于博（2007）	自然资源、人力资源、无形资源
宋金柱等（2007）	物质资源、无形资源
杜晓黎（2008）	自然资源、区位资源、社会资源、政治资源、功能资源
易龙生等（2011）	物质资源、文化资源、人力资源
刘慧芳等（2010）	自然资源、再生资源、无形资源
郭正模等（2011）	产业经济资源、土地资产资源、社会文化资源、人口人力资源、生态环境资源、行政政治资源
董嘉鹏（2012）	自然资源、区位资源、经济资源、文化资源、政治资源、智力资源、关系资源
潘安敏等（2014）	物质资源、文化资源和人力资源

将现有文献研究提出的关于城市资源系统构成进行分类和引用频次的排序，整理成如表 3-2 所示。

表 3-2　城市资源系统构成的分类统计

资源类型	引用频次								
	1	2	3	4	5	6	7	8	9
自然资源（自然、生态环境）									√
人口资源（人口、人力资源、智力资源）							√		
经济资源（产业、企业、资产）				√					
科技文化（社会文化、社科教、无形资源）									√
城市功能资源（基础设施、物质资源）				√					
政治资源（行政政治、制度）				√					

通过对城市资源相关研究的文献整理可以看出，学者们从多角度和多层次对城市资源进行了不同的划分，大体可以分为自然、人口、经济、科技文化、城市功能、政治资源等6大类。基于休闲产业发展的视角，考虑到政治资源指标量化的可操作性，确定了促进城市休闲产业的城市资源的以下 5 个子系统构成。

1. 自然资源

自然资源包括水、土地、气候等人类生存发展不可缺失的自然条件。自然资源是产业发展最直接的动力因素，在第三产业中对旅游等休闲产业的影响较大。几乎关于城市资源研究中都提到了自然资源。一般认为，城市休闲产业的发展需要依托城市良好的生态环境，注重与城市环境的协调发展。自然资源是发展城市休闲产业的基础和前提条件。有利于城市休闲产业发展的自然资源主要包括公园绿地、空气质量、水资源等。自然资源禀赋的差异可以形成休闲产业的多元化发展。城市可以根据自己独特的资源禀赋，开发特色的休闲项目，从而形成独具特色的城市休闲文化。例如，珠海、威海、青岛等海滨城市，海岛多、空气质量好，具有发展“滨海”城市休闲的自然资源禀赋。自然资源禀赋欠缺的城市可以通过人工开发等方式来开发休闲产品和服务，以此发展休闲产业。

2. 人口资源

人口资源是指城市区域内一定数量、质量与结构的人口总量，是产业发展的核心生产要素。人口资源为产业发展提供劳动力供给和市场需求，是推动休闲产业发展关键性资源。2016 年年末我国人口达到 13.8 亿，就业人口 7.76 亿。休闲产业属于服务性行业，需要大量的从业人员。休闲产业的人力资源的数量和质量决定了产业发展水平，也是最易形成比较优势的生产要素之一，同时也决定休闲产业的消费能力和消费结构。2016年中国城镇化率达到近57.4%，这标志着城市人口大幅增加，以城市型社会为主导，城市居民休闲观念的普及，将大力推动城市休闲产业发展。

3. 经济资源

张超（2004）、郭正模等（2011）、董嘉鹏（2012）等在城市资源构成中提出经济资源的概念。张凡等（2003）和宋金柱等（2007）虽然没有直接提到经济资源的概念，但他们提出的企业资源和无形资源都属于经济资源的范畴。城市休闲产业发展水平与城市经济发展水平紧密相关。较高的经济发展水平下，人们可支配收入增加，使休闲消费能力提升，构成了当前中国休闲产业发展的重要的经济基础。

产业发展离不开产业资本的注入。休闲产业发展的每个环节，如休闲项目、设施的建设以及休闲人才的培养都需要资本的投入。这些资本的投入都是推动产业发展的强劲动力。产业结构与经济发展相互关联又相互制约。若产业结构合理，各产业生产部门能够相互协调发展，形成产业群聚，资源共享，就能降低各产业生产和交易成本，促进各产业共同健康发展，最终增强城市的整体经济实力。2016年我国第三产业生产总值占GDP比重达到51.6%，标志着中国服务经济时代已经到来。城市休闲产业发展需要第三产业的推动，因此第三产业发展水平是影响休闲产业发展的重要经济因素。

4. 科技文化资源

王长安（2003）、洪银兴（2003）、张超（2004）、杜晓黎（2008）、郭正模等（2011）在其研究中提到了社会资源，张凡等（2003）、易龙生等（2011）提出了文化资源，虽然名称不同，但其内涵基本一致。科技文化资源主要包括社会科技发展水平和文化教育水平。一般认为，城市的科技发展水平和居民的文化教育水平越高，城市的休闲度就越高。在知识经济时代，科学技术是经济增长决定性的因素，成为产业发展的核心驱动力。科技的进步能释放更多劳动力和增加闲暇时间，同时新技术有利于开发新的休闲产品和挖掘新的休闲需求，从而推动城市休闲活动的蓬勃开展。

休闲产业是经济和社会文化发展到一定阶段的产物。城市居民的文化教育程度越高，对休闲需要越强烈。国民教育文化提高不仅有利于国民素质提升，而且引导休闲需求的增加。教育程度越高，人们越重视精神需求、自身健康和自我价值的实现。休闲消费和休闲时间增长越明显。正面的休闲观已经成为全民共识，休闲也日益成为一种普遍的生活方式。同时，教育文化资源投入有助于休闲人才队伍的培养。目前，我国教育资源服务经济社会发展的能力在不断增强，高等学校和职业教育培训为传统产业转型升级、新业态发展壮大提供了有力的知识和理论支撑。

5. 城市功能资源

杜晓黎（2008）在其城市资源构成的研究中就提出了功能资源的概念。洪银兴（2003）提出的社会资源、宋金柱等（2007）提出的物质资源、董嘉鹏（2012）提出的支持资源等都包含了城市基础设施等公共资源的概念。本书提出的城市功能资源包括城市的公共基础设施和社会公共服务。公共基础设施是指为城市公众设置的、保证城市功能正常运行，所有公众都可以共享的基础性设施，是城市的公共服务系统的重要组成部分。城市功能资源除了社会公共设施资源，还包括科教、体育、文卫等社会公共服务。随着城市功能的扩张，城市除了具备生产和居住功能，城市休闲功能也在增强，这会对城市基础设施提出更高的要求。城市功能越完善，城市基础设施越完善，城市公共服务能力越强，城市经济、人口、资本等资源的集聚能力就越强，越有利于产业发展和城市竞争力的提升。

基于以上分析，可提出城市资源系统的构成，如图 3-1 所示。促进休闲产业发展的城市资源系统主要包括自然资源、人口资源、经济资源、科技文化资源及城市功能资源。这5种城市资源系统要素相互影响和联系，共同作用于城市休闲产业。其中，自然资源是城市休闲产业发展的基础，人口资源和经济资源是城市休闲产业发展的核心资源，科技文化资源和城市功能资源是城市休闲产业发展的保障条件。

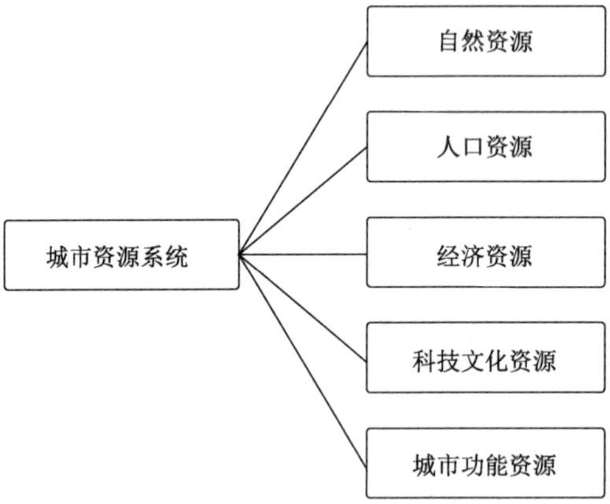

图 3-1　城市资源系统的构成

3.2　城市资源对城市休闲产业的驱动及假设的提出

产业发展与资源要素密不可分。产业的发展需要使用和消耗资源，资源要素的来源、形式、质量在很大程度上决定了产业水平。城市休闲产业在很大程度上受城市的社会、经济、文化、环境多方面因素的影响。城市经济发展水平、产业结构、人口受教育程度、休闲理念、城市休闲设施等都是休闲产业发展的重要影响因素。通过第 2

章的分析，本章构建了城市资源的评价指标体系，确定了城市资源的构成要素，将城市资源系统分为自然资源、人口资源、经济资源、科技文化资源、城市功能资源 5 个子系统。城市中优美的自然风光或历史人文景观，能够对游客产生巨大吸引，这是有利于休闲产业发展的自然资源禀赋。繁荣的城市经济能吸纳城市劳动力，以强大的经济辐射力带动区域发展，实现社会经济的稳定富足，为休闲产业提供充裕的财政支持，从而形成良好的经济资源。城市经济发展水平决定了人们的可支配收入和休闲消费能力，因此也是城市休闲产业发展的经济资源。本地市民、众多的投资者、公商务人士和游客则为城市带来人口资源。城市是一个由物质和文化共同塑造的公共产品。城市的历史、魅力塑造的良好城市形象和品牌创造出城市的文化资源。政府通过筑巢引凤政策吸引人才落户，集聚城市智力资源；教育文化水平越高，对休闲的需求越高，这是城市的智力资源；城市便利的交通为休闲产业提供良好的可进入性，以及良好城市基础设施为城市居民和外来访客休闲生活带来便利，这是城市的支持服务资源。城市的科技发展水平能够有利开发新的休闲产品和服务，促进休闲产业发展水平提升，这是城市科技资源。

休闲产品和休闲服务业往往聚集在大城市及其周边地区，一方面可以吸引高技能劳动力，另一方面带来投资机会，而城市资源的集聚决定了该区域范围内的休闲产业的供给能力。同时，由于休闲产业的发展表现出较强的需求导向，休闲产业的增长动力来自对城市休闲产品的需求，这种需求来自两个方面：一是城市自身的需求，这与城市的经济发展水平、人口数量、结构等都高度相关；二是来自城市以外的需求，这与城市的区位、交通、人口流动性等密切相关。人口资源、经济资源、科技文化资源、城市功能资源丰富的区域，人们有追求休闲生活的倾向和购买休闲产品及服务的休闲消费能力，能够形成真实的休闲需求。随着城市经济发展，城市功能不断完善，人们的教育文化水平逐渐提高，休闲需求增强，与此相对应，与休闲相关的供给系统将会日渐完善，规模经济效应亦会不断增强，从而获得产业集聚的优势。

城市休闲产业与其他产业的最大不同的是，休闲产业兼有社会性和生态性，其产业输出除了向城市提供休闲产品和服务，产生经济效应，还包括对城市生活产生的社会和生态的综合效应。城市休闲产业的产出一方面体现在对城市 GDP 的产出贡献，另一方面通过提高当地居民的生活品质，优化城市功能，可产生积极示范意义的社会效应。城市休闲产业的“社会性功能性”产出对城市政府产生正向激励作用，城市居民也会产生自豪和认同感，从而使城市能够整合或者投入更多资源，进一步促进休闲产业发展，产生良性循环效应。这些资源要素基于城市空间向心力形成集聚，相互影响作用，产生良性互动，是城市休闲产业发展的根本动力。

自然资源包括水、土地、气候等人类生存在发展不可缺失的自然条件。自然资源是产业发展最直接的动力因素，在第三产业中对旅游等休闲产业的影响较大。城市休闲产业发展的自然资源主要包括公园绿地、空气质量等。城市休闲产业的发展需要依托城市良好的生态环境，注重与城市环境的协调发展。自然资源对城市休闲产业发展的驱动主要体现在休闲供给方面。一般认为，城市的自然资源丰裕和生态环境良好时，可供使用的公共休闲空间越多，城市居民的休闲舒适度越高，越有利于发展休闲产业。自然资源禀赋的差异可以形成休闲产业的多元化发展。城市可以根据自己独特的资源禀赋，开发特色的休闲项目，从而形成独具特色的城市休闲文化。但是，自然资源能否有效转化为休闲资源，驱动城市休闲产业发展，在很大程度上还依赖于城市经济发展水平、城市公共服务能力等。

由此，本章提出假设 H1：自然资源因子对城市休闲产业发展具有正向影响。

人口资源包括人口的数量、质量与结构，是产业发展的核心生产要素，为产业发展提供劳动力供给和市场需求。人力资源的数量和质量决定产业发展水平，是最易形成比较优势的生产要素之一，同时也决定休闲产业的消费能力和消费结构，是推动休闲产业发展关键性资源。人口资源对城市休闲产业发展的驱动主要体现在两个方面，一方面，城市产生人口集聚效应，快速增长的城市人口规模和大量的外来人口，是推进休闲产业形成和发展的重要动力；城市人口的增加大大提高了城镇化率，居民休闲观念逐步深入，城市居民对美好生活的向往和追求，产生足够的市场需求，大力推动城市休闲产业发展。另一方面，城市人口增加，将带来大量高素质的就业人口，为第三产业尤其是休闲产业提供丰富的劳动力，提升休闲产业的发展水平。

由此，本章提出假设 H2：人口资源因子对城市休闲产业发展具有正向影响。

城市休闲产业发展与城市经济紧密相关。较高的经济发展水平下，人们的可支配收入增加，使休闲消费能力提升，构成了休闲产业发展重要的经济基础。西方一些发达国家完成工业革命后，生产力水平显著提高，人们开始拥有更多的自由时间，休闲机会不断增多，推动着休闲大众化序幕开启。20 世纪 60 年代后期，一些发达国家的人均 GDP 步入 3000~5000 美元阶段，人们的可自由支配收入和休闲时间显著增加，相应的休闲消费需求日益增长，休闲逐渐成为一种普遍的社会经济现象。中国在改革开放以后，随着国民收入增加，人们的休闲意识逐步深入，休闲消费支出逐渐增加，开始步入休闲时代。通过追溯休闲产业的发展历史，可以看到在休闲产业发展过程中，社会良好的经济发展态势给休闲产业的发展注入了巨大活力，使其不断发展壮大。经济资源对城市休闲产业发展的驱动主要体现在两个方面：需求拉动和供给推动。本书提出经济资源层面包含两个因子，一个是经济发展因子，包括人均消费支出、人均可支配收入、人均 GDP 和第三产业占 GDP 比重 4 个指标。社会经济发展水平越高，人们的消费能力越高，城市休闲产业的发展拉动力就越强。另一个是产业推动因子，包括地均固定资产投资额、文化体育娱乐业固定资产投资额和利用外资额3个指标。这3个指标都反映了休闲产业形成能力，3个指标值越大，对城市休闲产业的推动力就越大。产业发展离不开产业资本的注入。休闲产业发展的每个环节，如休闲项目、设施的建设以及休闲人才的培养都需要资本的投入。资本的投入是推动产业发展的强劲动力。

由此，本章提出假设 H3：经济资源因子对城市休闲产业发展具有正向影响。

城市休闲产业是城市经济和社会文化发展到一定阶段的产物。科技文化资源主要包括社会科技发展水平和文化教育水平。在知识经济时代，科学技术是经济增长的决定性因素，成为产业发展的核心驱动力。科技文化资源也通过对需求和供给的影响对城市休闲产业的发展产生驱动。科技创新能释放更多劳动力和增加闲暇时间，同时新技术有利于开发新的休闲产品和挖掘新的休闲需求，从而推动城市休闲活动的蓬勃开展。同时，城市的科技发展水平越高，意味着居民的文化教育水平越高，城市的休闲化程度越高。城市居民的教育文化程度越高，人们越重视精神需求、自身健康和自我价值的实现，休闲需要越强烈。在国内很多一线发达城市，人们的休闲消费和休闲时间增长明显，正面的休闲观已经成为全民共识，休闲也日益成为城市居民普遍的一种生活方式。城市科技文化资源不仅直接推动休闲产业发展，而且有利于国民素质提升。

由此，本章提出假设 H4：科技文化资源因子对休闲产业发展具有正向影响。

城市功能资源主要为城市休闲产业发展提供支持和保障。城市功能资源包括城市的休闲设施、公共基础设施和社会公共服务。休闲设施是指为人们提供的休闲活动场所；公共基础设施和社会公共服务是指为城市公众设置的、保证城市功能正常运行、所有公众都可以共享的基础性设施，是城市的公共服务系统的重要组成部分。随着城市功能的扩张，城市除了具备生产和居住功能，城市休闲功能也在增强，这会对城市基础设施提出更高的要求。在现代社会中，城市的经济发展水平越高，城市基础设施就越完善，城市公共服务能力也越强，为市民和游客深入体验休闲活动提供了更多的便利，意味着休闲供给水平提升。同时，城市功能越完善，舒适度越高，城市知名度越大，城市附加值就越大，从而吸引外部投资的能力和人口的集聚能力就越强，从而产生更大的市场休闲需求。因此，城市功能资源也通过需求拉动和供给推动来促进休闲产业形成发展。

由此，本章提出假设 H5：城市功能资源因子对城市休闲产业产出具有正向影响。

综上所述，本章提出5个假设 H1~H5，如图 3-2 所示，城市休闲产业发展的资源因子包括自然资源因子、人口资源因子、经济资源因子、科技文化资源因子和城市功能资源因子。这些因子皆对城市休闲产业发展具有正向影响。

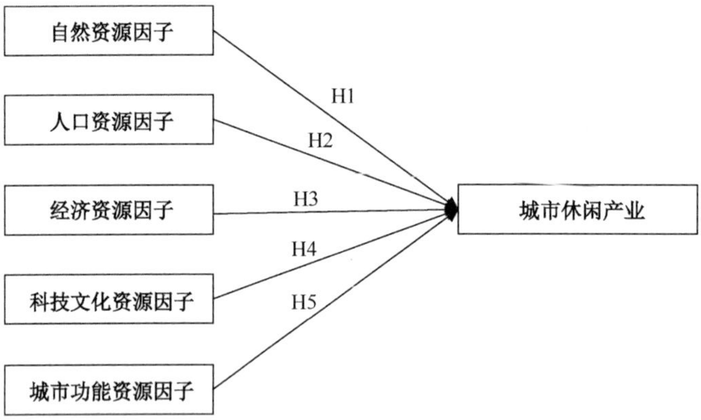

图 3-2　城市休闲产业发展的资源因子主效应模型图

此外，本书认为整个城市休闲产业就是一个循环系统，一方面紧紧依赖所在区域所供给的资源要素；另一方面将这些资源整合，使资源与人们的休闲生活相匹配，使资源增值，最终转化为休闲产业产出和城市的整体增值。这些资源要素不仅会单独发生驱动作用，而且会交互作用，形成良性互动。其交互效应会产生比单一资源更大的作用，通过资源增值，实现产业增值。

经济发展带来人口的集聚，丰富的人口资源为城市的发展提供了劳动力和市场空间；城市经济发展促进城市功能和基础设施完善，城市功能资源的丰富又增强了城市的集聚能力，为城市吸引高质量的人口资源；城市经济发展提升科技文化发展水平，而丰裕的科技文化资源又促进经济增长；同时，科技文化资源又促进城市人口资源的质量；高素质的人口资源又为经济增长带来劳动力供给。这些资源之间产生相互关联，与人们的休闲生活相匹配，最终转化为休闲产业产出。这个循环可以通过“资源—互动—增值”的层级来表现。这些资源之间存在互动关系，相互影响作用，形成合力，共同推动休闲需求和供给增长，从而推动城市休闲产业的发展。

当休闲供给力和需求力都较大时，城市的休闲产业发展将较为迅速；当城市休闲供给力大于需求力时，城市的休闲供给将迅速增加，并产生外溢效应，吸引周边城市的居民前来消费；当城市的需求力大于供给力时，需求将拉动城市的休闲供给增长；而当一个城市的休闲供给力和需求力都不高时，城市的休闲产业将处于一个平稳发展状态。不同的资源要素在休闲产业发展中所占的比重和地位是不同的。它们形成不同的资源组合，通过影响休闲产业的需求和供给，从而对休闲产业形成不同的驱动作用。

由此，本章提出假设 H6：4 种城市资源因子交互效应对城市休闲产业发展具有正向影响，如图 3-3 所示。

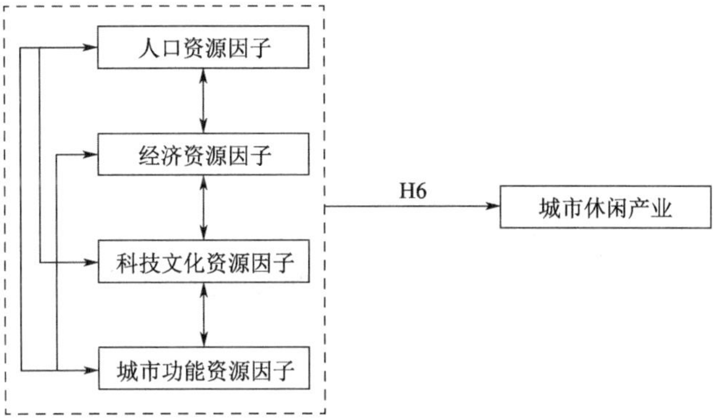

图 3-3　城市休闲产业发展的资源因子交互效应模型图

3.3　研究思路和方法

本章根据文献研究构建了城市资源的分析框架，将城市资源系统划分为 5 个子系统，即自然资源、人口资源、经济资源、科技文化资源及城市功能资源子系统，再分别从5 个层面继续细分，通过文献收集筛选出与休闲产业相关的城市资源变量指标，通过经验选择和德尔菲法（专家咨询）等方法，选取与城市休闲产业发展相关性强、数据一致性高的具体测量指标，形成较为完整的休闲产业视角下的城市资源分析框架，从而确定促进城市休闲产业发展的城市资源构成，并使用因子分析法来验证这些指标的选择和探究这些城市资源要素对城市休闲产业发展的影响程度。

本书遵循指标构建的原则，由于原始指标数目较多，定性研究容易受主观因素影响，运用主成分分析法来验证这些指标的选择和研究变量内部关系，剔除高度相关的因子，经过线性变换对指标进行“聚集”，来验证指标，从而从初步指标中确定影响城市休闲产业发展的城市资源因子，最终形成城市资源测量指标。

主成分分析法能很好地消除指标间相关关系的影响，是一种成熟的综合评价方法，其突出的优点是可消除评价指标之间的相关影响，剔除指标间的重叠信息；可通过确定主分量的方法，减少指标选择的工作量。主成分分析法从研究变量内部关系入手，将多个互相不独立、存在相关关系的指标归结为若干公共因子。每个公共因子中包含的观测变量均为关联性较高，即关系紧密的因子。公共因子彼此的独立性较强且具有一定理论意义，从而能够将所研究问题中的众多观测变量的关系转变为用少数几个的线性函数与特殊因子之和来表述。其目的是简化数据结构，帮助分析和解释数据变量。因子分析的通用模型如下：

$$\begin{cases} x_1 = a_{11}F_1 + a_{12}F_2 + \cdots + a_{1m}F_m + a_1\varepsilon_1 \\ x_2 = a_{21}F_2 + a_{22}F_2 + \cdots + a_{2m}F_m + a_2\varepsilon_2 \\ \quad \vdots \\ x_n = a_{n1}F_1 + a_{n2}F_2 + \cdots + a_{nm}F_m + a_n\varepsilon_n \end{cases} \tag{3-1}$$

式中，x_1、x_2、…、x_n 是经过标准化的观测变量，共 n 个，其均值为 0，标准差为 1；F_1、F_2、…、F_m 是经过结构化之后的公共因子变量，共 m 个，一般情况下 $m<n$。式（3-1）的矩阵形式为：

$$\boldsymbol{X} = \boldsymbol{AF} + a_{ij}\boldsymbol{\varepsilon} \tag{3-2}$$

式中，F 为公共因子；A 为因子载荷矩阵，a_{ij} 为第 i 个观测变量在第 j 个公共因子上的载荷；ε 为残差，是观测变量不能被公共因子所解释的部分。

研究步骤如下。

（1）对原始数据进行标准化处理。原始指标是有度量单位的，由这些指标的观测数据所计算的协方差矩阵或相关矩阵必然受到指标量纲的影响，不同的量纲和数量级将得到不同的协方差矩阵或相关矩阵。因此，为了避免计算结果受指标量纲和数量级的影响，保证其客观性和科学性，必须对原始数据进行标准化处理。标准化方法一般为直线型标准化方法。直线型标准化方法是在将指标实际值转化成不受量纲影响的指标评价值时，假定二者之间呈线性关系，指标值的实际变化引起指标评价值发生相应的比例变化。比较常用的方法有 Z-Score 法，其标准化计算公式为

$$x_{ij} = \frac{\bar{X}_{ij} - X_j}{s_j} \tag{3-3}$$

式中，x_{ij} 代表标准化后的数据；$\bar{X}_{ij}$ 为原始数据；X_j 为第 j 个指标的平均值；S_j 为标准差。通过标准化，数据消除了指标量纲差异，建立了数据的可比性。

（2）对观测变量进行因子分析适用性检验，确定观测变量是否适用于因子分析法。用于表征的统计量主要为 KMO 值和 Bartlett’s 球形检验值。KMO 值越大表示变量间的共通性越高，越适合进行因子分析。Kaiser 表示，KMO<0.5 时统计样本不适合进行因子分析；若 KMO>0.7 则样本非常适合进行因子分析；若 KMO 值在 0.5 到 0.7 之间则取样粗略适合。Bartlett’s 球形检验则用于验证观测变量的相关系数矩阵，若显著性水平高于 0.05，则说明相关系数矩阵中不存在共同因素，不适合进行因子分析。

（3）建立指标之间的相关系数矩阵。从相关系数矩阵或协方差矩阵中提取主成分，以确定公共因子。主成分分析得到的因子互相独立且彼此正交。基于标准化的原始样本数据，求出相关系数矩阵 $\boldsymbol{R}$ 及 $\boldsymbol{R}$ 的特征值和特征向量，根据方差贡献率建立初始因子载荷矩阵。

（4）旋转初始因子载荷矩阵。使用方差极大法（Varimax）旋转初始因子载荷矩阵，消除个别因子载荷过大或过小的情况，得到公共因子载荷矩阵，使得主成分因子更为

清晰。

（5）计算公共因子变量得分。确定公共因子后，根据每组原始样本数据及公共因子载荷，可以分别得到与原始样本相对应的公共因子得分数据。

运用主成分分析法对 20 个样本城市的城市资源因子进行定量分析，揭示城市资源的主要资源因子（公共因子），根据方差贡献率计算各个公共因子的得分，从而确定影响城市休闲产业发展的城市资源因子。

3.4　休闲产业发展的城市资源测量指标选取

3.4.1　理论依据

关于城市资源的研究大部分都在理论层面，量化和数理研究较少。从休闲产业的角度研究和评估城市资源的文献也比较少见。有一些对城市可持续协调发展评价指标体系和评价研究，从城市资源环境质量和经济发展协调关系的角度出发，涉及城市资源相关的测量指标。

于博（2007）提出了城市资源与基础设施的评价指标体系，其中城市资源包括自然资源、人力资源、无形资源3个一级指标。易龙生等（2011）对城市资源系统质量进行了评估，提出了物质资源、文化资源、人力资源3个一级指标。董嘉鹏（2012）提出城市营销资源的概念，并构建了城市营销资源的评价体系，包括的3个一级指标：固有资源、建设资源、支持资源，七个二级指标：自然资源、区位资源、经济资源、文化资源、政治资源、智力资源、关系资源。

李瑶亭（2013）认为城市旅游产业发展主要受政府层面、产业发展和城市发展环境3个层面影响，提出了城市旅游化水平评价指标体系，其中城市发展环境层面的评价指标包括区位条件与基础设施、相关产业发展、城市规模经济与要素成本、科技创新4个二级指标。潘安敏等（2014）构建了城市资源系统评价指标体系，包括物质资源、文化资源和人力资源 3 个一级指标。基于以上城市资源相关的测度指标的研究，整理如表 3-3 所示。这些研究并没有针对休闲产业的发展来进行资源的划分，但为本书中的城市资源测量指标选取提供了一定理论借鉴。

表 3-3　关于城市资源评价指标研究

学 者	资源类型	具体测度指标
于博（2007）	自然资源	日均供水总量、海水年利用量、人均城市用地
	人力资源	人口总数、人口增长率、全市社会从业人数、人才总量、专业技术人员、人才年均增长
	无形资源	城市竞争力

续表

学 者	资源类型	具体测度指标
易龙生等（2011）	物质资源	人均可用淡水资源总量、人均城市用地面积、人均公共绿地面积、城市绿化覆盖率、人均能源供应量、公共交通承担客运出行量、每千人拥有床位和医生数量
	文化资源	文化遗产和文化景观、图书馆、文化馆、博物馆、展览馆数量
	人力资源	城市常住人口就业率、第三产业就业人口占就业总人口的比重、中高级专业技术人才占总人口比例
董嘉鹏（2012）	科技水平	每万人拥有的在校人学生数、专任教师数
	人口发展	人口自然增长率、年末总人口
	生活主体	市区居民人均可支配收入、市区居民人均消费性支出、农村居民人均纯收入、农村居民人均生活消费支出
	社会公共事业	每万人拥有公共交通车辆数、每万人拥有移动电话数、每万人拥有医生数、建成区绿化覆盖率
	环境	污水处理率、垃圾无害化处理率
李瑶亭（2013）	区位和基础设施	铁路、公路、民航旅客周转能力，人均城市道面积，城市基础设施投资额，城市邮电业务总量，公共服务支出占地方财政支出比重
	产业发展	城市第三产业占比
	城市规模经济与要素	城市 GDP、在岗职工平均工资、非农人口占总人口比重
	科技创新	城市专利授权数
潘安敏戴静（2014）	物质资源	水资源总量、土地面积、植被面积、公共基础设施数量
	文化资源	文化遗产和文化景观数量、图书馆数量、文化馆数量、博物馆数量、展览馆数量
	人力资源	中高级专业技术人才占总人口比例、城市常住人口、就业率、第三产业就业人口占就业总人口的比重、本科以上学历人口占比

本书将城市资源视作为一个多层次系统，系统层下在继续探索与休闲产业发展密切相关的资源要素作为测度指标。虽然直接研究城市资源要素的文献较少，但有部分学者在其研究讨论了影响休闲产业发展的资源要素。许峰（2001）提出自然资源禀赋、社会经济基础、客源市场条件和整体城市规划都是影响城市休闲产业布局的主要因素。郑胜华等（2006）在其研究中提出城市经济发展水平和经济结构决定了城市休闲产业的发展空间。张丽君（2006）提出区域经济发展、休闲需求和供给、科学都会对休闲产业结构产生很重要的影响。唐湘辉（2006）认为产业政策、管理制度、市场条件和投资模式对休闲产业发展存在影响，其中政府的产业政策倾向和扶持力度对产业发展最为至关重要。

魏小安等（2007）提出城市供给是影响城市休闲的重要影响因素，城市供给包括资源禀赋、自然环境、现有的休闲设施。沈映映（2009）研究发现政府政策、市场需求、休闲资源、交通区位都是城市休闲产业影响因子。其中，休闲资源和交通区位是最重要的条件。周彬（2009）提出影响宁波休闲产业发展的因素，包括时间因素、收入因素、消费观念和消费结构因素。张美书（2008）发现休闲产业发展对人力资源依赖性比较强。王麓怡等（2006）指出文化资源与休闲产业存在相互依赖进而促进的关系。郑自立（2015）强调了文化和科技因素对休闲产业的影响力。乔青青等（2015）提出社会、政策、教育环境是休闲产业发展的重要环境，尤其是教育环境。李丽梅等（2018）提出影响休闲产业竞争力的因素包括经济发展水平、政府支持、基础设施、资源禀赋、休闲需求、人力资本、市场规模、自然气候、服务质量等。

表 3-3 和表 3-4 归纳了现有研究文献中关于城市资源的评价指标以及影响休闲产业发展的资源要素。这些都为本书中城市资源评价指标的选取提供了理论参考。有关这些影响因素的研究多为定性研究，有少量定量研究，而且也只是从单一资源角度来分析资源要素对产业的影响。本书认为影响城市休闲产业发展的资源要素有很多，这些资源要素之间相互关联，共同作用于休闲产业。

表 3-4　影响休闲产业发展的资源因素

学者	影响休闲产业发展的资源因素
许峰（2001）	自然资源禀赋、社会经济基础、客源市场条件
郑胜华等（2006）	城市经济发展水平和经济结构
张丽君（2006）	区域经济发展、休闲需求和供给、科学技术
唐湘辉（2006）	产业政策、管理制度、市场条件和投资模式
魏小安等（2007）	资源禀赋、自然环境、现有的休闲设施
沈映映（2009）	政府政策、市场需求、休闲资源、交通区位
周彬（2009）	时间、收入、消费观念和消费结构
张美书（2008）	人力资源
王麓怡等（2006）	文化资源
乔青青等（2015）	社会、政策、教育环境
郑自立（2015）	文化科技因素
李丽梅（2018）	经济发展水平、政府支持、基础设施、资源禀赋、休闲需求、人力资本、市场规模、自然气候、服务质量

3.4.2　自然资源变量测度

1. 自然资源因子指标选取

自然资源是休闲产业发展的物质基础。自然资源包括土地、气候、水资源等，多为定量指标。政府对城市的资源和环境指标都有较为全面和权威的统计。研究选取的自然资源因子（X_1~X_4）共包含 4 个指标，如表 3-5 所示。

表 3-5　自然资源因子指标

系统层	指　标
自然资源	人均绿地面积 X_1
	优良天气数 X_2
	人均生活用电 X_3
	人均生活用水 X_4

人均绿地面积 X_1：是指城市居民每人拥有的公共绿地面积，反映一个城市的生态状况。我国认定作为生态城市的标准是城市人均绿化面积不低于 11 平方米。一般认为，较大的人均绿地面积往往标志着该城市的生态环境比较好，有更多可供使用的公共休闲空间，城市休闲化程度较高。城市人均绿地面积指标还可以反映城市环境保护情况，以及政府对城市生态环境的重视程度。

优良天气数 X_2：有时也称达标天数，是指城市空气质量指数不大于 100 的天数总和。空气质量指数测度综合考虑了细颗粒物、可吸入颗粒物、二氧化硫、二氧化氮、臭氧、一氧化碳等 6 项主要污染物。目前，城市优良天气数已经成为环境质量约束性指标。良好的空气质量是城市生活品质高的体现，是促进城市休闲发展的有利条件。

人均生活用电 X_3：指城市居民总生活用电量除以常住人口的数值。

人均生活用水 X_4：指城市居民总生活用水量除以常住人口的数值。电力资源属于自然资源中的能源资源。能源资源是在目前社会经济技术条件下可为人类提供大量能量的物质和自然过程，包括煤炭、石油、天然气、燃料及太阳辐射、电力等。电力资源属于能源资源中按转换传递过程分类中的二次能源，是城市经济发展的物质基础。人均生活用电和用水量指标在一定程度上反映区域内水和能源资源供给的丰裕程度，与城市可持续发展关系密切。

2. 自然资源因子分析

运用 SPSS20 软件对自然资源层面所包含的 4 个指标的原始数据进行因子分析，如表 3-6 所示，得出抽样适度测定值（Kaiser-Meyer-Olkin, KMO）为 0.651，说明适合做因子分析。并且 Bartlett's 球形检验的显著性水平为 0.000（<0.05），说明适合做因子分析。

表 3-6　自然资源因子分析的 KMO 值及 Bartlett's 球形检验

KMO 值	0.651	
Bartlett's 球形检验	近卡方值	7.841
	自由度	6
	显著性水平	0.000

从表3-7所示的自然资源因子总方差解释可以看出提取的公共因子的特征值和累计解释方差，根据特征值大于 1 提取主成分条件，选取一个主成分，这个主成分的累计解释方差达到 48.517%。

表 3-7 自然资源因子总方差解释表

成 分	初始特征值			提取的平方载荷		
	总解释方差	方差	累计解释方差	总解释方差	方差	累计解释方差
1	1.941	48.517	48.517	1.941	48.517	48.517
2	0.841	21.023	69.54			
3	0.762	19.061	88.602			
4	0.456	11.398	100			

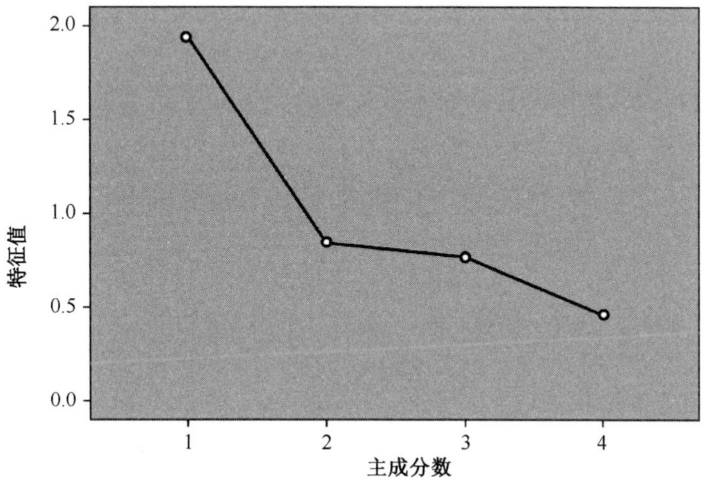

图 3-4　自然资源因子分析碎石图

根据图 3-4 所示的自然资源因子分析碎石图，自然资源因子测度可以提取一个主成分因子。

对样本进行信度检验，Cornbach’s alpha 系数为 0.637（>0.600），表明样本具有较高的总体信度，所选样本具有有效性。

从因子载荷矩阵可以看出，公共因子 F_1 在 X_1~X_4 这 4 个指标上的载荷都较大，均大于 0.5，如表 3-8 所示，说明该因子具有较好的收敛效度。因此，城市自然资源的测度可以通过这 4 个指标来进行评价。

表 3-8 自然资源因子载荷表

	公共因子	变 量	有较高载荷的原始指标	因子载荷
自然资源因子 A_1	F_1 自然资源因子	X_1	人均绿地面积	0.815
		X_2	优良天气数	0.758
		X_3	人均生活用电	0.599
		X_4	人均生活用水	0.586

表 3-9 自然资源公共因子得分系数

自然资源公共因子	主 成 分
	1
人均绿地面积 X_1	0.420
优良天气数 X_2	0.391
人均生活用电 X_3	0.308
人均生活用水 X_4	0.302

由表 3-9 所示的自然资源公共因子得分系数，可以计算自然资源因子 A_1 的得分，计算如下：

$$A_1 = \boldsymbol{FAC}_1 = 0.420X_1 + 0.391X_2 + 0.308X_3 + 0.302X_4 \tag{3-4}$$

3.4.3 人口资源变量测度

1. 人口资源因子指标选取

人口资源是指城市范围内具有一定数量、质量与结构的人口总量，是休闲产业发展不可缺少的生产要素。人口资源可以反映城市劳动力供给状况和市场需求状况，是推动城市休闲产业发展关键性资源。选取人口资源因子（X_5~X_{10}），共包含 7 个指标，如表 3-10 所示。

第三产业人数 X_5 指第三产业就业总人数，是城市休闲产业的主要劳动力资源供给。

城市总人口（常住人口）X_6：本研究选取城市常住人口而非户籍人口，因为他们常年居住生活在该城市范围内，是城市休闲活动的参与主体。

第三产业人口比重 X_7：指第三产业就业人口占城市总就业人口比重。这个指标反映出城市第三产业的发展水平和产业结构。第三产业人口比重越高说明城市的第三产业发展程度越高，越有利于带动休闲产业的发展。

表 3-10　人口资源因子指标选取

系统层	指　　标
人口资源因子	第三产业人数 X_5
	城市总人口（常住人口）X_6
	第三产业人口比重 X_7
	人口净迁入 X_8
	客运周转量 X_9
	人口密度 X_{10}
	城市化率 X_{11}

人口净迁入 X_8：指城市的迁入人数与迁出人数之差，表明人口流动状况。当该指标为正数时，说明迁入人口数大于迁出人口数；当该指标为负数时，说明迁出人数大于迁入人口数。一个城市的人口流动状况受社会、经济和人口自身等各方面因素的影响。通常情况下，经济发达地区，有较多人力资源需求，迁入人口数较高；反之，经济发展速度迟缓的地区人口迁出数较高。

客运周转量 X_9：指特定区域在一定时期内各种交通运输工具运送旅客的总人数。这个指标可以体现运输业为国民经济和人民生活服务的贡献，同时也可以衡量城市休闲产业发展的市场规模。

人口密度 X_{10}：指单位平方千米面积居住的人口数，是用来衡量人口密集程度的指标。一般来说，经济集聚必然带来人口的集聚，经济越发达的地区，人口密度也越大。

城市化率 X_{11}：城市化率也叫城镇化率，是城市化的度量指标，一般采用人口统计学指标，即城镇人口占总人口（包括农业与非农业）的比重。城市休闲产业发展是城市化发展的必然结果，一般来说，城市化程度越高，休闲产业越发达。

2. 人口资源因子分析

运用 SPSS20 软件对人口资源层面所包含的 7 个指标的原始数据进行因子分析，如表 3-11 所示，得出 KMO 值为 0.647，说明适合做因子分析。Bartlett's 球形检验的显著性水平为 0.000（<0.05），说明适合做因子分析。

表 3-11　人口资源因子分析的 KMO 值及 Bartlett's 球形检验

KMO 值	0.647	
Bartlett's 球形检验	近卡方值	78.775
	自由度	21
	显著性水平	0.000

对上述样本进行信度检验，Cornbach's alpha 系数为 0.881（>0.600），表明样本

具有较高的总体信度，所选样本具有有效性。

从表3-12所示的总方差解释表可以看出提取出的公共因子的特征值和累计贡献率，根据特征值大于1提取主成分条件，选取一个主成分，这个主成分的累计解释方差达到59.938%。

表 3-12 人口资源因子总方差解释表

成分	初始特征值			平方载荷的提取总值		
	总解释方差	方差	累计解释方差	总解释方差	方差	累计解释方差
1	4.196	59.938	59.938	4.196	59.938	59.938
2	1.197	17.099	77.036			
3	0.699	9984	87.020			
4	0.413	5.907	92927			
5	0.291	4.151	97.078			
6	0.175	2.505	99.583			
7	0.029	0.417	100.000			

根据图 3-5 所示的人口资源因子分析碎石图，人口资源因子测度可以提取一个主成分因子。

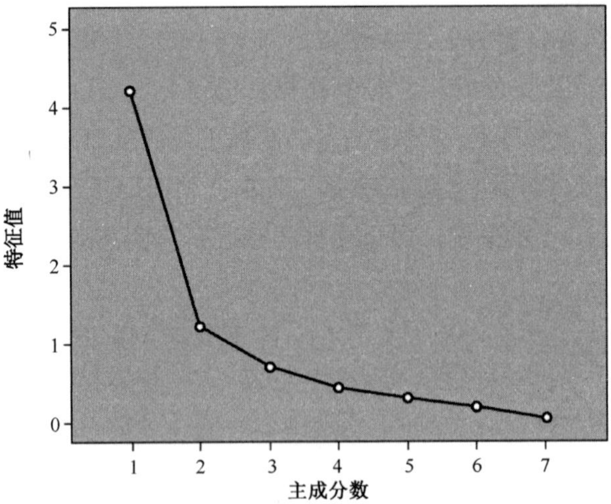

图 3-5 人口资源因子分析碎石图

从表 3-13 所示的因子载荷矩阵可以看出，公共因子 F_1 在 X_5~X_{12} 这 7 个指标上的载荷均大于 0.5。数据表明该因子具有较好的收敛效度。因此，城市人口资源的测度可以通过这 7 个指标来进行评价。

表 3-13　人口资源的因子载荷表

	公共因子	变 量	有较高载荷的原始指标	因子载荷
人口资源 A_2	人口资源因子 F_1	X_5	第三产业人数	0.953
		X_6	城市总人口（常住人口）	0.832
		X_7	第三产业人口比重	0.814
		X_8	人口净迁入	0.780
		X_9	客运周转量	0.704
		X_{10}	人口密度	0.653
		X_{11}	城市化率	0.634

表 3-14　人口资源公共因子得分系数

人口资源公共因子	主成分
	1
第三产业人数 X_5	0.227
城市总人口（常住人口）X_6	0.194
第三产业人口比重 X_7	0.198
人口净迁入 X_8	0.186
客运周转量 X_9	0.168
人口密度 X_{10}	0.151
城市化率 X_{11}	0.156

由表 3-14 所示人口资源公共因子得分系数，可以计算人口资源层面因子 A_2 的得分，计算如下：

$$A_2=\boldsymbol{FAC}_1=0.227X_5+0.194X_6+0.198X_7+0.186X_8+0.168X_9+0.151X_{10}+0.156X_{11} \quad (3\text{-}5)$$

3.4.4　经济资源变量测度

1. 经济资源因子指标选取

经济资源是产业发展的基础，是城市休闲产业发展重要的驱动力，因此对经济资源指标的选取尤为重要。本研究共选取了 10 个指标，如表 3-15 所示。

人均消费支出（X_{12}）指城市居民用于满足个人与家庭生活消费的全部支出。城市居民人均消费支出指标可以综合反映城市居民生活消费水平，同时也反映城市居民的休闲消费潜力。

人均可支配收入（X_{13}）指城市居民可用于最终消费支出和储蓄的总和，包括现金收入和实物收入。人均可支配收入常被用来衡量一个国家人们的生活水平，是影响人们休闲消费开支的最重要的决定性因素。

表 3-15　经济资源因子指标选取

系统层	指　标
经济资源	人均消费支出（X_{12}）
	人均可支配收入（X_{13}）
	人均 GDP（X_{14}）
	第三产业占 GDP 比重（X_{15}）
	恩格尔系数（X_{16}）
	服务项目价格指数（X_{17}）
	地均固定资产投资额（X_{18}）
	利用外资额（X_{19}）
	文化体育娱乐业固定资产投资（X_{20}）

人均 GDP（X_{14}）指人均国内生产总值，是在一个核算期内一个地区的国内生产总值在与当年常住人口的比值。该指标是经济学中用来了解一个地区的经济发展状况、衡量当地人民生活水平的一个标准。

第三产业占 GDP 比重（X_{15}）表示第三产业在国民经济中的地位。城市休闲产业属于第三产业，第三产业占 GDP 比重指标反映城市的产业结构，可以用来预测城市休闲产业在该城市经济中的地位和发展程度。

恩格尔系数（X_{16}）是根据恩格尔定律计算出的比例数。它揭示了居民收入和食品支出之间的相关关系，用食品支出占消费总支出的比例来说明经济发展、收入增加对生活消费的影响程度。恩格尔系数是衡量一个家庭或一个国家富裕程度的主要标准之一。恩格尔系数越大，表明一个家庭或国家越贫困；反之，恩格尔系数越小，表明越富裕。

服务项目价格指数（X_{17}）指反映城市居民服务性支出价格在不同时期变动趋势和程度的相对数，主要反映服务价格水平变动对城市居民生活的影响，是宏观经济分析和决策、价格总水平监测和调控，以及国民经济核算的重要指标。随着居民生活水平的提高，居民消费层次不断上升，休闲和享受型服务需求日益增长，引起服务业价格上涨，服务项目价格指数越高，意味着第三产业越发达。

地均固定资产投资额（X_{18}）是以货币来表现建造和购置固定资产活动的工作量，它可以反映城市经济的繁荣程度。

利用外资额（X_{19}）指我国各级政府、部门、企业和其他经济组织通过对外借款、吸收外商直接投资等方式筹措的境外资金额度。利用外资额能够反映国民经济发展水平、引进国外先进技术和资金水平、新兴产业的发展水平等。该指标可以衡量城市的休闲产业投资环境优劣。

文化体育娱乐业固定资产投资（X_{20}）。文化体育娱乐业是休闲产业的重要组成部分，文化体育娱乐业固定资产投资额可以反映城市对休闲产业的资本投资力度。

2. 经济资源因子分析

采用以主成分分析为基础的探索性因子分析，在因子分析中采取正交旋转的最大变异方法（Varimax），之后提取出因子，并将不同测度条目在各个因子当中的因素载荷水平从大到小顺序排列，得到旋转后的经济资源因子载荷矩阵表，如表 3-16 所示。因子选择的判别标准一般基于因子间的相关系数，因子萃取的共同性大于 0.2，取样适当性量数（Measures of Sampling Adequacy，MSA）大于 0.5，以及因素负荷量大于 0.5 时选取因子。

表 3-16　旋转后的经济资源因子载荷矩阵表

经济资源公共因子	主成分	
	1	2
人均消费支出 X_{12}	0.965	0.106
人均可支配收入 X_{13}	0.921	0.000
人均 GDP X_{14}	0.859	0.198
第三产业占 GDP 比重 X_{15}	0.772	0.000
恩格尔系数 X_{16}	-0. 609	-0. 139
服务项目价格指数 X_{17}	0.255	-0. 349
地均固定资产投资额 X_{18}	0.243	0.922
利用外资额 X_{19}	0.252	0.884
文化体育娱乐业固定资产投资 X_{20}	0.109	0.754

X_{16} 在 2 个主成分上都呈现负值的因子载荷，说明此指标与 2 个主成分都关联不大，所以将其删除。而 X_{17} 在第一个主成分的载荷仅为 0.255，第 2 个主成分为负值，没有达到因素负荷量的选取标准，所以也将其删除。

X_{16} 和 X_{17} 这两个指标删除后，整个因子的因素组形会发生改变，因此需要重新进行因子分析。运用 SPSS20 软件对经济资源层面剩余的 9 个指标数据进行因子分析，如表 3-17 所示，KMO 值为 0.657，说明适合做因子分析。Bartlett's 球形检验的显著性水平为 0.000（<0.05），拒绝原假设，说明适合做因子分析。

表 3-17　经济资源因子分析的 KMO 值及 Bartlett's 球形检验

KMO 值	0.657	
Bartlett's 球形检验	近卡方值	99.138
	自由度	21
	显著性水平	0.000

从表 3-18 所示的经济资源因子总方差解释表可以看出提取出的公共因子的特征值和累计解释方差，根据特征值大于1 的提取主成分条件，可选取两个主成分，第一个主成分的特征根为 3.814，第二个主成分的特征根为 1.825。两个主成分的累计解释方差达 80.547%，说明其反映的原始指标信息是有效的。

表 3-18　旋转后的经济资源因子总方差解释表

成分	初始特征值			平方载荷的提取总值			旋转后的平方载荷提取总值		
	总解释方差	方差	累计解释方差	总解释方差	方差	累计解释方差	总解释方差	方差	累计解释方差
1	3.814	54.482	54.482	3.814	54.482	54.482	3.209	45.84	45.84
2	1.825	26.065	80.547	1.825	26.065	80.547	2.429	34.707	80.547
3	0.693	9.895	90.442						
4	0.347	4.956	95.397						
5	0.247	3.529	98.927						
6	0.056	0.801	99.728						
7	0.019	0.272	100						

根据图 3-6 所示的经济资源因子分析碎石图，经济资源因子测度可以提取两个主成分因子。

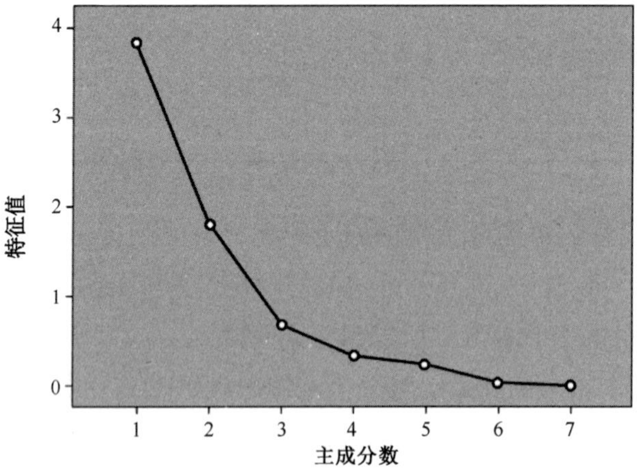

图 3-6　经济资源因子分析碎石图

对上述总体样本进行信度检验，Cornbach’s alpha 系数为 0.854（>0.600），表明样本具有较高的总体信度，所选样本具有有效性。

根据旋转后的载荷矩阵在经济资源层面共提取出两个公共因子，从旋转后的因子载荷矩阵可以看出，公共因子 F_1 在 X_{11}~X_{14} 这 4 个指标上的载荷都较大，如表 3-19 所示，都大于 0.8。该因子能够反映城市经济发展水平，而城市经济发展水平是城市休闲产业发展中最重要的驱动力，因此将公共因子F_1定义为经济发展因子。公共因子F_2在X_{18}~X_{20}这3个指标上的载荷都大于0.7，如表3-19所示。该因子能够反映城市休闲产业发展的资本投入，因此将该因子定义为产业推动因子。数据表明城市经济资源测度可以由经济发展因子和产业推动因子2个公共因子、7个具体指标来评价。

表3-19　经济资源因子载荷表

	公共因子	变量	有较高载荷的原始指标	因子载荷	
经济资源A_3	经济发展因子F_1	X_{12}	人均消费支出	0.961	0.155
		X_{13}	人均可支配收入	0.907	0.123
		X_{14}	人均GDP	0.853	0.258
		X_{15}	第三产业占GDP比重	0.812	0.000
	产业推动因子F_2	X_{18}	地均固定资产投资	0.185	0.946
		X_{19}	利用外资额	0.193	0.901
		X_{20}	文化体育娱乐业固定资产投资	0.000	0.784

表3-20　经济资源公共因子得分系数

经济资源公共因子	主成分	
	1	2
人均消费支出X_{12}	0.315	-0.055
人均可支配收入X_{13}	0.301	-0.063
人均GDP X_{14}	0.264	0.007
第三产业占GDP比重X_{15}	0.277	-0.083
地均固定资产投资X_{18}	-0.060	0.412
利用外资额X_{19}	-0.051	0.390
文化体育娱乐业固定资产投资X_{20}	-0.084	0.354

根据表3-20中的经济资源公共因子得分系数，可以计算经济资源公共因子A_3层面的得分，计算如下：

$$A_3=0.54482\boldsymbol{FAC}_1+0.26065\boldsymbol{FAC}_2 \tag{3-6}$$

$$\boldsymbol{FAC}_1=0.315X_{12}+0.301X_{13}+0.264X_{14}+0.277X_{15}-0.06X_{18}-0.051X_{19}-0.084X_{20} \tag{3-7}$$

$$\boldsymbol{FAC}_2=-0.055X_{12}-0.063X_{13}+0.007X_{14}-0.083X_{15}+0.412X_{18}+0.039X_{19}+0.354X_{20} \tag{3-8}$$

3.4.5　科技文化资源变量测度

1. 科技文化资源因子指标选取

科技可促进创新，缩短工作时间，延长人们的休闲时间。教育文化水平的提高可促进城市人口素质提升，有助于休闲理念的普及，对城市休闲产业发展有重要推动作用。本研究共选取了 7 个指标，如表 3-21 所示。

每万人大学生数 X_{21}：该指标可以反映城市居民受教育程度，是城市人口质量的体现。可以反映一个城市的教育发展水平。

每万人博物馆数 X_{22}：博物馆能展现一个城市的文化底蕴和公共休闲文化的品质。该指标可以反映城市的公共文化事业发展水平。

表 3-21　科技文化资源因子指标选取

系统层	指标
科技文化资源	每万人大学生数 X_{21}
	每万人博物馆数 X_{22}
	每万人影剧院数 X_{23}
	每万人图书馆藏书 X_{24}
	教育支出占 GDP 比重 X_{25}
	科技从业人员占就业人数比重 X_{26}
	R&D 占 GDP 比重 X_{27}

每万人影剧院数 X_{23}：电影业是文化娱乐业的重要组成部分，影剧院数量可以反映一个城市大众休闲娱乐设施的丰裕程度。影院数量越多说明城市居民的大众休闲和公共娱乐活动的空间越多，公共休闲活动越活跃。

每万人图书馆藏书 X_{24}：该指标反映城市公共文化休闲设施充沛程度；它和博物馆一样，也可以体现城市文化底蕴和人文氛围。

教育支出占 GDP 比重 X_{25}：即财政性教育经费占 GDP 比重；该指标可以衡量教育水平，体现城市对教育的重视程度。

科技从业人员占就业人数比重 X_{26}：该指标可以反映城市对科技的重视程度和科技发展水平的高低。一般情况下，科技从业人员数量越多，标志着城市科学技术发展水平越高，研发创新能力越强。

R&D 占 GDP 比重 X_{27}：即研究开发活动的经费占 GDP 的比重。科技进步需要研发经费的投入，该指标可以体现当地的科技发展水平，反映城市对科技创新的重视程度。

2. 科技文化资源因子分析

采用以主成分分析为基础的探索性因子分析，在因子分析中采取正交旋转的最大变异方法（Varimax），之后提取出因子，并将不同测度条目在各个因子当中的因素载荷水平从大到小顺序排列，得到旋转后的因子载荷矩阵表，如表3-22 所示。由于X_{25}呈现负值的因子载荷，说明此指标与因子维度关联不大，所以将此指标删除。

指标 X_{25} 删除后，整个因子的因素组形会发生改变，所以需要重新进行因子分析。运用 SPSS20 软件对科技文化资源层面剩余的 6 个指标数据进行因子分析，如表 3-23 所示，KMO 值为 0.652，说明适合做因子分析。Bartlett's 球形检验的显著性水平为 0.000，小于 0.05，说明适合做因子分析。

表 3-22　旋转后的科技文化资源因子载荷矩阵表

科技文化资源因子	主成分	
	1	2
每万人大学生数 X_{21}	0.616	0.103
每万人博物馆数 X_{22}	0.605	0.000
每万人图书馆藏书 X_{24}	0.829	0.276
每万人影剧院数 X_{23}	0.767	0.000
教育支出占 GDP 比重 X_{25}	0.000	-0. 863
科技人员占就业人数比重 X_{26}	0.000	0.859
R&D 占 GDP 比重 X_{27}	0.119	0.572

表 3-23　科技文化因子分析的 KMO 值及 Bartlett's 球形检验

KMO 值	0.652	
Bartlet's 球形检验	近卡方值	19.209
	自由度	15
	显著水平	0.000

从表 3-24 所示的科技文化资源因子总方差解释表可以看出提取出的公共因子的特征值和累计解释方差，根据特征值大于1 的提取主成分条件，可选取两个主成分，第一个主成分的特征根为 2.479，第二个主成分的特征根为 1.278。两个主成分的累计解释方差达 62.628%，说明其反映的原始指标信息是有效的。

表 3-24　旋转后的科技文化资源因子总方差解释表

成分	初始特征根			平方载荷的提取总值			旋转后的平方载荷提取总值		
	总解释方差	方差	累计解释方差	总解释方差	方差	累计解释方差	总解释方差	方差	累计解释方差
1	2.479	41.324	41.324	2.479	41.324	41.324	1.936	32.266	32.266
2	1.278	21.304	62.628	1.278	21.304	62.628	1.822	30.361	62.628
3	0.877	14.621	77.248						
4	0.575	9.578	86.827						
5	0.499	8.308	95.135						
6	0.292	4.865	100						

根据图 3-7 所示的科技文化资源因子分析碎石图，科技文化资源因子测度可以提取两个主成分因子。

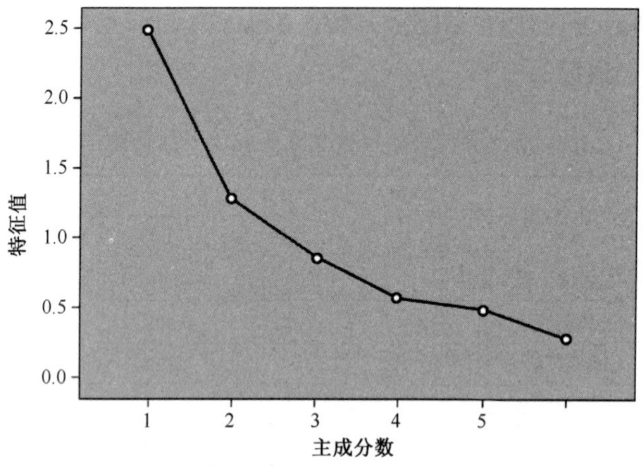

图 3-7 科技文化资源因子分析碎石图

根据旋转后的载荷矩阵对主成分进行分析，在科技文化层面共提取出两个公共因子，公共因子 F_1 在 X_{21}~X_{24} 这 4 个指标上的载荷都较大，超过 0.5，如表 3-25 所示。该因子主要反映了城市文化教育资源的丰裕程度，文化教育娱乐业是构成城市休闲产业的重要组成部分。因此，将公共因子 F_1 定义为文化教育因子。公共因子 F_2 在 X_{26} 和 X_{27} 两个指标上的载荷都较大，均大于 0.7，如表 3-25 所示。该因子主要反映了科技领域中人力和资本的投资，可以将 F_2 定义为科技发展因子。数据表明城市科技文化资源测度可以由文化教育因子和科技发展因子两个公共因子，6 个具体指标来评价。

表 3-25 科技文化资源因子载荷表

	公共因子	变量	有较高载荷的原始指标	因子载荷	
科技文化资源 A_4	文化教育因子 F_1	X_{21}	每万人大学生数	0.795	0.000
		X_{22}	每万人博物馆数	0.765	0.000
		X_{23}	每万人影剧院数	0.638	0.596
		X_{24}	每万人图书馆藏书	0.521	0.581
	科技发展因子 F_2	X_{26}	科技人员占就业人数比重	-0. 174	0.746
		X_{27}	R&D 占 GDP 比重	0.000	0.754

表 3-26 科技文化资源公共因子得分系数

科技文化资源公共因子	主成分	
	1	2
每万人大学生数 X_{21}	0.453	-0. 137
每万人博物馆数 X_{22}	0.451	-0. 180
每万人影剧院数 X_{23}	0.190	0.257

续表

科技文化资源公共因子	主成分	
	1	2
每万人图书馆藏书 X_{24}	0.255	0.243
科技人员占就业人数比重 X_{26}	−0. 241	0.489
R&D 占 GDP 比重 X_{27}	−0. 088	0.443

根据表 3-26 中的科技文化资源公共因子得分系数，可以计算科技文化资源层面因子 A_4 的得分，计算如下：

$$A_4=0.41324\boldsymbol{FAC}_1+0.21304\boldsymbol{FAC}_2 \quad (3\text{-}9)$$

$$\boldsymbol{FAC}_1=0.453X_{21}+0.0451X_{22}+0.190X_{23}+0.255X_{24}-0.241X_{26}-0.088X_{27} \quad (3\text{-}10)$$

$$\boldsymbol{FAC}_2=-0.137X_{21}-0.18X_{22}+0.257X_{23}+0.243X_{24}+0.489X_{26}+0.443X_{27} \quad (3\text{-}11)$$

3.4.6　城市功能资源变量测度

1. 城市功能资源因子指标选取

城市功能除了生产、消费、就业，还有重要的公共服务。政府要解决好环境、居住、交通、医疗等基本生活保障，帮助城市居民安居乐业。本书将城市功能资源作为城市资源的一个子系统，共选取了 9 个指标，如表 3-27 所示。

表 3-27　城市功能资源因子指标选取

系统层	指　　标
城市功能资源	3A 景区 X_{28}
	星级酒店 X_{29}
	每万人公共交通车辆 X_{30}
	每万人出租车数量 X_{31}
	每万人移动电话数量 X_{32}
	每万人互联网用户数量 X_{33}
	生活垃圾无害化处理率 X_{34}
	每万人医生数量 X_{35}
	每万人病床数量 X_{36}

3A 景区 X_{28}：我国的旅游景区质量等级划分为五级，从高到低依次为 5A、4A、3A、2A、A 级。国家 3A 级旅游景区由国家旅游景区质量等级评定委员会授权省旅游局，依照《旅游景区质量等级的划分与评定》国家标准进行评审，颁发“国家 AAA 级旅游景区”标志牌，这是一项衡量景区质量的重要标志。3A 及以上高级别景区已经成为地方旅游业发展的品牌名片，标志着区域旅游资源品质和景观质量，对旅游市场具有很强

的指示引导作用，其建设已成为各级旅游主管部门极力追逐的发展目标。3A 以上景区数量体现了当地旅游休闲资源的丰裕程度，是衡量城市休闲旅游资源的一项重要指标。

星级酒店 X_{29}：星级酒店是将国家（省级）旅游局评定的能够以夜为时间单位向客人提供配有餐饮及相关服务的住宿设施，根据《中华人民共和国星级酒店评定标准》以星级划分，分为一星级到五星级5 个标准。星级酒店数量体现了城市的旅游接待能力，是评估城市休闲旅游资源的一项重要指标。

每万人公共交通车辆 X_{30}：公共交通是城市居民生活中最重要的基础性设施之一，与人们的生产生活紧密相关，其发展状况体现城市居民休闲生活品质和外来游客的交通便利程度。

每万人出租车数量 X_{31}：出租车是除公共汽车外重要的公共交通选择。该指标可以反映城市公共交通的发展水平，同时反映人们参与休闲活动的便利程度。

每万人移动电话数量 X_{32}：该指标能反映城市的通信行业的发展水平。移动电话用户数量越多反映出当地经济发展水平和人民生活水平越高。

每万人互联网用户数量 X_{33}：指每万人中互联网用户的数量，其中包括无线互联网用户。该指标是互联网发展水平测度指标，在“中国人居环境奖”城市评估指标体系中，互联网用户数量是评价城市人居环境中的市政基础设施的具体指标。

生活垃圾无害化处理率 X_{34}：生活垃圾无害化处理是指城市实行垃圾分类，生活垃圾处理设施达到无害化等级评定Ⅱ级以上，运行安全。生活垃圾无害化处理率指无害化处理的城市市区生活垃圾数量占市区生活垃圾总量的百分比。该指标是评估城市环境和卫生环保管理水平的常用指标。

每万人医生数量 X_{35}：医生数量通常可以代表一个城市的医疗水平，医生越多说明城市公共医疗保障能力越强，城市居民生活品质越高。城市为当地居民提供的医生数量也代表城市在民生医疗保障方面的重视和投入程度。

每万人病床数量 X_{36}：床位是医疗卫生服务体系中核心的资源要素。病床数量能够体现城市在民生保障方面的关注度和投入度。病床越多，说明城市居民生活质量越高，居民健康越有保障。

（2）城市功能资源因子分析

采用以主成分分析为基础的探索性因子分析，在因子分析中采取正交旋转的最大变异方法（Varimax），之后提取出因子，并将不同测度条目在各个因子当中的因素载荷水平从大到小顺序排列，得到旋转后的城市功能资源因子载荷矩阵表，如表 3-28 所示。

表 3-28　旋转后的城市功能资源因子载荷矩阵表

城市功能资源因子	主成分	
	1	2
每万人病床数量 X_{36}	0.794	0.000
3A 景区 X_{28}	0.775	−0.242
每万人医生数量 X_{35}	0.768	0.428
星级酒店 X_{29}	0.749	0.427
每万人出租车数量 X_{31}	0.625	0.570
每万人互联网用户数量 X_{33}	−0.355	0.000
每万人移动电话数量 X_{32}	−0.170	0.949
每万人公共交通车辆 X_{30}	0.165	0.930
生活垃圾无害化处理率 X_{34}	0.000	−0.288

指标 X_{33} 和 X_{34} 呈现负值的因子载荷，说明此指标与因子维度关联不大，所以将其删除。指标 X_{33} 和 X_{34} 删除后，整个因子的因素组形会发生改变，因此需要重新进行因子分析。运用 SPSS20 软件对城市功能资源层面剩余的 7 个指标原始数据进行因子分析，如表 3-29 所示，KMO 值为 0.622，说明适合做因子分析。Bartlett's 球形检验的显著性水平为 0.000（<0.05），说明适合做因子分析。

表 3-29　城市功能资源因子分析的 KMO 值及 Bartlett's 球形检验

KMO 值	0.622	
Bartlett's 球形检验	近卡方值	81.384
	自由度	21
	显著水平	0.000

从表 3-30 所示的城市功能资源因子总方差解释表可以看出提取出的公共因子的特征值和累计解释方差，根据特征值接近1 的提取主成分条件可选取 3 个主成分，第一个主成分的特征根为 3.538，第二个主成分的特征根为 1.881，第三个主成分的特征根为 0.904。3 个主成分的累计解释方差达 90.316%，说明其反映的原始指标信息是有效的。

表 3-30　旋转后的城市功能资源因子总方差解释表

成分	初始特征值			平方载荷的提取总值			旋转后的平方载荷提取总值		
	总解释方差	方差	累计解释方差	总解释方差	方差	累计解释方差	总解释方差	方差	累计解释方差
1	3.538	50.539	50.539	3.538	50.539	50.539	2.420	34.565	34.565
2	1.881	26.866	77.405	1.881	26.866	77.405	1.989	28.418	62.982

续表

成分	初始特征值			平方载荷的提取总值			旋转后的平方载荷提取总值		
	总解释方差	方差	累计解释方差	总解释方差	方差	累计解释方差	总解释方差	方差	累计解释方差
3	0.904	12.911	90.316	0.904	12.911	90.316	1.913	27.334	90.316
4	0.394	5.630	95.946						
5	0.133	1.905	97.852						
6	0.084	1.203	99.055						
7	0.066	0.945	100.000						

根据图 3-8 所示的城市功能资源因子分析碎石图，城市功能资源因子测度可以提取 3 个主成分因子。

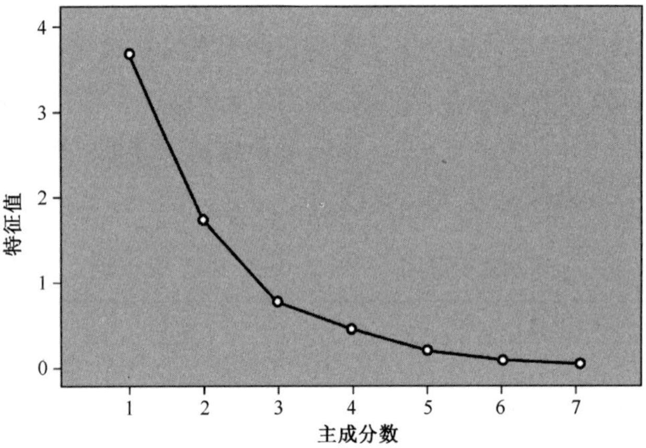

图 3-8　城市功能资源因子分析碎石图

在城市功能资源层面共提取出 3 个公共因子，公共因子 F_1 在 X_{30}~X_{32} 这 3 个指标上的载荷都较大，超过 0.5，如表 3-31 所示。该因子主要反映城市中为城市生产和居民生活提供公共交通运输和电信服务的能力，因此定义为公共服务因子。公共因子 F_2 在 X_{35}~X_{36} 这两个指标上的载荷很大，超过 0.8。该因子反映了城市的医疗供给能力，可以定义为医疗保障因子。公共因子 F_3 在 X_{28} 和 X_{29} 两个指标上的载荷很大，超过 0.6。该因子反映了城市的休闲资源的丰裕程度，可以定义为休闲设施因子。数据表明城市功能资源测度可以由公共服务因子、医疗保障因子、休闲设施因子这 3 个公共因子、7 个具体指标来评价。

表 3-31　城市功能资源因子载荷表

	公共因子	变量	有较高载荷的原始指标	因子载荷		
A_5 城市功能资源	F_1 公共服务因子	X_{30}	每万人公共交通车辆	0.944	0.130	0.213
		X_{31}	每万人出租车数量	0.532	0.307	0.000
		X_{32}	每万人移动电话数量	0.948	0.000	−0.172
	F_2 医疗保障因子	X_{35}	每万人医生数量	0.342	0.856	0.261
		X_{36}	每万人病床数量	−0.115	0.954	0.163
	F_3 休闲设施因子	X_{28}	3A 景区	−0.257	0.140	0.937
		X_{29}	星级酒店	0.388	0.464	0.638

表 3-32　城市功能资源公共因子得分系数

城市功能资源公共因子	主成分		
	1	2	3
星级酒店 X_{28}	0.090	0.059	0.279
3A 景区 X_{29}	−0.179	−0.213	0.650
每万人公共交通车辆 X_{30}	0.402	−0.094	0.063
每万人出租车数量 X_{31}	0.172	−0.087	0.358
每万人移动电话数量 X_{33}	0.436	−0.038	−0.178
每万人医生数量 X_{35}	0.042	0.491	−0.141
每万人病床数量 X_{36}	−0.171	0.652	−0.226

根据表 3-32 城市功能资源公共因子得分系数，可以计算城市功能资源层面因子 A_5 的得分，计算如下：

$$A_5=0.50539\boldsymbol{FAC}_1+0.26866\boldsymbol{FAC}_2+0.12911\boldsymbol{FAC}_3 \quad (3\text{-}12)$$

$$\boldsymbol{FAC}_1=0.090X_{28}-0.179X_{29}+0.402X_{30}+0.172X_{31}+0.436X_{33}+0.042X_{35}-0.171X_{36} \quad (3\text{-}13)$$

$$\boldsymbol{FAC}_2=0.059X_{28}-0.213X_{29}-0.094X_{30}-0.087X_{31}-0.038X_{33}+0.491X_{35}+0.652X_{36} \quad (3\text{-}14)$$

$$\boldsymbol{FAC}_3=0.279X_{28}+0.650X_{29}+0.063X_{30}+0.358X_{31}-0.178X_{33}-0.141X_{35}-0.226X_{36} \quad (3\text{-}15)$$

3.5　本章小结

城市资源是城市竞争优势最直接的来源和驱动城市休闲产业的重要的生产要素。将城市休闲产业视为一个资源投入与产出的系统，一方面紧紧依赖所在区域所供给的资源要素；另一方面将这些资源整合，使资源与人们的休闲生活相匹配，使资源增值。休闲产业通过城市资源的不断积累、各种资源要素相互影响和作用，实现产业增值。

基于以上分析，本章根据文献研究和专家咨询方法将城市资源系统划分为5个子系统，即自然、人口、经济、科技文化以及城市功能资源子系统，再分别从5个层面细分，初步选取了36个具体评价指标，并使用因子分析法来验证这些指标的选择和测量资源要素对城市休闲产业发展的影响程度。

通过对样本城市数据进行主成分分析，从36个原始指标中剔除了5个无效指标，最终构建了5个层面、9个领域、31个可量化、与城市休闲产业发展相关性强、数据一致性高的具体评价指标，如表3-33所示，形成了较为完整的休闲产业视角下的城市资源分析框架，从而确定了促进城市休闲产业发展的城市资源构成。

表3-33　城市休闲产业发展的城市资源评价指标

系统层	领域层	指标层	指标	量纲
自然资源	自然	人均绿地面积	X_1	平方米
		优良天气数	X_2	天
		人均生活用电	X_3	千瓦时/人
		人均生活用水	X_4	吨/人
人口资源	人口	第三产业人数	X_5	万人
		城市总人口（常住人口）	X_6	万人
		第三产业人口比重	X_7	%
		人口净迁入	X_8	万人
		客运周转量	X_9	亿人
		人口密度	X_{10}	人/平方千米
		城市化率	X_{11}	%
经济资源	经济发展	人均消费支出	X_{12}	万元
		人均可支配收入	X_{13}	万元
		人均GDP	X_{14}	万元
		第三产业占GDP比重	X_{15}	%
	产业推动	地均固定资产投资额	X_{16}	亿元
		利用外资额	X_{17}	亿美元
		文化体育娱乐业固定资产投资	X_{18}	亿元
科技文化资源	文化教育	每万人大学生数	X_{19}	人
		每万人博物馆数	X_{20}	个
		每万人影剧院数	X_{21}	个
		每万人图书馆藏书	X_{22}	册
	科技发展	科技人员占就业人数比重	X_{23}	%
		R&D占GDP比重	X_{24}	%

续表

系统层	领域层	指标层	指 标	量 纲
城市功能资源	休闲设施	3A 景区	X_{25}	个
		星级酒店	X_{26}	个
	公共服务	每万人公共交通车辆	X_{27}	辆
		每万人出租车数量	X_{28}	辆
		每万人移动电话数量	X_{29}	台
	医疗保障	每万人医生数量	X_{30}	人
		每万人病床数量	X_{31}	个

第一层是系统层：根据城市资源的构成要素，将城市资源分为由自然资源、人口资源、经济资源、科技文化资源、城市功能资源这 5 个子系统。

第二层是领域层：通过主成分分析确定其公共因子，在系统层下再平行分类，其中经济资源子系统包含经济发展和产业推动两个领域；科技文化资源子系统包含文化教育、科学技术两个领域；城市功能资源子系统包含公共服务、医疗保障、休闲设施 3 个领域。

第三层是指标层：通过定量分析，最终确定了 31 个可量化的普适性具体评价指标。

第 4 章　城市资源对城市休闲产业的驱动作用

4.1　研究样本的选取

休闲产业是社会经济发展到一定程度的结果。由于受制于经济发展水平，我国休闲产业呈现较明显的区域性发展特点，主要集中在东部地区，分布在京津冀、长三角、珠三角三大区域。因此，本研究在这些区域中选取了北京、上海、成都、厦门、宁波、泉州、青岛、杭州、威海、天津、大连、珠海等共 20 个城市作为研究样本。从休闲产业发展的角度看，这些城市代表了休闲产业的不同发展水平。其中，北京、广州、上海、天津、杭州、成都均是国内知名的休闲城市，休闲产业发展水平程度最高；深圳、青岛、宁波等城市的经济总量较大，旅游业发达，休闲产业发展水平较高；威海、珠海、肇庆等城市人居环境较好，但城市的人口总量、经济总量都较小，休闲产业发展水平不高。这些城市的经济总量、人口规模不尽相同，虽然 20 个样本城市的数量不大，但是可以看到它们大致代表了不同规模城市的休闲产业的不同类型，具有较好的典型性和代表性。本书选择的案例研究城市是珠海，因此选取了包括珠海在内的位于珠三角的 8 个城市（珠海、广州、深圳、东莞、中山、肇庆、江门、惠州）。

基于 20 个样本城市资源的数据，分别对城市自然资源（A_1）、人口资源（A_2）、经济资源（A_3）、科技文化资源（A_4）、城市功能资源（A_5）和城市休闲产业产出的数值进行标准化处理，变量描述性统计如表 4-1 所示。

本书所选取的原始数据均来自《中国城市年鉴（2005—2017）》《广东统计年鉴（2005—2017）》《中国旅游统计年鉴（2005—2017）》各样本城市统计年鉴（2005—2017）和各样本城市统计局官方公布的相关统计数据。研究中对休闲产业的产出的统计利用的是国家和地方统计局统计数据中国民经济行业分类中旅游业和文化体育娱乐业的产出的总和，通过量化分析来探究各城市资源要素和城市休闲产业产出的关系。

表 4-1　变量描述性统计

维度	变 量	均 值	标准差
自然资源	人均绿地面积	15.93	4.46
	优良天气数	296.80	50.04
	人均生活用电	777.82	322.22
	人均生活用水	54.85	18.51

续表

维度	变 量	均 值	标准差
人口资源	第三产业人数	275.16	264.42
	常住人口	899.15	619.17
	第三产业人口比重	43.31	15.23
	人口净迁入	6.75	11.27
	客运周转量	323.85	516.53
	人口密度	1408.36	1300.44
	城市化率	76.02	15.78
经济资源	人均消费支出	3.13	0.69
	人均可支配收入	3.55	1.08
	人均 GDP	9.82	2.75
	第三产业占 GDP 比重	51.59	11.60
	地均固定资产投资额	4303.33	3199.72
	利用外资额	53.98	59.22
	文化体育娱乐业固定资产投资	45.35	41.42
科技文化资源	每万人大学生数	327.94	227.46
	每万人博物馆数	0.04	0.02
	每万人影剧院数	0.07	0.04
	每万人图书馆藏书	13127.41	8684.59
	科技人员占就业人数比重	1.41	0.59
	R&D 占 GDP 比重	2.50	1.10
城市功能资源	3A 景区	49.00	45.81
	星级酒店	477.60	516.73
	每万人公共交通车辆	7.71	3.13
	每万人出租车数量	12.07	7.62
	每万人移动电话数量	16485.54	4808.68
	每万人医生数量	30.27	18.77
	每万人病床数量	49.50	12.95
	城市休闲产业	1317.84	1230.51

4.2 城市资源与城市休闲产业的相关性分析

按照“自然—人口—经济—科技—文化—环境—产业”的基本思路，依据城市资源对休闲产业发展的驱动特征，提出5个假设。城市休闲产业发展的资源驱动因子包括自然资源、经济资源、人口资源、科技文化资源和城市功能资源，这些城市资源因子皆对城市休闲产业产出具有正向影响。

本书主要采用 SPSS 20 对研究变量进行相关分析、多元回归分析及层级回归分析，并进一步根据实证统计量的结果来检验研究假设。基于 20 个样本城市资源的数据，通过 Pearson 系数进行相关性分析。如表 4-2 所示，5 个模型的 Pearson 系数 P 值皆小于 0.05，说明系数具有统计意义，表明自然资源（A_1）、人口资源（A_2）、经济资源（A_3）、科技文化资源（A_4）、城市功能资源（A_5）5 个城市资源因子和城市休闲产业的产出皆呈显著正向关系。

表 4-2 城市资源因子与城市休闲产业的 Pearson 系数矩阵表

城市资源因子	自然资源（A_1）	人口资源（A_2）	经济资源（A_3）	科技文化资源（A_4）	城市功能资源（A_5）
Pearson 系数	0.145*	0.453***	0.661***	0.231*	0.239*

注：*代表 Pearson 系数（P 值）<0.05；***代表 Pearson 系数（P 值）<0.001。

通过绘制各城市资源因子（预测变量）与休闲产业（效标变量）的散点图及线性拟合图，可判断两变量之间是否存在某种关联及总结坐标点的分布模式。由图 4-1 可知，各散点图都呈倾斜的椭圆形，表明变量间线性相关，即各预测变量与效标变量都表现出关联性，效标变量随预测变量都表现出线性变化趋势，同时可以看出对数据点进行线性拟合效果理想。其中，A_2 和 A_3 的散点图散点分布更密集，表明相对其他因子而言，其与休闲产业的相关程度更高。

相关性分析结果表明，自然资源、经济资源、人口资源、科技文化资源和城市功能资源与城市休闲产业产出均呈正向关系，说明这些资源对城市休闲产业产出均有正向推动作用。

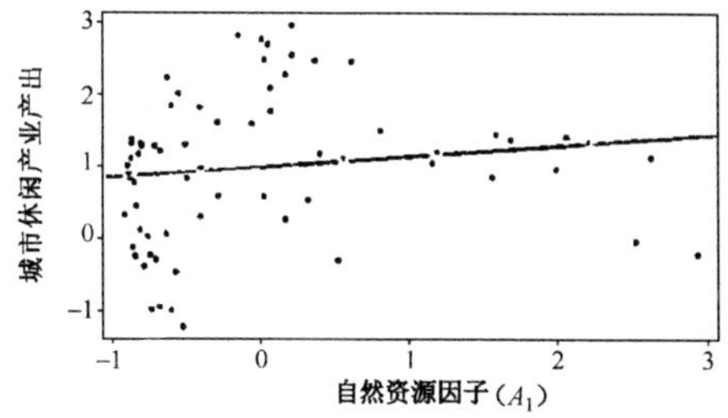

（a）自然资源因子与城市休闲产业产出散点图

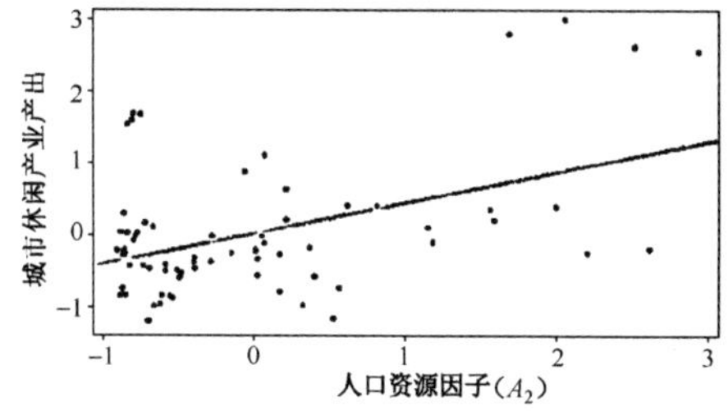

（b）人口资源因子与城市休闲产业产出散点图

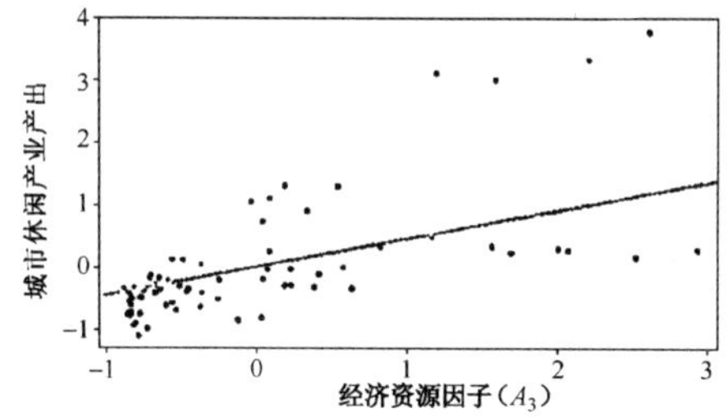

（c）经济资源因子与城市休闲产业产出散点图

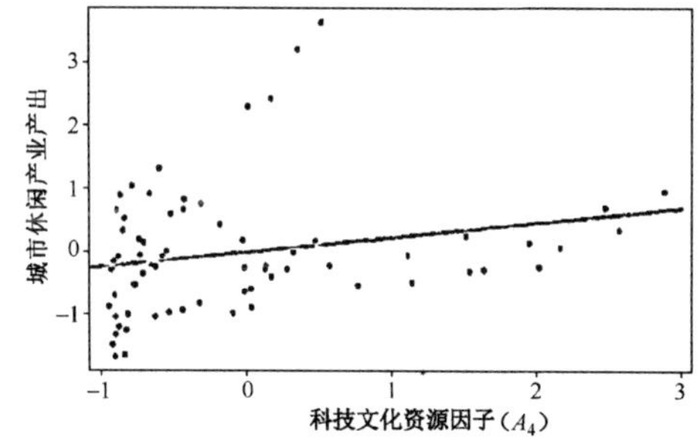

（d）科技文化资源因子与城市休闲产业产出散点图

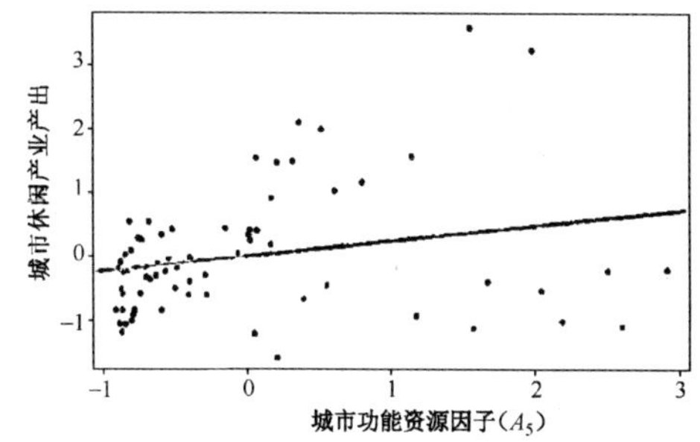

（e）城市功能资源因子与城市休闲产业产出散点图

图 4-1　城市资源因子（预测变量）与城市休闲产业（效标变量）的散点图及线性拟合图

4.3 城市资源与城市休闲产业的多元回归分析

多元回归模型是通过大量样本的观察，分析一个观察变量受多个因素影响，以确定“多因一果”的统计分析方法。假设随机变量 Y 的回归方程模型为：

$$Y = \beta_0 + \beta_1 X_1 + \beta_2 X_2 + \cdots + \beta_k X_k + \varepsilon \tag{4-1}$$

其中，Y 为因变量；$X_1, X_2, \cdots, X_k$ 为可观测变量；$\beta_0, \beta_1, \beta_2, \cdots, \beta_k$ 为回归系数；ε 为随机误差。多元线性回归中的回归系数可以采用最小二乘法（OLS）确定，Y 是得到的估以计值。

为了继续探究各城市资源因子对城市休闲产业发展的驱动关系，本书以城市休闲产业产出（Y）为因变量，以城市自然资源（A_1）、人口资源（A_2）、经济资源（A_3）、科技文化资源（A_4）、城市功能资源（A_5）为自变量，进行多元线性回归，可得如下组合方程：

$$Y = \beta_0 + \beta_1 A_1 + \beta_2 A_2 + \beta_3 A_3 + \beta_4 A_4 + \beta_5 A_5 + \varepsilon \tag{4-2}$$

应用多元线性回归时，模型变量须符合正态性假定。预测变量的各个水平在效标变量上需呈正态分布。也就是说，回归模型所得的样本预测值与样本实际值的残差值所形成的分布为正态分布，即残差为正态分布。因此，首先进行回归模型的正态性检验。

由图 4-2 可知，回归标准化残差值多数在 3 个标准差范围内，没有极端值出现，标准化残差值的频次分布较接近钟形曲线，说明样本观察值大致符合正态分布的基本假定。

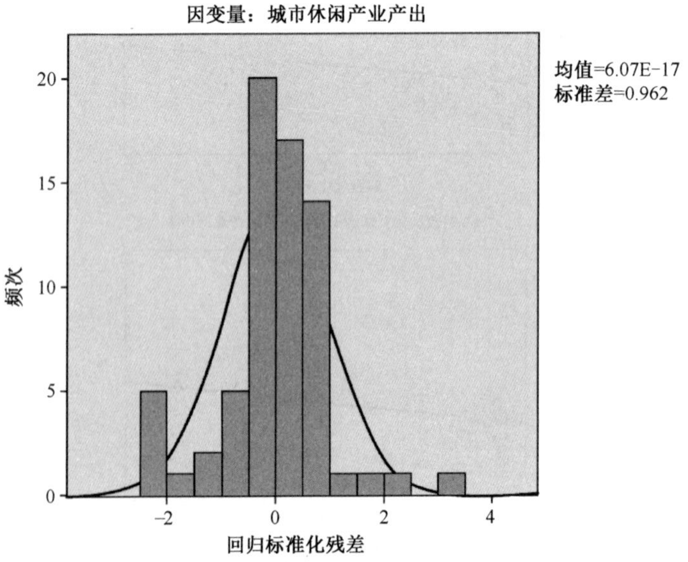

图 4-2　城市资源与城市休闲产业的多元回归模型的回归标准化残差直方图

由图 4-3（a）所示残差图与拟合图可知，残差值与预测（拟合）值没有系统性关联，表明回归模型包含数据中所有系统方差，预测变量与效标变量线性相关。由图 4-3（b）所示正态 QQ 图可知，标准化残差值的累积概率点大致分布在 45° 直线附近，表明回归模型的样本观察值十分接近正态分布，回归模型满足正态的假定。由图 4-3（c）所示位置尺度图可知，水平线周围的点位都随机分布，表明回归模型满足不变方差假定。由图 4-3（d）所示残差与杠杆图可知，离群点、高杠杆值点和强影响点（依据 Cook's distance 统计量）都符合要求，表明拟合回归模型预测效果理想。

依据 Durbin-Watson 检验统计量检验回归模型的观察体独立性检验，由表 4-3 可知，回归模型的 Durbin-Watson 检验统计量为 1.482，其数值范围介于 0～2，说明回归模型的观察体只有轻度自我相关。5 个城市资源因子（预测变量）与休闲产业产出的多元相关系数为 0.879，决定系数 R^2 为 0.773，调整后的决定系数 R^2 为 0.755，回归模型的估计标准误差为 0.495。回归模型的 5 个城市资源因子（预测变量）共可解释效标变量休闲产业产出 77.3%的变异量，说明回归模型有较强的预测力。

表 4-3　城市资源与城市休闲产业的多元回归模型检验统计量摘要表

模型	相关系数	决定系数 R^2	调整后的决定系数 R^2	估计标准误差	改变统计量					Durbin-Watson 检验
					R^2 变异量	F 值改变	自由度 1	自由度 2	F 值变化显著性	
	0.879	0.773	0.755	0.495	0.773	4.2382	5	62	0.000	1.482

注：因变量为休闲产业产值。

由表 4-4 可知，回归模型的变异量显著性检验的 F 值为 42.238，显著性检验的 P 值为 0.000，小于 0.05 的显著性水平，表明回归模型整体解释变异量达到显著水平。

表 4-4　城市资源与城市休闲产业的多元回归模型整体统计检验方差分析摘要表

模型	平方和	自由度	平均平方和	F 检验	显著性
回归	51.794	5	10.359	42.238	0. 000
残差	15.206	62	0.245		
总和	67.000	67			

注：因变量为休闲产业产值。

由表 4-5 可知，从标准化回归系数可以看出，预测变量的标准化回归系数均为正数，表示其对效标变量的影响均为正向。预测变量的回归系数显著性检验的 T 值分别为 2.403（P=0.019 < 0.05）、7.488（P=0.000 < 0.001）、10.920（P=0.000 < 0.001）、3.814（P=0.000 < 0.001）、3.945（P=0.000 < 0.001），说明预测变量的回归系数均达到 0.05 的显著性水平。

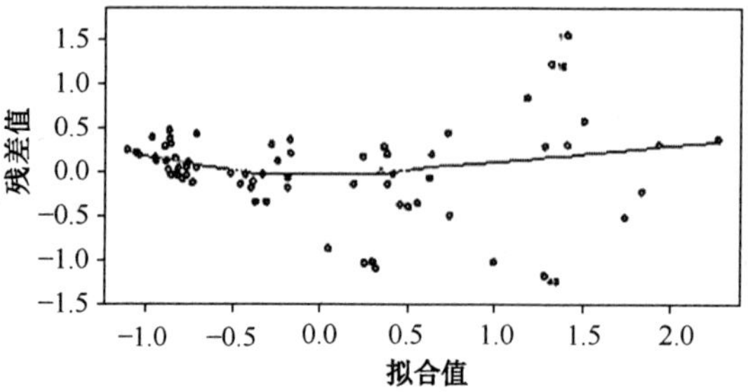

（a）残差值与拟合图

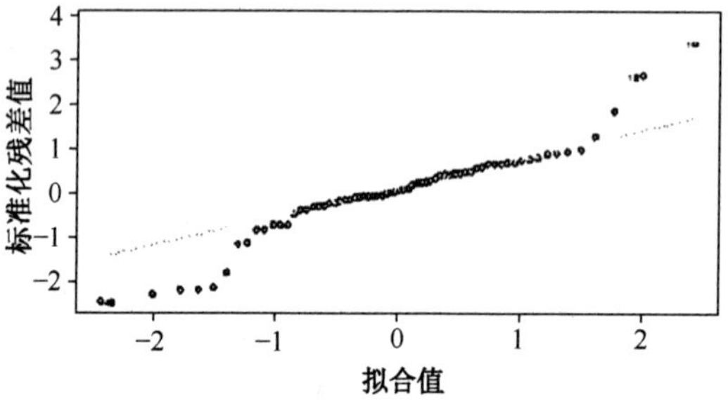

（b）正态QQ图

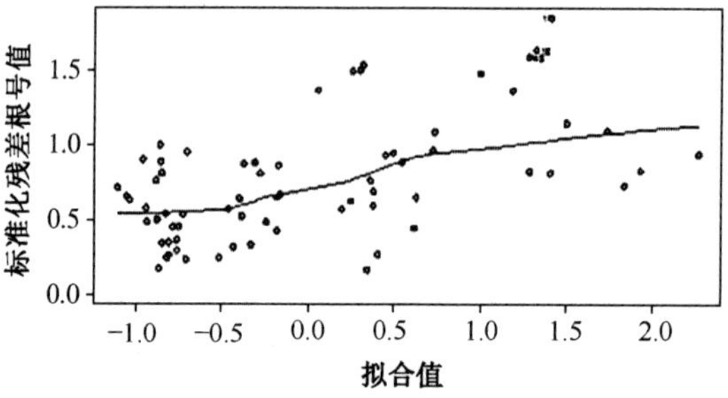

（c）位置尺度图

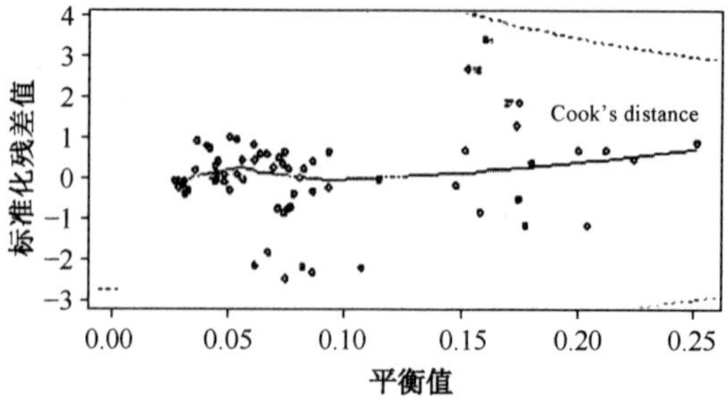

（d）残差与杠杆图

图 4-3 城市资源与城市休闲产业的多元回归模型拟合诊断图

表 4-5　城市资源与城市休闲产业的多元回归系数列表

模型	非标准化系数		标准化回归系数	T 值	显著性	95.0%置信区间	
	β 的估计值	标准误差	β 分布			下界	上界
（常数）	-6.263E-16	0.060		0.000	1.000	-0.120	0.120
自然资源 A_1	0.145	0.061	0.145	2.403	0.019	0.024	0.266
人口资源 A_2	0.453	0.061	0.453	7.488	0.000	0.332	0.574
经济资源 A_3	0.661	0.061	0.661	10.920	0.000	0.540	0.782
科技文化资源 A_4	0.231	0.061	0.231	3.814	0.000	0.110	0.352
城市功能资源 A_5	0.239	0.061	0.239	3.945	0.000	0.118	0.360

注：因变量为休闲产业产值。

回归结果表明，不同城市资源因子对城市休闲产业产出的影响存在差异。标准化回归系数可作为自变量间解释力的大小，即标准化回归系数越大，表示预测变量（城市资源因子）对效标变量（休闲产业产出）的影响越大。由表 4-5 可知，预测变量中的经济资源 A_3（β=0.661）对效标变量的影响最大，其次依次是人口资源 A_2（β=0.453）、城市功能资源 A_5（β=0.239）、科技文化资源 A_4（β=0.231）、自然资源 A_1（β=0.145）。根据这些城市资源因子对休闲产业产出影响力的大小进行排序，可以看出经济资源和人口资源对城市休闲产业产出影响力最为明显。对比之下，城市功能资源因子和科技文化资源因子对休闲产业产出影响力的明显较弱，自然资源对城市休闲产业产出影响力最弱。

综上所述，依据多元回归分析结果可知，如图 4-4 所示，假设 H1~H5 均得到支持。

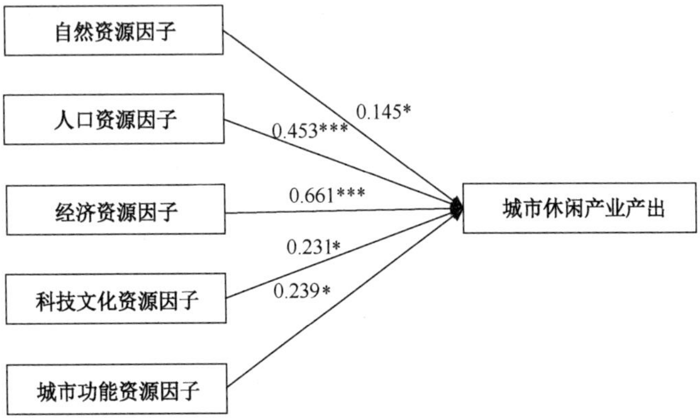

图 4-4　城市资源因子主效应模型图

注：*代表 Pearson 系数 P 值<0.05；***代表 Pearson 系数 P 值<0.001。

4.4 城市资源交互作用对城市休闲产业的驱动分析

本书认为整个休闲产业是一个循环系统，一方面紧紧依赖所在区域所供给的资源要素；另一方面将这些资源整合，使资源与人们的休闲生活相匹配，并使资源增值，最终转化为休闲产业产出和城市的整体增值。这些资源要素不仅会单独发生驱动作用，而且会交互作用，形成良性互动。其交互效应会产生比单一资源更大的作用，通过资源增值，可以实现产业增值。经济发展带来人口的集聚，丰富的人口资源为城市的发展提供了劳动力和市场空间；城市经济发达促进城市功能和基础设施的完善，城市功能资源的丰富又增强了城市的集聚能力，从而为城市吸引高质量的人口资源；城市经济发展提升科技文化发展水平，而丰裕的科技文化资源又促进经济增长。科技文化资源提高城市人口资源的质量，高素质的人口资源又为经济增长带来劳动力供给。这些资源之间产生相互关联，与人们的休闲生活相匹配，最终转化为休闲产业产出。这个循环可以通过“资源—互动—增值”的层级来表现。这些资源之间存在互动关系，相互影响和作用，形成合力，共同催生休闲需求和供给，从而推动城市休闲产业的发展，如图 4-5 所示。

为了验证这些城市资源因子之间的交互效应对城市休闲产业的驱动作用，本章进一步采用阶层回归分析方法进行分析。

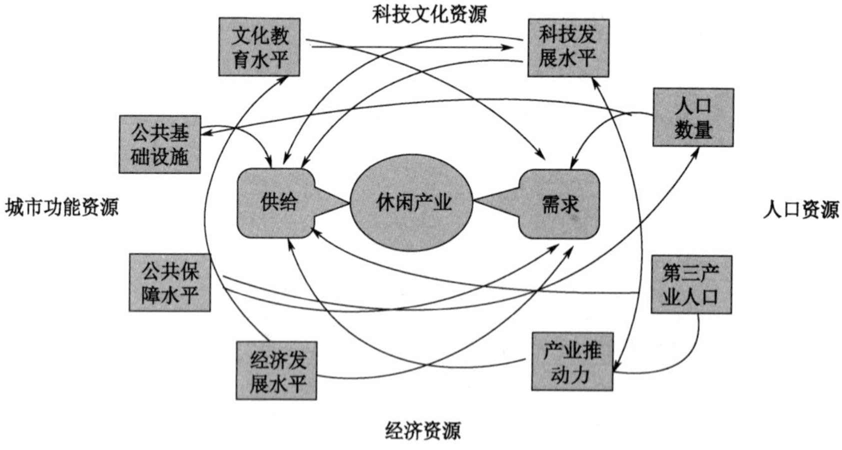

图 4-5　城市资源与休闲产业的反馈回路

模型 1 表示单一资源因子对因变量城市休闲产业产出的回归结果，即主效应模型；模型 2 表示主效应模型基础上加入 4 因子交互项，即因子交互效应模型。根据前文的分析，经济资源、人口资源、科技文化资源和城市功能资源是驱动休闲产业发展的主要资源动力，因此选择这4种资源进行交互效应分析，来验证其对城市休闲产业的驱动作用。

如表 4-6 所示，所有回归模型均达到了统计上的显著性水平，模型中的大部分路径系数的显著性检验均达到 0.001 的显著水平，说明它们具有统计意义。本章将对模型特征做进一步分析。

表 4-6　城市资源与城市休闲产业的多元回归模型的阶层回归结果

模型变量		城市休闲产业产出	
		模型 1	模型 2
自变量	自然资源因子	0.145*	0.111*
	人口资源因子	0.453***	0.481***
	经济资源因子	0.661***	0.632***
	科技文化资源因子	0.231*	0.259***
	城市功能资源因子	0.239*	0.254***
4 因子交互项	人口资源×经济资源×科技文化资源×城市功能资源		0.161*
模型拟合	R^2	0.773	0.795
	Adj.R^2	0.755	0.775
	ΔR^2		0.022
	F	42.238***	39.492***

注：1.*表示 $P<0.05$，***表示 $P<0.001$。

2.模型的残差自相关与多重共线性均符合要求。

3.模型 2（4 因子交互模型）的ΔR^2是与模型 1（主效应模型）相比较。

模型1只包括各单一资源因子，为主效应模型，可以作为后面模型比较的基准，来比较因子交互项对于因变量的偏作用（边际作用）大小。模型2中加入了 4 个城市资源的因子交互项后，4 因子交互项的回归系数达到统计显著水平（β=0.161，$P<0.05$），表明 4 个城市资源因子的交互效应显著。同时，模型 2 的 ΔR^2 为 0.022（$P<0.01$），即加入的 4 因子交互项能够解释因变量变异的 2.2%，此模型的解释力得到显著提升。因此，假设 H6 获得支持，如图 4-6 所示，即 4 个城市资源因子的交互效应对城市休闲产业产出有显著正向影响。

为了进一步解释4个城市资源因子的交互效应，依据回归分析结果，根据各城市资源因子得分值的均值及标准差，按照高值（均值加标准差）、中值（均值）及低值（均值减标准差），分别制作了4个城市资源因子的双因子交互效应图。

如图 4-7 所示，随着人口资源由低值到高值，城市休闲产业产出显著增加；同时随着经济资源的提升，在人口资源不变时，城市休闲产业产出显著增加；而且经济资源由低值到高值的斜率变大，说明单位休闲产业增量随着人口资源和经济资源的增长而增长，从而表明人口资源与经济资源的交互效应显著。

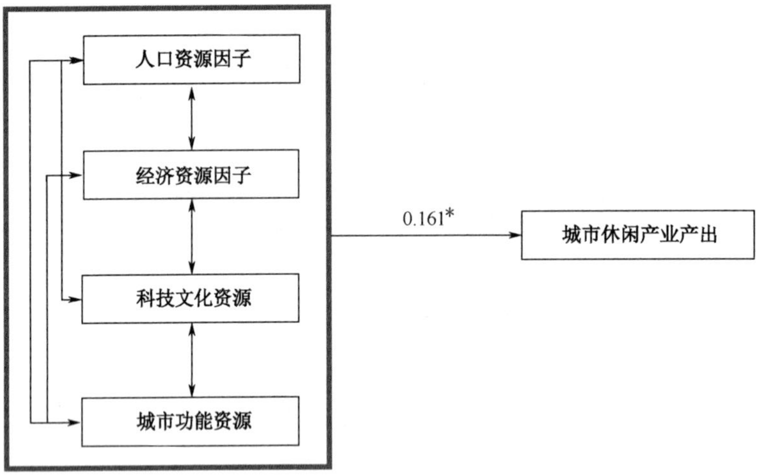

图 4-6　城市资源因子交互效应模型图

注：*表示 $P<0.05$。

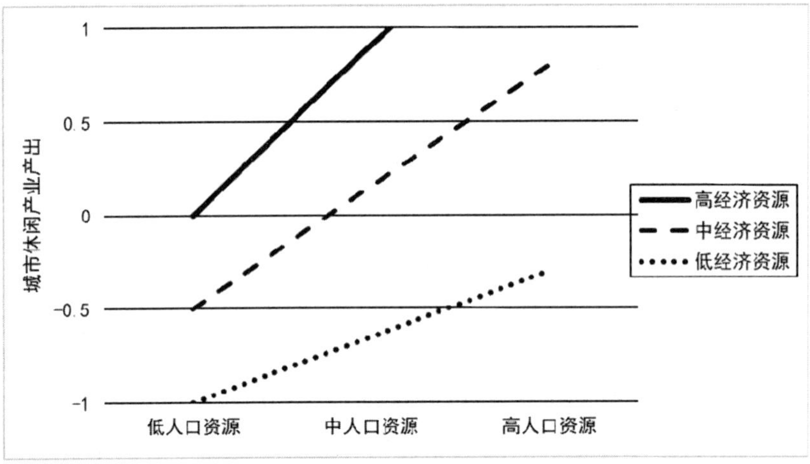

图 4-7　人口资源与经济资源的交互效应图

如图 4-8 所示，随着城市功能资源由低值到高值，城市休闲产业产出显著增加；同时随着科技文化资源的提升，在城市功能资源不变时，城市休闲产业产出显著增加；而且科技文化资源由低值到高值的斜率变大，说明单位休闲产业增量随着科技文化资源和城市功能资源的增长而增长，从而表明科技文化资源与城市功能资源的交互效应显著。

如图 4-9 所示，随着人口资源由低值到高值，城市休闲产业产出显著增加；同时随着科技文化资源的提升，在人口资源不变时，休闲产业产出显著增加；而且科技文化资源由低值到高值的斜率变大，说明单位休闲产业增量随着人口资源和科技文化资源的增长而增长，从而表明人口资源与科技文化资源的交互效应显著。

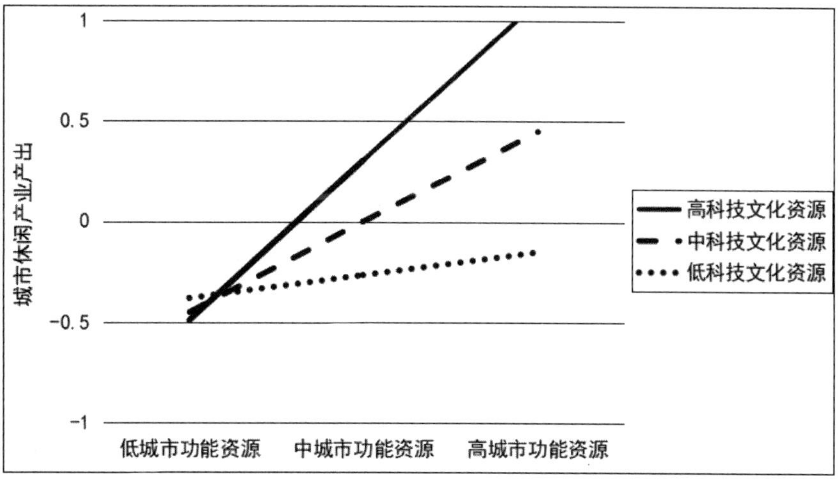

图 4-8　科技文化资源与城市功能资源的交互效应图

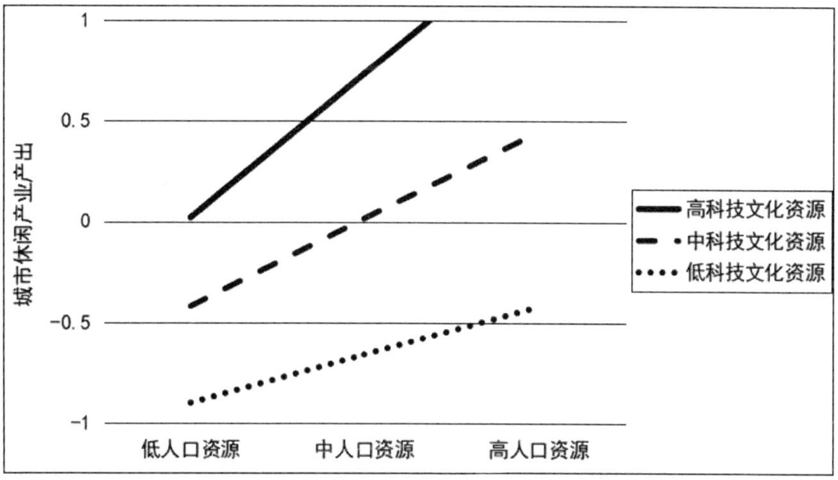

图 4-9　科技文化资源与人口资源的交互效应图

如图 4-10 所示，随着经济资源由低值到高值，城市休闲产业产出显著增加；同时随着科技文化资源的提升，在经济资源不变时，休闲产业产出显著增加；而且科技文化资源由低值到高值的斜率变大，说明单位休闲产业增量随着经济资源和科技文化资源的增长而增长，从而表明经济资源与科技文化资源的交互效应显著。

如图 4-11 所示，随着人口资源由低值到高值，休闲产业产出显著增加；同时随着城市功能资源的提升，在人口资源不变时，休闲产业产出显著增加；而且城市功能资源由低值到高值的斜率略微变化，说明单位休闲产业增量随着人口资源和城市功能资源的增长变化不大，从而表明人口资源与城市功能资源的交互效应较小。

如图 4-12 所示，随着经济资源由低值到高值，休闲产业产出显著增加；同时随着城市功能资源的提升，在经济资源不变时，休闲产业产出显著增加；而城市功能资源由低值到高值的斜率变化较小，说明单位休闲产业增量随着经济资源和城市功能资源的增长变化微弱，从而表明经济资源与城市功能资源的交互效应较小。

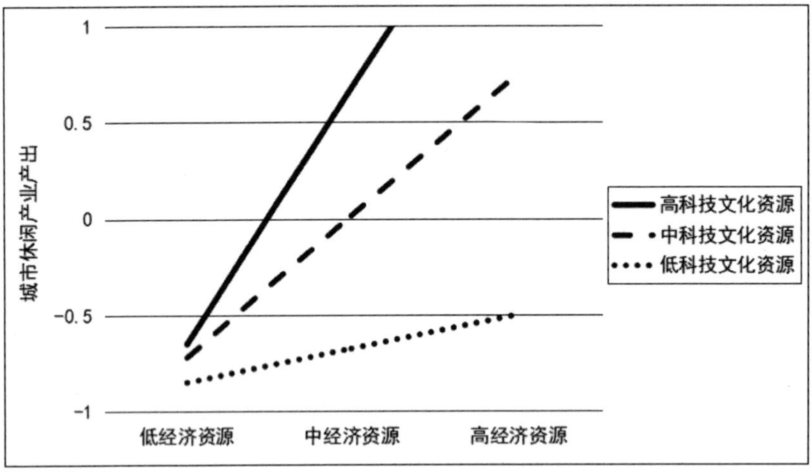

图 4-10　科技文化资源与经济资源的交互效应图

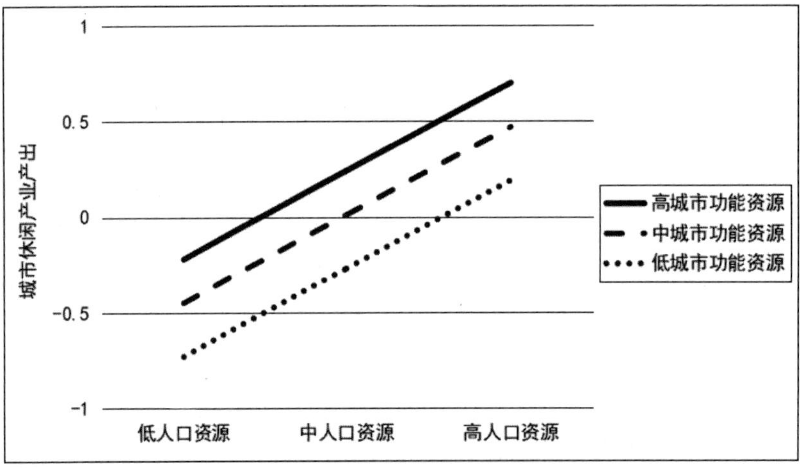

图 4-11　城市功能资源与人口资源的交互效应图

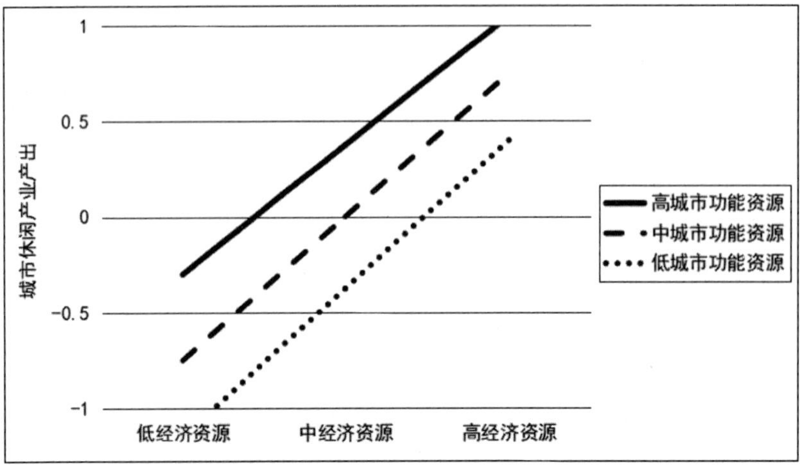

图 4-12　城市功能资源与经济资源的交互效应图

4.5　城市资源对城市休闲产业的相对权重分析

多元回归方法是经济管理科学中应用最广泛的分析方法之一。许多研究使用多元回归来识别一组变量，该组变量能够解释及预测某些结果变量，以理论检验和变量预测。在进行了多元回归分析后，这些研究更感兴趣的是了解每个变量对结果变量中的可解释方差的贡献。然而，学界普遍认为（Darlington，1968），多重共线性使得在多个相关预测值之间的方差分配变得困难。鉴于这些困难，研究人员通常依赖常用的指数（如简单相关系数、偏相关系数、标准回归系数）来分析每个预测变量对结果变量可解释方差的具体贡献。

回归分析结果表明自然资源、经济资源、人口资源、科技文化资源和城市功能资源皆和休闲产业产出相关，其中经济资源和人口资源对城市休闲产业产出影响力最大，其次是城市功能和科技文化资源，自然资源对城市休闲产业的产出影响力最弱。回归分析结果可以显示预测变量对于因变量的作用力大小，但回归系数通常不能精确预测各变量对于因变量贡献的相对权重。同时，回归分析偏重对因变量增量的预测，而当自变量有一定关联时，就会造成回归结果的偏误。

为了继续探究这些城市资源因子对城市休闲产业发展的驱动作用，进一步分析各个自变量（城市资源因子）对于因变量（城市休闲产业产出）的解释力大小，本章进行了相对权重分析。相对权重分析（Johnson，2000）侧重分析每个预测变量对于因变量方差的解释力（每个预测变量对于决定系数 R^2 的贡献率），即使自变量间有一定关联时，也不会影响计算分析结果。因而，相对权重分析一般都作为回归分析的有效补充（Tonidandel et al.，2011）。

目前有两种替代分析方法，即优势分析和相对权重分析，可以更准确地划分相关预测因子的可解释方差。本章在进行多元回归分析后，运用相对权重分析，深入分析每个预测变量对结果变量的可解释方差比例的贡献，从而进一步确认关键预测变量及其预测量值（Johnson et al.，2004）。

相对权重分析通过使用变量变换方法来解决由相关预测因子引起的问题，以创建一组新预测因子（$\boldsymbol{Z}_{xk}$），其与原始预测因子（$\boldsymbol{X}_j$）最大相关，但彼此正交。这些新的转换预测因子彼此不相关，因此可以将准则变量（$\boldsymbol{Y}$）回归到这组新的预测因子上，生成一系列标准化回归系数（$\boldsymbol{b}_k$）。这些系数是使用原始预测值的正交变换生成的，因此不再受与共线性相关的问题的影响。将这些回归系数与标准回归系数（$\boldsymbol{k}_{jk}$）结合，并将原始预测值（$\boldsymbol{X}_j$）回归到它们的正交对应项（$\boldsymbol{Z}_{xk}$）上，以得到每个预测变量的相对重要性估计值，从而将这些回归系数重新缩放回原始变量。

如前所述，过去相对权重的指数所面临的困难之一，是各种预测因子之间的共线性。为了解决这个问题，相对权重分析法创建了一系列新的预测因子（$\boldsymbol{Z}_{xk}$），它们是与原始预测因子（$\boldsymbol{X}_j$）最大相关的正交对应变量。基本上，$\boldsymbol{Z}_{xk}$是$\boldsymbol{X}_j$的一个满秩线性变换，从而产生了“与原预测变量具有最高的对应关联度的正交因子集”。

从$\boldsymbol{X}$开始，就是一个标准分数形式的$\boldsymbol{N}\times\boldsymbol{J}$预测分数矩阵。假设$\boldsymbol{X}$的行（目标变量）至少与列（预测变量）一样多，并且是满秩的，这样可以找到$\boldsymbol{X}$的奇异值分解：

$$\boldsymbol{X}=\boldsymbol{U}_x\Sigma x\boldsymbol{V}_x' \tag{4-3}$$

式中，$\boldsymbol{U}_{\mathrm{x}}$是与$\boldsymbol{XX'}$相关的特征向量矩阵；$\boldsymbol{V}_x'$是与$\boldsymbol{X'X}$相关的特征向量矩阵，$\Sigma x$是包含$\boldsymbol{X}$的奇异值的对角矩阵，其等于$\boldsymbol{XX'}$和$\boldsymbol{X'X}$特征值的平方根。矩阵论中，$\boldsymbol{X'}$表示矩阵的转置。这样计算有可能获得$\boldsymbol{X}$的正交逼近。通过这点，可以得到一组彼此正交但与原始变量相关的变量（$\boldsymbol{X}$）相关的新变量集（$\boldsymbol{Z}_x$）。从而在最小二乘意义下，产生与原始矩阵最接近的矩阵，即

$$\boldsymbol{Z}_x=\boldsymbol{U}_x\boldsymbol{V}_x' \tag{4-4}$$

式中，$\boldsymbol{Z}_{\mathrm{x}}$被认为是最小二乘准则的最佳拟合逼近变量，因为$\boldsymbol{Z}_x$中的列最小化了原始变量和新的正交变量之间的剩余平方和。继续在这组新的正交变量上回归因变量，得到

$$\boldsymbol{\beta}_x^*=(\boldsymbol{Z}_x'\boldsymbol{Z}_x)^{-1}\boldsymbol{Z}_x'\boldsymbol{y} \tag{4-5}$$

式中，$\boldsymbol{\beta}_x^*$是伴随矩阵，即矩阵元素所对应的代数余子式构成的新矩阵转置得到的矩阵；$\boldsymbol{y}$是准则变量（$\boldsymbol{Y}$）得分的$n\times1$向量；$\boldsymbol{Z}_{\mathrm{x}}$是包含新的正交变量的$n\times k$矩阵，而$\boldsymbol{\beta}_x^*$是将正交变量与因变量联系起来的回归权重的$k\times1$向量。通过平方$\boldsymbol{\beta}_x^*$（$\boldsymbol{\beta}_{x^2}^*$）的元素，得到$\boldsymbol{Z}_{\mathrm{xk}}$所占$\boldsymbol{Y}$中可预测方差比例的估计。因此，这些平方权重代表了原始相关预测变量的相对重要性的近似值。这些权重只是一个近似值，因为它们基于正交变量而不是原始相关变量。因此，可以将原始变量、正交变量和标准变量联系起来。具体来讲，可以将原始相关变量回归到它们的正交对应变量上，这样就提供了一个联系相关和不相关变量的回归系数矩阵

$$\boldsymbol{\Lambda}_x^*=(\boldsymbol{Z}_x'\boldsymbol{Z}_x)^{-1}\boldsymbol{Z}_x'x \tag{4-6}$$

把式（4-4）和式（4-3）中得到的信息结合起来，可以将$\boldsymbol{Y}$回归到$\boldsymbol{Z}_{xk}$上，得到$\boldsymbol{\beta}_x^*$矩阵。这些权重是使用原始预测值的正交变换生成的，因此它们不再有与多重共线性相关联的问题。平方这些权重可提供各种$\boldsymbol{Z}_{xk}$所占$\boldsymbol{Y}$中可预测方差比例的估计值。通过将这些回归权重与通过在正交对应项上回归原始预测值而获得的标准回归系数相结合，再重新缩放回原始变量，对预测变量产生相对重要性的估计。具体地讲，可以通过对$\boldsymbol{Z}_x$上的$\boldsymbol{X}$进行回归得到$\boldsymbol{\Lambda}_x^*$矩阵。平方$\boldsymbol{\Lambda}_x^*$（$\boldsymbol{\lambda}_{jk}^{*2}$）中的元素提供了由$\boldsymbol{Z}_{xk}$所占的$\boldsymbol{X}_j$方差比例的估计。为了估计相对重要性（推断某一特定$\boldsymbol{X}_j$对$\boldsymbol{Y}$的比例贡献），只需将每个$\boldsymbol{Z}_{xk}$中的方差比例都乘以$\boldsymbol{X}_j$($\boldsymbol{\lambda}_{jk}^{*2}$)，再乘以每个$\boldsymbol{Z}_{xk}$度量的解释$\boldsymbol{X}_j$的方差比例($\boldsymbol{\beta}_k^{*2}$)。

基于以上数学推导，可以得到预测变量的相对权重，计算公式如下：

$$\boldsymbol{\varepsilon}_j = \boldsymbol{\lambda}_{j1}^2\boldsymbol{\beta}_1^2 + \boldsymbol{\lambda}_{j2}^2\boldsymbol{\beta}_2^2 + \cdots + \boldsymbol{\lambda}_{jk}^2\boldsymbol{\beta}_k^2 \quad (4\text{-}7)$$

其中，$\boldsymbol{\lambda}_{jk}^2\boldsymbol{\beta}_k^2$可解释为 Y 的变异中通过 $\boldsymbol{Z}_k$ 与自变量 $\boldsymbol{X}_j$ 相联系的部分，故积和$\boldsymbol{\varepsilon}_j$就是 Y 的变异中所有由 $\boldsymbol{X}_j$ 引起的部分。

本章通过 R 语言编程进行相对权重计算分析，从而得到每个预测变量的相对权重系数、相对权重系数解释方差、相对权重系数的置信区间检验（相对权重系数的上界及下界）。

依据相对权重分析法，对于所有相对权重系数的区间估计及统计性检验均采用 bootstrapping 方法（迭代 10000 次）。在所有置信区间估计中，均采用 95%的置信区间检验（对应于统计显著性检验 $P<0.05$）。相对权重分析结果如表 4-7 所示。

表 4-7　城市资源因子对城市休闲产业产出的相对权重分析结果

预测变量	非标准化回归系数 B	标准化回归系数 β	相对权重系数 RW	置信区间检验		相对权重系数解释方差（百分比）RS-RW
				下界 CI-L	上界 CI-U	
因变量为城市休闲产业产出（R^2=0.7731，P<0.05）						
自然资源因子	0.145	0.145	0.0211	0.0009	0.0719	2.73%
人口资源因子	0.453	0.453	0.2052	0.0347	0.4372	26.55%
经济资源因子	0.661	0.661	0.4365	0.2406	0.6814	56.46%
科技文化资源因子	0.231	0.231	0.0532	0.0170	0.1058	6.89%
城市功能资源因子	0.239	0.239	0.0569	0.0065	0.2258	7.37%

总体而言，研究中的5个预测变量（城市资源因子）可以解释因变量（城市休闲产业产出）方差的 77.31%。分析结果显示，5 个预测变量的相对权重系数分别为 0.0211、0.2052、0.4365、0.0532、0.0569，并且全部达到统计显著水平（P<0.05，且通过 95%的置信区间检验）。由相对权重系数解释方差（百分比）可看出，城市资源因子的解释力由大到小依次为经济资源因子（56.46%）、人口资源因子（26.55%）、城市功能资源因子（7.37%）、科技文化资源因子（6.89%）、自然资源因子（2.73%）。由此得出结论，经济资源是驱动城市休闲产业发展最核心的关键资源，其次是人口资源，而自然资源的驱动力只有经济资源的近 1/20。

城市休闲产业就是经济发展到一定阶段的产物。通常，经济发达、人口众多、科技文化发展水平越高的城市，其休闲产业发展程度也越高。只有在较高的经济发展水平下，人们的可支配收入增加，休闲消费能力才得到增强。良好的自然资源禀赋确实可以成为休闲产业的发展基础，但是休闲产业发展更需要城市经济的支撑，且离不开人口和资本的集聚，以及城市的公共服务功能。一些生态条件好、人口稀少、污染少的边远地区，如西藏、贵州，虽然自然生态条件好，但是经济不发达、人口稀少，城市功能不够完善，导致休闲产业发展程度不高。珠三角城市中的肇庆和惠州，城市生态环境好，也有较丰裕的旅游资源，如肇庆的七星岩、鼎湖山和惠州的罗浮山、南昆山都是广东乃至全国知名景点。肇庆将自身定位为旅游城市、国家森林城市，惠州也在致力于打造休闲旅游产业，但这两个城市的经济资源和人口资源的基础均较薄弱，制约了休闲产业的发展。对于某些传统工业城市，由于经济基础好、人口容量大、城市功能完善，同样具备发展休闲产业的主导优势。例如，珠三角城市中的东莞，过去在人们的第一印象里是一个制造业发达的城市，也无突出的自然旅游和人文休闲资源，但在近年的发展中，逐步走上了发展休闲产业的道路。2011 年中国（国际）休闲发展论坛将东莞评选为“中国十大特色休闲城市”。作为一个地级市、一个非传统意义的旅游休闲城市，东莞依靠制造业的繁荣，推动城市环境建设，完善城市功能，通过强化与周边区域之间资金、文化、信息、人力资源的交流融合，创造了无数展览、会议和商务接待机会，通过经济和人口集聚效应，催生了当地繁盛的休闲娱乐业。这些现实情况与本书结论基本相符。

由此得出结论，如图 4-13 所示，经济资源和人口资源是驱动城市休闲产业发展的主导资源，城市功能资源和科技文化资源则是驱动城市休闲产业发展的辅助资源，而自然资源对城市休闲产业的贡献力很弱。经济资源、人口资源、科技文化资源和城市功能资源作为驱动城市休闲产业发展的主要资源动力，共同促进城市休闲产业的发展。

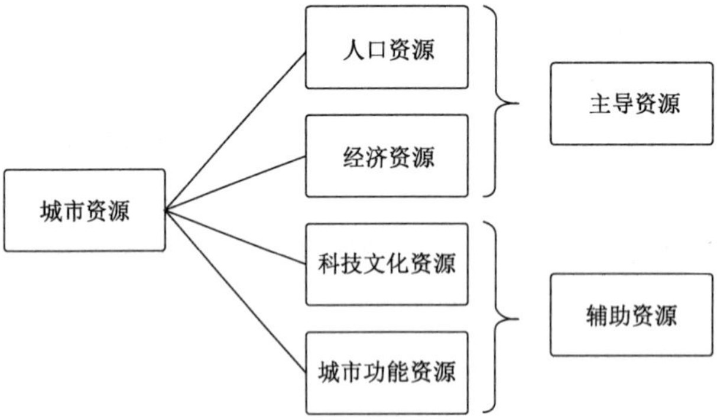

图 4-13　城市休闲产业的资源驱动

4.6 本章小结

本章遵照规范的实证研究范式，通过相关分析、多元回归分析及阶层回归分析，对提出的假设进行了验证。由表 4-8 所示实证结果可知，本研究提出的 6 个假设均获得了支持，接受原假设。

表 4-8　本章研究假设及检验结果

假设序号	假设内容	检验结果
H1	自然资源因子对休闲产业发展具有正向影响	接受原假设
H2	人口资源因子对休闲产业发展具有正向影响	接受原假设
H3	经济资源因子对休闲产业发展具有正向影响	接受原假设
H4	科技文化资源因子对休闲产业发展具有正向影响	接受原假设
H5	城市功能资源因子对休闲产业发展具有正向影响	接受原假设
H6	4 种城市资源因子（自然、人口、经济、城市功能资源）交互效应对城市休闲产业发展具有正向影响	接受原假设

本章通过相关回归的量化分析，发现自然资源、人口资源、经济资源、科技文化资源、城市功能资源和城市休闲产业产出皆呈正向关系。多元回归研究结果表明，经济资源因子对城市休闲产业影响力最大，其次为人口资源因子，再次是城市功能资源因子、科技文化资源因子，最后是自然资源因子。因此，确定促进城市休闲产业发展的资源因子排序如下：经济资源、人口资源、城市功能、科技文化资源、自然资源。本章用阶层回归分析法进一步证明了这些资源要素不仅会单独发生驱动作用，而且还会产生交互作用，从而形成良性互动，其交互效应形成合力会产生比单一资源之和更大的作用，共同驱动城市休闲产业的发展。

为了进一步分析各个自变量（城市资源因子）对于因变量（城市休闲产业产出）的解释力大小，本章通过相对权重分析，依据相对权重系数解释方差（百分比），资源因子解释力大小依次为经济资源因子（56.46%）、人口资源因子（26.55%）、城市功能资源因子（7.37%）、科技文化资源因子（6.89%）、自然资源因子（2.73%）。经济资源、人口资源、城市功能资源和科技文化资源与城市休闲产业产出相关性较强，由此本研究提出，经济资源、人口资源、城市功能资源、科技文化资源构成驱动城市休闲产业发展的基础驱动力，其中经济资源和人口资源是主导资源，城市功能和科技文化资源是辅助资源。

第5章 城市资源视角下的城市休闲产业发展模式研究

5.1 资源驱动下的城市休闲产业发展模式

不同产业的主导动力不同，必然对应不同的动力模式。产业发展模式需要从不同的动力分析入手，利用主导动力及与其他动力的组合关系来构建发展模式的框架。因此，本书提出的城市休闲产业发展模式是基于资源要素的驱动视角，在不同资源驱动力作用下的休闲产业发展模式。城市休闲产业是以城市为依托的，各种城市资源要素相互作用和影响，形成综合动力，共同作用于休闲产业、驱动产业的发展。研究发现，促进城市休闲产业发展的主要驱动资源有经济、人口、科技文化、城市功能。城市休闲产业发展模式是基于资源要素对城市休闲产业驱动分析，对城市休闲产业发展的总体方式和特征的高度概括，是基于城市资源约束下城市休闲产业发展的路径选择。各种资源产生的不同的动力组合模式，就构成了不同城市的休闲产业发展模式。简而言之，本书提出的城市休闲产业的发展模式就是指在不同城市资源形成的动力组合下，推动城市休闲产业发展的具体方式。

第 4 章运用因子分析法和回归分析法，确认了自然资源、经济资源、人口资源、科技文化资源和城市功能资源都与城市休闲产业产出呈显著正相关关系。同时通过相对权重分析，依据资源因子解释力大小排序，发现在城市休闲产业的发展过程中，经济资源、人口资源、科技文化资源和城市功能资源这 4 种城市资源构成休闲产业发展的基础性驱动力。其中经济资源和人口资源是 4 种资源中的主导资源，城市功能资源和科技文化资源则是辅助资源。这 4 种资源在城市休闲产业发展中所占的比重和地位是不同的。它们不仅会单独发生驱动作用，同时可以形成不同的资源组合，通过影响休闲产业的需求和供给形成良性互动，其交互效应会产生比单一资源更大的效用。这 4 种资源形成的不同资源动力组合，就构成了不同的城市休闲产业发展模式，如图 5-1 所示。

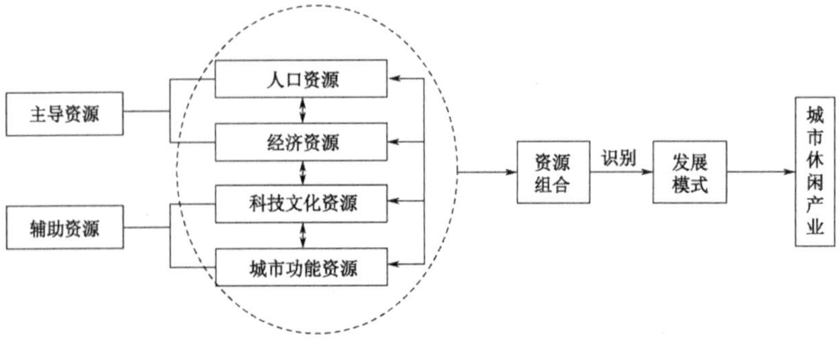

图 5-1 资源驱动下的城市休闲产业发展模式

5.2 基于城市资源的城市休闲产业发展模式识别

本书提出的城市休闲产业的发展模式是指在各类城市资源形成的不同动力组合下，推动城市休闲产业发展的具体方式。研究发现，城市资源系统中经济、人口、城市功能、科技文化这4 种城市资源对城市休闲产业产出有较强的驱动关系，资源组合方式不同，必然对应不同的发展模式。通过聚类分析方法，对 20 个样本城市进行聚类分析，将样本城市分为5 类。以公共因素的方法贡献率为权重，计算出样本城市各类资源的得分，分别对样本城市各项资源进行分层评估。根据聚类分析的结果，总结出样本城市各类资源的特征，根据同类城市的资源组合特征规律识别出城市休闲产业的不同发展模式。

5.2.1 识别方法

休闲产业发展模式的识别方法，主要基于理论推导和定性分析。例如，王旭科（2008）提出产业发展需要一个主导动力，这些主导动力包括资源力、经济力和社会力，主导动力的不同组合就形成了体制动力模式、市场动力模式、形象动力模式和社会动力模式。唐承财等（2007）则通过构建城市旅游发展动力模型的判别指标体系，采用层次分析方法（Analytic Hierarchy Process, AHP）和德尔菲法（专家调查法）对城市旅游指标评价层的指标进行模糊打分，并与理想城市进行对比，提炼出城市旅游发展的主导驱动力，再依据主导驱动力确定城市发展的驱动模型。

梁圣蓉（2008）提出了城市会展旅游的七大影响因子，包括经济因子、资源因子、区位因子、服务因子、政策因子、文化因子和技术因子，并采用德尔菲法（专家调查法）对七大影响因子的 24 个指标进行打分，再对同一层的指标的相互重要性两两进行比较判断，在此基础上综合使用结构矩阵、判断矩阵等方法进行数据处理，计算出推动产业发展的一级指标和二级指标的权重。但不论是纯理论的推导还是案例的总结分析，或者是基于专家调查法的数据处理，这些模式识别方式都更多地依赖经验对既有的指标做定性的分类处理，较少利用数学方法实现精确分类。

本书提出的经济资源、人口资源、科技文化资源和城市功能资源都对休闲产业的需求和供给产生影响，构成了休闲产业发展的基础性主导动力。将这4 种城市资源产生的动力进行组合，可以构建驱动城市休闲产业发展的不同模式。但是这4 种城市资源具体如何进行动力组合，推动城市休闲产业发展呢？本章采用聚类分析的方法来进行资源组合动力模式识别。

聚类分析是直接将数据集合分组为由类似的对象组成的多个类的分析过程。聚类分析法是一种多元统计方法，根据样本的属性或特征的相似性、亲疏程度，用数学的方法把它们逐步聚类，就是将相似性质（或距离）的个体（样本）聚为一类，最终得到一个能够反映样本间相似程度的分类系统。聚类分析的目的是将一组数据分类，并不存在一个事先确定的分类标准，只是单纯地从样本数据出发，自动进行分类，避免了传统分类方法的主观性和任意性。

本章采用合并聚类分析，即把较有密切相似性的个体逐一合并聚类，由原来的 n 个类合并为一个新类。在聚类分析中，需要一个描述变量的相似性或非相似性的尺度，通常这种尺度分为定距尺度、定序尺度、定类尺度3 种。其中，定距尺度的变量方法较为常用。定距尺度的变量方法以距离系数为测度指标，具体步骤如下。

（1）选择距离系数中的欧氏距离（Euclidean Distance）以计算样本间的相似性。两个多变量观测向量 $\boldsymbol{X}_i=(X_{1i}+X_{2i}+\cdots+X_{pi})$ 和 $\boldsymbol{X}_j=(X_{1j}+X_{2j}+\cdots+X_{pj})$ 之间的欧氏距离为 d_{ij}，计算公式如下：

$$d_{ij}=d(X_i,X_j)=\sqrt{(X_{1i}-X_{1j})^2+(X_{2i}-X_{2j})^2+\cdots+(X_{pi}-X_{pj})^2} \tag{5-1}$$

$$\boldsymbol{D}=\begin{vmatrix} d_{11} & d_{12} & \cdots & d_{1n} \\ d_{21} & d_{22} & \cdots & d_{2n} \\ \vdots & \vdots & & \vdots \\ d_{n1} & d_{n2} & \cdots & d_{nn} \end{vmatrix} \tag{5-2}$$

（2）根据式（5-2）计算出距离矩阵，进行聚类分析，把每个样本都看作一类，共有 n 类。

①把最近的两类聚为一类。

②计算新类与当前 n–2 个其他类的距离，从中找出最接近的两类合并成 n–2 类。以此类推，由原来的 n 类变成一个新类。

③制作聚类过程的树形图。

④决定聚类数。

采用类间平均连接法完成对样本城市的聚类分析后，再总结归纳不同类别的样本城市资源特征的组合规律，进而识别城市资源视角下城市休闲产业发展的不同模式。

5.2.2 识别过程

为了进一步识别城市资源驱动下城市休闲产业发展的模式，本章对 20 个样本城市进行聚类分析，总结不同类型城市的城市资源动力特征。根据城市资源对城市休闲产业产出贡献力的排序，经济资源和人口资源是驱动城市休闲产业发展的主导资源，城市功能和科技文化资源是驱动城市休闲产业发展的辅助资源。因此，以 20 个样本城市为观测样本，利用城市资源的 4 个一级指标（经济资源、人口资源、城市功能资源和科技文化资源），以公共因素的贡献为权重，分别计算出这 4 类城市资源因子的综合得分，然后采用类间平均连接法对样本城市进行聚类分析。

20 个样本城市的休闲产业发展情况不尽相同。其中，北京、广州、上海、天津、杭州、成都均是国内的大城市，休闲产业发展水平程度高；深圳、青岛、宁波等城市的经济总量较大，人口众多，旅游业发达，休闲产业发展水平不低；威海、珠海、肇庆等城市人居环境较好，但城市的人口总量、经济总量都较小，休闲产业发展程度不高。虽然研究的样本城市数量不大，但是可以看到 20 个样本城市大致代表了不同规模的、资源迥异的城市休闲产业的不同类型。

本章使用欧氏距离平方法求得观测样本城市之间的相异性系数，然后采用平均连接法（组间）进行聚类分析。凝聚过程如表 5-1 所示，第 1 阶段为样本城市 18 和样本城市 19 合并，合并后的相异性系数为 0.019，下次合并的阶段为 5。第 2 阶段为样本城市 12 和样本城市 14 合并，合并后的相异性系数为 0.023，下次合并的阶段为 12。第 3 阶段为样本城市 10 和样本城市 15 合并，合并后的相异性系数为 0.028，下次合并的阶段为 8。第 4 阶段为样本城市 5 和样本城市 8 合并，合并后的相异性系数为 0.163，下次合并的阶段为 6。

表 5-1　凝聚过程表

阶段	组合类		相异性系数	类先前阶段		下一合并阶段
	类 1	类 2		类 1	类 2	
1	18	19	0.019	0	0	5
2	12	14	0.023	0	0	12
3	10	15	0.028	0	0	8
4	5	8	0.163	0	0	6
5	18	20	0.185	1	0	10
6	5	6	0.217	4	0	13
7	16	17	0.251	0	0	10
8	7	10	0.267	0	3	9
9	7	13	0.315	8	0	13
10	16	18	0.706	7	5	16
11	2	4	0.823	0	0	17
12	9	12	0.839	0	2	14
13	5	7	0.847	6	9	16
14	9	11	1.824	12	0	17
15	1	3	1.890	0	0	19
16	5	16	2.392	13	10	18
17	2	9	2.621	11	14	18
18	2	5	5.356	17	16	19
19	1	2	17.297	15	18	0

根据图 5-2 所示垂直冰柱图和图 5-3 所示树形聚类图，把样本城市分为 5 类最合适。20 个样本城市被分成 5 类，如表 5-2 所示。

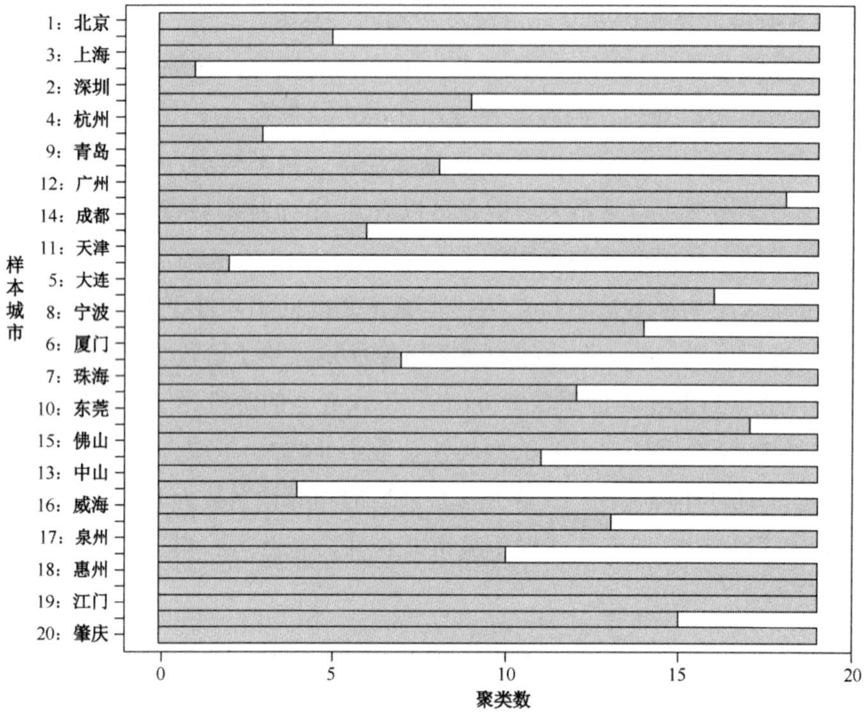

图 5-2 垂直冰柱图

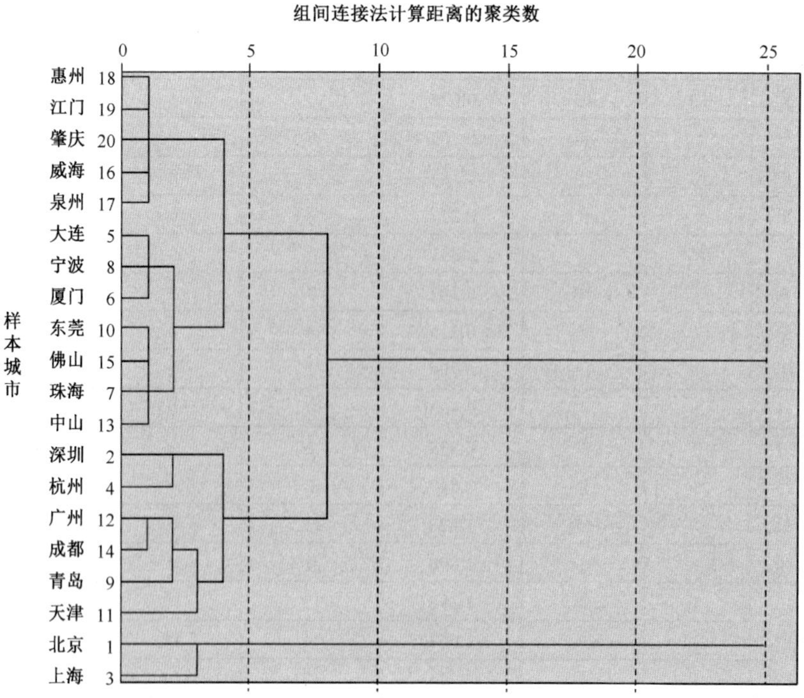

图 5-3 树形聚类图

表 5-2　样本城市聚类结果

类　别	城市
第一类	北京 上海
第二类	广州 天津 成都 青岛
第三类	杭州 深圳
第四类	大连 厦门 宁波 珠海 东莞 佛山 中山
第五类	威海 泉州 惠州 肇庆 江门

第一类城市包括北京、上海。北京和上海均为我国一线城市，城市休闲产业发达。第二类城市是广州和天津、成都和青岛。这些城市的经济发展水平不如北京、上海，但城市休闲发展水平较高。第三类城市是杭州、深圳。杭州和深圳都是经济发展水平较高、人口众多的城市，也是科技文化创新的典型城市。

第四类城市有大连、厦门、宁波、珠海、东莞、佛山、中山共7 个城市。第五类城市有威海、泉州、惠州、肇庆、江门共5 个城市。这些城市共同的特征就是城市休闲产业未能形成规模。

5.2.3　结果分析

5.2.2 节中通过聚类分析将样本城市分为 5 类，大致代表了不同规模的、资源迥异的城市休闲产业的不同类型。本小节通过分析这5 类城市的城市资源组合的共同特征来解释各种城市资源动力在不同城市的休闲产业发展过程中地位。这些城市资源形成不同的资源动力组合，影响城市的需求拉动力和供给推动力，就构成了不同类型的城市休闲产业发展模式。

首先进行城市资源的因子分析，通过 SPSS 软件可以得到因子得分系数矩阵，由此可以得出驱动休闲产业发展的城市人口、经济、科技文化和城市功能4 种城市资源因子的线性方程式。

城市人口资源因子 A_2 得分的线性方程式如下：

$$A_2=\boldsymbol{FAC}_1=0.227X_5+0.194X_6+0.198X_7+0.186X_8+0.168X_9+0.151X_{10}+0.156X_{11} \quad (5\text{-}3)$$

城市经济资源因子 A_3 得分的线性方程式如下：

$$A_3=0.54482\boldsymbol{FAC}_1+0.26065\boldsymbol{FAC}_2 \quad (5\text{-}4)$$

$$\boldsymbol{FAC}_1=0.315X_{12}+0.301X_{13}+0.264X_{14}+0.277X_{15}-0.06X_{16}-0.051X_{17}-0.084X_{18} \quad (5\text{-}5)$$

$$\boldsymbol{FAC}_2=-0.055X_{12}-0.063X_{13}+0.007X_{14}-0.083X_{15}+0.412X_{16}+0.039X_{17}+0.354X_{18} \quad (5\text{-}6)$$

城市科技文化资源因子 A_4 得分的线性方程式如下：

$$A_4=0.41324\boldsymbol{FAC}_1+0.21304\boldsymbol{FAC}_2 \quad (5\text{-}7)$$

$$\boldsymbol{FAC}_1=0.453X_{19}+0.0451X_{20}+0.190X_{21}+0.255X_{22}-0.241X_{23}-0.088X_{24} \quad (5\text{-}8)$$

$$FAC_2=-0.137X_{19}-0.18X_{20}+0.257X_{21}+0.243X_{22}+0.489X_{23}+0.443X_{24} \quad (5\text{-}9)$$

城市功能资源因子 A_5 得分的线性方程式如下：

$$A_5=0.50539FAC_1+0.26866FAC_2+0.12911FAC_3 \quad (5\text{-}10)$$

$$FAC_1=0.090X_{25}-0.179X_{26}+0.402X_{27}+0.172X_{28}+0.436X_{29}+0.042X_{30}-0.171X_{31} \quad (5\text{-}11)$$

$$FAC_2=0.059X_{25}-0.213X_{26}-0.094X_{27}-0.087X_{28}-0.038X_{29}+0.491X_{30}+0.652X_{31} \quad (5\text{-}12)$$

$$FAC_3=0.279X_{25}+0.650X_{26}+0.063X_{27}+0.358X_{28}-0.178X_{29}-0.141X_{30}-0.226X_{31} \quad (5\text{-}13)$$

通过以上方程，以公共因素的贡献率为权重，可以计算出样本城市各个资源的得分，如表 5-3。

表 5-3 样本城市的城市资源因子得分

序号	城市	人口资源因子得分	经济资源因子得分	科技文化资源因子得分	城市功能资源因子得分
1	广州	0.62	0.33	−0.11	0.54
2	珠海	−0.75	−0.31	0.08	0.16
3	中山	−0.85	−0.58	−0.13	−0.42
4	深圳	0.79	0.24	0.73	0.33
5	威海	−0.9	−0.21	−0.52	−0.39
6	东莞	−0.44	−0.38	−0.09	−0.3
7	惠州	−0.74	−0.69	−0.65	−0.57
8	厦门	−0.44	−0.19	0.23	0.07
9	佛山	−0.4	−0.41	−0.17	−0.3
10	江门	−0.85	−0.73	−0.67	−0.73
11	肇庆	−1	−0.87	−0.8	−0.78
12	青岛	−0.18	0.52	0.03	0.12
13	泉州	−0.68	−0.45	−0.62	−0.67
14	杭州	−0.04	0.36	0.55	0.5
15	宁波	−0.18	−0.02	0.06	−0.1
16	大连	−0.4	0.07	0.23	0.12
17	北京	2.4	1.15	1.45	1.39
18	成都	0.64	0.26	−0.16	0.21
19	天津	1.21	0.93	−0.1	0.21
20	上海	2.18	0.98	0.71	0.61

计算样本城市4 个城市资源因子得分，然后通过雷达图对聚类分析的结果归纳出样本城市的资源特征。

第一类城市的典型代表有北京、上海，其城市资源雷达图如图 5-4 所示。两个城市的人口、经济、科技文化、城市功能资源指标排名靠前。北京和上海作为直辖市，人口规模大，人口净流入量高，城镇化率高，加之相应的绿化、交通、医疗等配套服务良好，休闲服务设施总量规模水平较高，在4个城市资源指标方面具有显著的优势。北京和上海作为国内经济文化中心城市，经济发达，人口众多，科技文化发展水平高，城市功能完善，资源配置程度高，为城市休闲产业的发展提供了强大的资源支撑。各种资源整合，形成较强的城市综合实力，对城市休闲产业发展起到综合性的驱动作用。

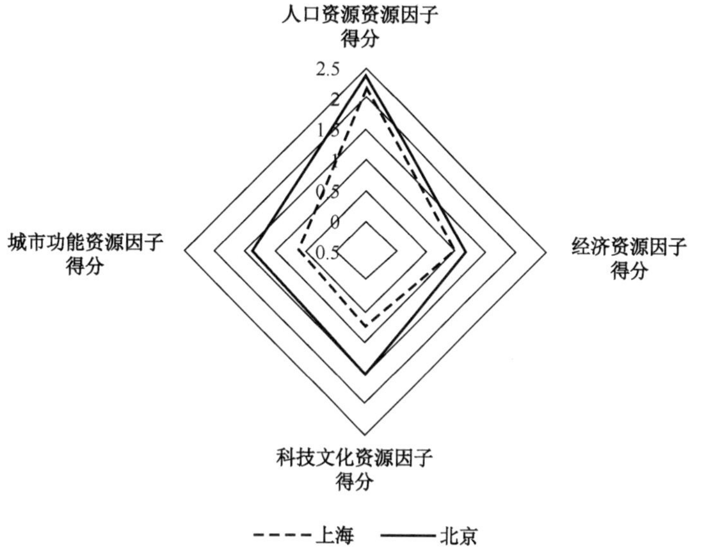

图 5-4 第一类城市的城市资源雷达图

这类城市的资源特征是各类城市资源都比较丰裕，可将它们归为综合实力驱动发展模式。

第二类城市的典型代表有天津和成都，其城市资源雷达图如图 5-5 所示。这些城市作为各区域的经济文化中心，强劲的经济实力和人口资源对当地休闲产业的推动作用明显。社会经济发展水平越高，使人们的消费能力越高，城市休闲产业的发展拉动力就越强。地均固定资产投资、利用外资额和文化体育娱乐业固定资产投资反映的是休闲产业形成能力，指标值越大，对城市休闲产业的推动力越大。这些城市的年人均 GDP 均高于10 万元，同时，这些城市的第三产业占 GDP 的比重也较高，说明这些城市的第三产业较发达。人口资源是城市休闲产业发展的推动力和拉动力。一方面，一定规模的人口基数和人口流动数为城市休闲产业的发展提供了足够的市场需求；另一方面，就业人口，尤其是第三产业就业人口直接影响着城市休闲产业的劳动力供给。天津、成都都是常住人口超过 1000 万的特大型城市，庞大的城市人口为休闲产业带来巨大的市场需求。这些城市的第三产业劳动力非常充足。数量充足而又训练有素的第三产业就业人员，为城市发展休闲产业提供了充足的劳动力供给。同时，这些城市也是人口净流入规模较大的城市。2015 年天津人口净流入超过 50 万，成都也是典型的内地人口净流入的城市。较大的人口净流入显示出城市具有较大的包容性，也为城市休闲产业的发展提供了良好的人口基础。这些城市已逐步形成了具有区域特色休闲文化，休闲产业极具竞争力。例如，天津形成以相声、曲艺为代表的城市特色休闲文化；成都成为美食、市井休闲文化生活的代表。

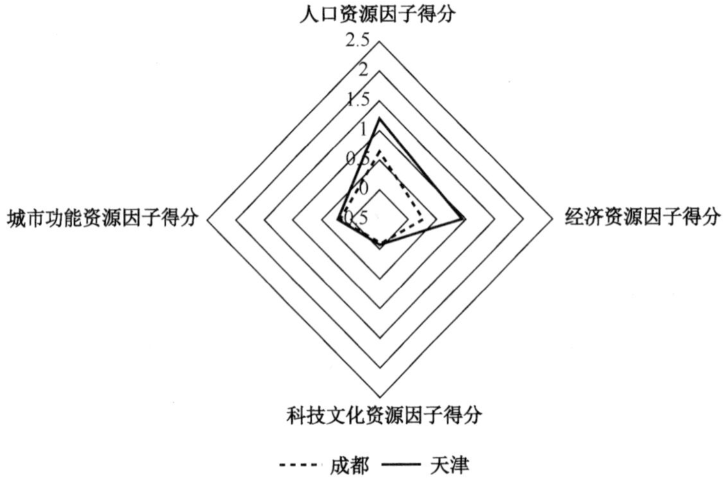

图 5-5　第二类城市的城市资源雷达图

这类城市共有的城市资源特征是经济和人口资源较丰裕，人口和经济资源合力较强劲，可将它们归为经济和人口资源驱动发展模式。

第三类城市的典型代表有杭州、深圳，其城市资源雷达图如图 5-6 所示。杭州和深圳都是经济发展水平较高和人口众多的城市，也是科技文化创新的典型城市。它们最大特点是 R&D 占 GDP 的比重均在 3%以上，远高于其他样本城市。同时，R&D 人员占就业人员比重、每万人图书馆藏书也在 20 个城市中排名靠前。科技文化资源充足还体现在人口的受教育程度。较高的每万人大学生数，改善了城市的人口结构和消费结构。大学生群体既是未来城市休闲产业的消费主体，也是劳动力供给的主力，庞大的大学生群体有利于促进城市休闲产业的发展。同时，这两个城市的科技文化创新能力较强，文化产业优势明显，休闲产业的需求和供给能力都较强。此外，这两个城市的城市功能资源因子综合得分都较高，都在城市环境和基础建设方面做了大量的工作，休闲资源供给也比较丰富。城市功能资源丰裕的城市的显著特点是城市基础设施和医疗保障设施非常完善。尤其是大型城市，由于人口总量大，严重的交通拥堵促使城市管理者大力发展公共交通。例如，深圳大力发展轨道交通，其轨道交通的客运量占比已经超40%，每万人公共交通车辆数量很高，为市民的出行提供了足够的支持。在医疗保障设施方面，杭州的每万人医生数和每万人病床远高于国内平均水平。

这类城市的资源特征是城市功能和科技文化资源的优势较为明显，可将之归纳为城市功能和科技文化资源驱动发展模式。

第四类城市的典型代表有大连、厦门、宁波，其城市资源雷达图如图 5-7 所示。这类城市的4类城市资源的得分比较均衡，相比前面几类城市而言，没有特别突出的资源优势，也没有特别的短板，各种城市资源供给较均衡，城市资源对休闲产业发展的推动和拉动能力都不显著。这类城市的城市资源特点是各类资源较均衡，没有特别的优势和短板，可将之归纳为资源均衡发展模式。

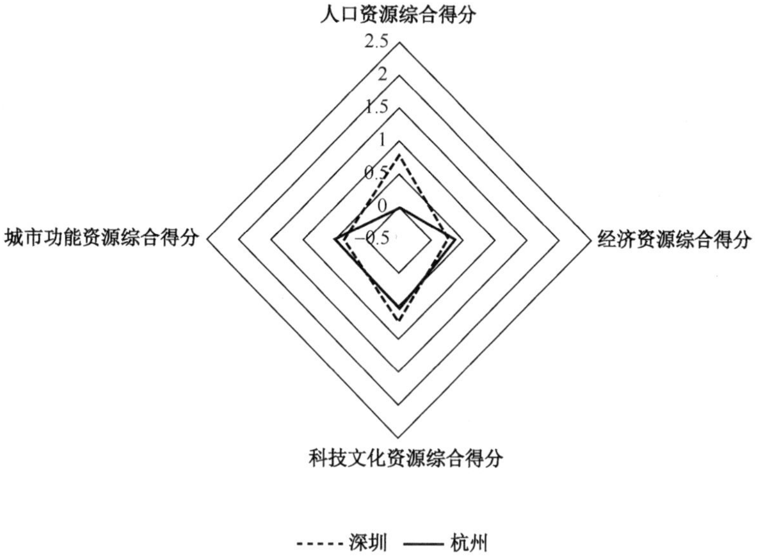

图 5-6　第三类城市的城市资源雷达图

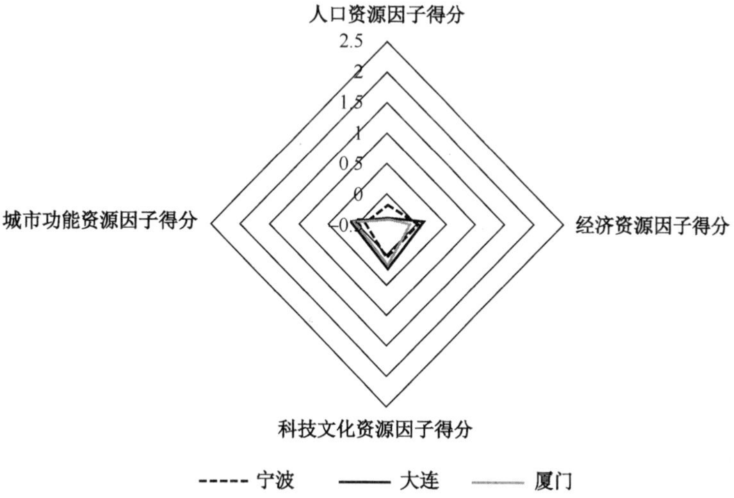

图 5-7　第四类城市的城市资源雷达图

第五类城市有威海、泉州、惠州、肇庆、江门共 5 个城市，其城市资源雷达图如图 5-8 所示。这些城市共同的特征就是城市资源存在明显的短板，城市休闲产业未能形成规模。例如，威海虽然城市人居环境优美，但是城市规模小，人口资源不够丰裕，经济总量也不大，城市资源对休闲产业发展的推动和拉动能力都不强。肇庆和惠州自然资源丰裕，拥有不错的旅游资源。肇庆的七星岩、鼎湖山、惠州的罗浮山、南昆山、罗湖山都是广东乃至全国知名景点，肇庆也将自身定位为旅游城市和国家森林城市，一直打造现有生态、文化和乡村旅游产业；而作为深圳后花园的惠州，也在致力于打造休闲旅游产业。但这两个城市作为珠三角地区经济相对落后的城市，其经济资源和人口资源不丰裕，制约了其城市休闲产业的发展。这类城市都存在城市经济和人口动力不足，尤其是泉州，城市人口高达850万，但第三产业人口比重仅为20.61%，在20个城市中排倒数第一。惠州、江门、威海、肇庆不仅人口总量小，第三产业人口比重也较低。此外，这些城市业存在城市基础建设方面投入不够、城市功能资源和科技文化资源匮乏等短板。惠州、江门、肇庆由于城市人口规模较小，每万人公交交通车辆、每万人出租车都偏低。同时，3A景区和星级酒店也明显偏低，反映出这些城市的休闲供给设施比较匮乏，这将阻碍休闲产业的发展。这类城市存在明显资源短板和休闲产业发展水平较低，未能形成一定规模，暂不归纳这些城市的发展模式。

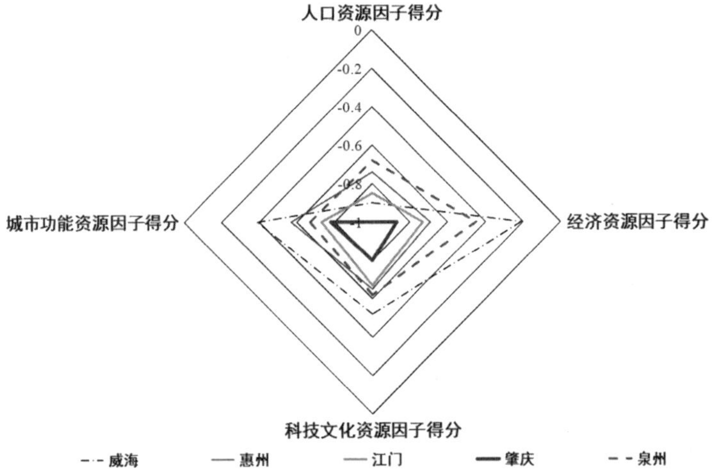

图 5-8　第五类城市的城市资源雷达图

由此，通过对样本城市聚类分析的结果进行城市资源特征分析，本书提出城市资源视角下的城市休闲产业的4种发展模式：综合实力驱动、经济与人口资源驱动、城市功能和科技文化资源驱动、资源均衡发展模式，如表5-4所示。

表 5-4　城市资源视角下的城市休闲产业发展模式识别

典型城市	城市资源特征	城市休闲产业发展模式
北京、上海	经济资源、人口资源和其他资源都很丰裕，城市综合实力强	综合实力驱动
天津、成都	拥有丰裕或充足的经济资源和人口资源	经济和人口资源驱动
杭州、深圳	城市功能完善，城市人居环境好，科技文化资源丰富	城市功能和科技文化资源驱动
大连、厦门	各类资源较为平均，既无特别的优势，也无显著的短板	资源均衡发展

5.3 基于城市资源的城市休闲产业发展模式分析

5.3.1 综合实力驱动发展模式

综合实力驱动发展模式以城市丰富的经济资源、人口资源和科技文化资源、城市功能资源为基础，4 种资源驱动力相互作用，形成强大合力，推动城市休闲产业发展。这种发展模式的城市通常人口多、经济规模大，产业结构较为合理，科技文化资源丰富，城市功能较为完善。由于城市经济发达，政府有较大的财力为市民提供较为充分的休闲产品，同时也丰富了城市的功能资源。城市功能资源的丰富又增强了城市的吸引力，为城市不断增加高质量的人口资源；而较丰富的人口资源既为休闲产业的发展提供了足够的市场空间，又为休闲产业的发展提供了充足的劳动力，而丰富的科技文化资源本身又在不断提供经济增长动力，同时不断提高城市人口资源的质量。4 个资源之间的正反馈使得各种资源相互促进，并整合形成强大的合力，推动整个城市休闲产业迅速发展。

综合实力驱动模式的前提是城市规模大、休闲资源丰富、人口众多、经济基础好、基础设施和公共服务体系完善，各项资源要素整合形成合力，对城市休闲产业发展产生较强的驱动。这种发展模式的城市通常具备良好资源禀赋，具备发展休闲产业得天独厚的有利条件。一般来讲，国内一线城市较接近综合实力驱动的发展模式。这类城市主要根据城市的休闲需求，依托山水风光、风景名胜、人文历史、体育娱乐等资源，提供特色鲜明、主题突出的城市休闲产品和服务。这种发展模式的重点就是根据自身资源条件，形成有独特风格的休闲产品，大力打造特色休闲产业，以形成休闲产业链，并需要结合周边竞争城市的情况来确定自己的竞争优势和休闲产业定位。根据休闲资源的不同，城市可以根据不同的休闲产品组合，形成城市旅游休闲、城市人文休闲、城市娱乐休闲、运动休闲等不同的产业定位。例如，香港以独特的城市文化生活为核心产品给消费者提供不一样的城市人文休闲体验；澳门以博彩业闻名，提供以博彩活动和服务为主的城市娱乐休闲体验。总而言之，综合实力驱动模式的城市要利用良好的经济基础和人口条件，大力开发高端休闲产品，形成独特的产业定位来提高市场的吸引力。

上海属于综合实力驱动发展模式，人口众多，经济基础好，基础设施和公共服务体系完善，科技文化发展水平较高，各项资源要素整合形成强劲合力，推动休闲产业的创新发展。上海社会经济的持续发展为城市休闲产业发展奠定了坚实的基础，居民收入的增加为休闲消费提供了强劲的购买力。至 2015 年年末，全市常住人口为 2415.27

万，排名全国第二；城镇人均可支配收入为4.9867万元，同比增长8.4%。2015年城镇人均消费支出达到3.4784万元，其中，教育文化娱乐支出所占比重为12.0%，城市常住居民恩格尔系数为35%，均远远高于国内平均水平。对上海市民消费结构分析可知，随着人均收入水平的上升，消费支出转向社交、旅游、娱乐等休闲消费，人们在文化娱乐服务方面的实际支出和所占比重都在不断增加。城市经济的发展使市民有很强的消费能力和休闲消费意向，为城市休闲产业发展带来了广阔的市场需求。

5.3.2 经济和人口资源驱动发展模式

经济和人口资源驱动发展模式以城市强有力的经济基础为支撑，大量的人口的集聚、较高的城市经济发展水平和居民消费能力是休闲产业发展的主要驱动力。本书提出经济和人口资源是城市休闲产业发展的核心资源。这两个资源要素通常紧密关联，合力作用明显。城市经济的发展通常会带来人口集聚，人口数量的增加与经济发展带来的人均收入水平的提高都会相应提升休闲消费需求。经济和人口资源驱动发展的前提条件是城市有较强的经济活力和可进入性，通过城市强大的集聚和辐射扩张能力，推动城市与附近区域之间资金、文化、信息等方面的深入交流，从而推动城市会展、商贸、文化、创意、娱乐等休闲相关产业的发展。例如，广东东莞就是典型的经济和人口资源驱动发展模式，自然禀赋条件一般，但是经济的增长、城市人口和资本的高度集聚快速带动了当地休闲产业的发展。

此外，这种模式的城市人口规模大，劳动力供给丰富，第三产业就业人口比重大且素质高。同时，城市居民休闲需求较大，居民受教育程度高，城市人文沉淀积累深厚，城市居民休闲文化理念深入人心。经济和人口资源驱动模式与综合实力驱动模式最大的不同在于城市功能资源和科技文化资源不够充裕，两类资源的反馈强度下降导致经济资源通过城市功能资源和科技文化资源的反馈促进人口资源丰富发展的能力下降，整个资源的体系增长减缓，因此城市资源对休闲产业发展的支撑作用不如综合实力驱动模式。

经济和人口资源驱动发展模式利用经济和人口的双驱动作用较为明显。首先，要有政府层面的政策法律环境的支持。政府需要制定引导和促进城市休闲产业发展的宏观调控政策，完善公共产品供给，优化城市休闲经济的发展环境，以进一步提升城市集聚能力，从而通过经济发展和产业升级来不断满足人们日益提升的休闲需求，推动城市休闲产业的发展。城市可以利用强大的经济实力作为支撑，如在城市内建造主题公园、大型购物中心等人造休闲景观和休闲设施，以丰富城市休闲活动和增强城市的吸引力。因为有强大的经济基础作为保障，通过加大城市基础设施建设投入，尤其是大力提升交通便利性，可提高外部可进入性。政府要给予政策上的支持，加大休闲产业固定资产投资，使产业吸纳更多的劳动力，并使休闲产业劳动力数量和质量合理搭配，以实现资源效率的最大发挥。其次，城市需要利用人口规模优势深入开发休闲市场，倡导积极健康的现代休闲理念，加强城市休闲文化建设，提升城市居民休闲需求水平，从而推动休闲消费。城市要积极挖掘城市的历史人文积淀，将文化底蕴和现代休闲相融合，让文化休闲娱乐理念深深融入城市居民日常生活之中，通过开发高档次的休闲文化聚集区、休闲经济的产出区，倡导多元化的休闲消费，不仅要满足外来游客“吃住行，游娱购”的休闲需求，而且要挖掘本地城市居民的休闲消费潜力。

这类城市通常具有较强的经济辐射能力、发达的休闲经济、较大的城市人口规模、便利的交通可进入性等。天津是较为典型的经济和人口资源驱动发展模式。作为北方经济文化中心之一，天津面临超大城市发展过程中出现的普遍问题，如交通拥挤、住房紧张、三废污染严重、城市绿地面积不足、城市生态环境有待加强。虽然自然资源禀赋贫乏，但是天津的休闲产业极具竞争力，2015年休闲产业产值为2892.36亿元，在20个样本城市中排名第三，仅次于北京、广州。作为北方重要的经济中心、老牌工业城市，天津的经济基础雄厚，2015年全年GDP为16538.19亿元，在全国城市中排名第五，仅次于上海、北京、广州、深圳。近几年，通过产业结构调整，天津的第三产业发展较快。2015年第三产业占GDP比重已超过50.0%，意味着天津的城市经济已经由工业主导转变为服务业主导。强大的城市经济实力使得天津有能力完善城市基础设施和提高可进入性，通过会展经济加强和周围区域的经济文化合作交流，产生辐射扩张效应。天津独特的区位和经济优势形成人口的积聚效应，外来人口的不断涌入拉动了人口规模的增长。截至2015年年末，天津市常住人口为1546.95万，其中外来人口为500.35万，占常住人口增量的80.2%。全市就业人口总量为896.80万人，第三产业就业人口占总就业人口比重为57.0%[①]。人口数量大意味着劳动力资源丰富，这是影响劳动密集型产业发展的重要因素。天津较大的人口规模给休闲产业发展提供了充裕的劳动力。除人口数量外，人口素质和消费习惯也直接影响人们的休闲需求。天津城市居民的休闲消费理念普及，城市休闲文化氛围浓厚，泡茶馆、听相声、看戏、赏文玩是当地人民文化休闲生活的重要组成部分。休闲文化带动区域经济的发展效应逐渐显现。

休闲经济是城市经济高度发展的结果，城市经济的发展增强了居民的消费能力，通过刺激本地居民的休闲需求，可带动休闲消费，从而推动休闲产业发展。经济和人口资源驱动发展模式的典型特征就是城市自然资源禀赋贫乏，但经济和人口的集聚效应明显，较高的经济发展水平、浓厚的休闲文化氛围和较强的休闲消费需求共同推动城市休闲产业的发展。

---

① 天津市统计局. 天津统计年鉴[J]. 天津：天津市统计局，2016。

5.3.3 城市功能和科技文化资源驱动发展模式

城市功能和科技文化资源驱动发展模式以良好的城市人居环境、健全的城市基础设施为城市特点，利用科技文化发展的驱动来推动休闲产业的发展。这种发展模式的城市通常以发达的城市交通设施、配套基础服务设施和完善的城市公共服务为保障，以良好的城市休闲氛围吸引外来休闲旅游者。休闲产业发展与现代城市功能优化和提升之间存在互动关系。城市功能是城市综合价值的体现，城市功能的实现程度是城市化水平和城市综合竞争力的高低的体现。城市功能越强，基本设施越完备，公共配套服务越完善，人们的幸福指数越高，人居环境越和谐，城市对外形象越好，经济和人口集聚能力就越强，从而带动休闲消费和促进休闲供给。城市休闲产业的发展程度越高，越能推动城市加快改善交通、加强基础建设和配套公共服务，重视城市形象塑造。同样，科技文化资源的驱动为城市发展带来良好的社会人文环境。城市科技文化发展程度越高，高素质的人口数量越多，休闲需求越旺盛，休闲消费潜力越大。

这种发展模式的前提条件是城市有良好的自然禀赋，城市在环境保护、基础设施建设、环境质量方面大力投入，不断健全城市基础设施、美化城市环境、优化布局，完善城市的休闲功能，能充分满足城市居民居住、休闲和生活需求。同时，城市科教文卫发展程度高，居民受教育程度高，城市人文沉淀积累深厚，第三产业就业人口素质高，城市居民休闲文化理念深入。这种发展模式的城市通常具有较好的城市形象、完善的城市休闲设施、优质的城市休闲服务、良好的人口素质等，利用科技发展来加速城市休闲产业的发展和升级。这种模式的缺点在于城市功能资源和科技文化资源对休闲产业的贡献相对较弱，其直接驱动力不强，需要通过转化为人口资源和经济资源，才能进一步刺激休闲需求或形成休闲供给，最终拉动城市休闲产业发展。

这种发展模式的城市要在城市建设过程中完善城市的休闲功能，提供完备的休闲空间，提供休闲设施和服务，满足外来游人对休闲功能的需求，通过提升城市形象，吸引更多的外来休闲者。城市可以利用自己科技文化资源的优势，推动产业的创新发展。科技创新有助于开发新的休闲产业和服务，以有效满足休闲者个性化、多元化的休闲体验需求，同时可以促进休闲产业结构的高度化和专业化发展。城市可以加大科技文化方面的投入，不断提升城市居民的素质水平。与此同时，要不断开发高品质的休闲产品，来满足高素质休闲人群的休闲需要，挖掘休闲消费潜力；合理利用当地高素质人力资源，进行休闲行业标准化建设，使休闲产品和服务规范标准化，加强休闲产业从业人员的教育培训，提升从业人员的专业水平和服务品质，形成当地独特的休闲服务文化。政府还要重视休闲教育，加强与休闲产业相关的学科建设，依托当地的科研机构和高等院校，建设休闲业专业人才的教育和培训基地。

杭州近年来围绕打造“国际重要的旅游休闲中心”，已经形成有特色的城市品牌，城市配套设施也相当齐全，休闲资源丰富，空间分布与结构合理，休闲娱乐设施齐全。由于交通便利，城市布局合理，配套齐全，杭州成为全国网商集聚中心和“国家电子商务示范城市”，吸引了包括阿里巴巴和网易在内的电子商务行业龙头。城市功能的驱动带来经济集聚效应，从而推动休闲产业的发展。杭州除了拥有丰富的自然和文化休闲资源，科技教育发展水平也比较高。截至2015年，其国家级孵化器数量居全国省会城市第一；全市研究和试验发展（R&D）经费支出占地区生产总值的3%以上，居全国领先水平；较高的教育水平和科技创新能力带动相关高科技产业发展，已经形成国内领先水平的电商行业。2015年杭州信息经济实现增加值2313.85亿元，占全市GDP的23%[①]，其中，电子商务、云计算与大数据、物联网、互联网金融和智慧物流等产业增速明显。

城市功能和科技文化驱动发展模式是由成熟的城市品牌、优美的人居环境、完善公共服务设施产生经济和人口的集聚效应。同时，较高的科技文化发展水平提升了产业的创新能力，推动了休闲产业的创新发展。

5.3.4 资源均衡驱动发展模式

资源均衡驱动模式是指城市的各项资源指标较为平均，在现有休闲资源基础上，科学合理地利用和分配资源，通过城市整体实力的提升，来促进休闲产业的发展。这种模式适用于经济基础和人口资源都较丰裕，城市功能资源也较为齐全，不存在明显的资源短板和突出优势的城市。这类城市其各类城市资源对休闲产业发展的作用比较均衡，都有一定的驱动力，但无特别突出主导因素，因此归纳为资源均衡发展模式。这种发展模式的城市通常为人口规模中等的城市，城市环境条件、经济发展都属于中等水平。

该模式的城市应该注重资源合理的开发和利用，实现休闲产业及经济增长协调发展。城市要结合自身休闲产业的特点，不断挖掘和增强自身的资源优势。城市可以加强城市环境保护、城市环境与景观建设的投入，设计与开发类型多样、特色突出的高品质城市休闲产品，不断提升城市人居环境条件，满足本地居民和外来旅游者日益增长的休闲需求。由于该模式的城市资源比较均衡，特色优势不突出，城市可以通过旅游业+商贸业、文化创意业+旅游、服务业+会展业、体育业+旅游业等组合进行综合发展，来提升产业的发展优势和竞争力。通过政府主导、企业运作、政策支持、居民参与的方式，鼓励休闲产业的创新发展。同时，可以不断完善城市基础设施，提供优质的城市公共产品，提升城市文明水平和城市文化实力，吸引资金和人才进入城市，制

① 杭州市统计局. 杭州市国民经济和社会发展统计公报[R]. 杭州：杭州市统计局，2015。

定鼓励休闲消费、引导休闲需求行为的政策和措施，刺激城市休闲经济的增长。

大连有“东北之窗”“北方明珠”“浪漫之都”之称，具有良好的休闲资源基础，但休闲产业发展水平与杭州、成都等城市相比，还存在一定的差距。大连倚山伴海，是风景优美的海滨城市，旅游休闲资源非常丰富。良好经济发展水平是大连城市休闲产业发展和城市建设的基本保障。大连的各城市资源都较为充足，没有明显的资源短板和特别突出的优势，休闲产业发展的整体形势良好，是较为典型的资源均衡发展模式。大连的旅游休闲环境优越，旅游休闲氛围浓郁；旅游休闲空间布局合理，旅游休闲产品种类丰富齐全，旅游休闲基础设施和服务设施完善。在休闲经济发展的同时，大连的城市生态环境得到了良好的保护，海岛资源被大力开发利用，城市基础设施和公共服务能力不断完善，社会经济发展水平也保持了稳定增长的态势，呈现多种资源与经济全域协调发展的格局。

5.3.5 四种模式的比较分析

1. 资源驱动力的差异

这4种模式分别适应于休闲产业发展的不同阶段，其产业主导资源动力存在较大的差异，如表5-5所示。在休闲产业发展的初级阶段，城市休闲产业发展的动力主要来自内部，来自资源本身，而城市的开放与发展推动城市休闲产业发展的动力由外力与内力的结合与联动共同发挥作用。在城市休闲产业发展早期，资源优势不明显、市场需求不明确，休闲活动受传统文化的影响较大，呈现较强的自发生长特点，很难形成产业。例如，中国传统休闲文化比较盛行的成都、重庆、天津等城市，虽然居民初期的休闲活动比较丰富，但茶馆、杂耍、打麻将等活动更多的是一种文化现象，而不是休闲产业。资源均衡驱动发展模式是在休闲市场没有充分发育的前提下，城市资源较为分散，资源优势不明显，资源主导动力的推动作用不明显。但随着城市功能资源和科技文化资源的发展，如城市路网建设、影院等文化设施的建设，在城市传统的休闲资源丰富的同时，潜在的休闲需求得到更多的激发，以城市周边旅游、周末观影、卡拉OK等为代表的休闲产业快速发展。随着城市经济的发展和人口的进一步集聚，一方面休闲产业的供给能力越来越强，另一方面城市居民的闲暇时间增多，对休闲产品的购买能力也不断增强，休闲产业进入快速发展期，市场经济力量开始发挥主导作用，起着引导休闲投资、开发建设的引导作用。在城市休闲产业发展的稳定期，城市的经济资源、人口资源、科技文化资源和城市功能资源更加丰富，城市休闲产业发展的综合实力更加强劲，逐步推动城市休闲产业跨越区域约束。

表 5-5　城市休闲产业发展模式对比

发展模式	资源均衡驱动	城市功能和科技文化资源驱动	经济与人口资源驱动	综合实力驱动
初始条件	各类资源平均，无突出优势，也无明显短板	有明显的优势资源，也存在一定的短板资源	一定的经济发展水平和人口规模	各类资源均较丰富
资源驱动力	无明显驱动力	高素质人口带来的休闲需求以及城市功能资源带来的休闲供给	经济资源和人口资源的交互，形成合力	4 种资源的交互作用形成合力
启动方式	通过政府主导，选择某一资源重点培育，提升其驱动作用	强化城市休闲功能，规划、设计、维护、传播休闲品牌产品	利用较大的休闲市场需求和较强的休闲市场供给，快速启动	提升城市休闲产业的规模和层次，推动休闲产业与其他产业的融合发展

2. 启动方式的差异

城市休闲产业发展处于起步阶段时，城市的资源优势不够明显，资源均衡发展。这种发展模式的启动主要依靠政府力量，通过城市发展环境评估和城市资源分析，确定某一核心资源优势，直接参与资源的开发和利用，带动城市休闲产业的新一轮发展。城市功能和科技文化资源驱动发展模式适合城市休闲产业具有一定的基础的城市，休闲产业以观光型和娱乐型为主。这种模式的启动需要整合城市社会力量来推动城市休闲发展，以打造城市休闲形象为核心，涵盖城市整体建设与文化建设等辅助驱动力，主要措施是规划、设计、推出与传播城市休闲、品牌形象，推动城市休闲向现代产业转变。这种模式需要强调从城市旅游到城市休闲的转换，也就是城市休闲的发展不能局限于旅游景区的建设，要把城市本身作为一个城市休闲空间的模式与形态来发展，拓宽城市休闲的功能，通过提升城市的功能，提供便捷舒适的公共服务为休闲者的城市游览提供便利，促进城市休闲的升级与优化；推动城市休闲空间的建设，开发多种类型的城市休闲产业和服务，满足人们多种休闲需求，同时也推动城市综合配套设施的不断完善。经济和人口资源驱动模式比较适合城市经济发展具有一定基础、城市人口有一定规模的城市，实质上是通过城市经济发展水平和对外交流推进城市休闲产业的发展。经济活动对城市的综合带动性强，可直接促进城市以旅游业、文化娱乐为主体的第三产业发展。尤其当城市的传统自然人文资源较为匮乏时，就需要另辟蹊径，对应城市特征开发，借助社会与商业资本的力量发展休闲产业，以现代休闲服务业作为突破口，利用较大的休闲市场需求和较强的休闲市场供给，实现快速启动。综合实力驱动模式适应于城市国际化程度高、城市人文素养高、城市配套设施完善的城市，在这种条件下，以城市的综合发展，如城市环境、城市经济和城市文化作为驱动力，提升城市休闲产业的规模和层次，推动休闲产业与其他产业的融合发展。

5.4 城市资源视角下城市休闲产业发展模式的路径选择

5.4.1 基本规律

不同城市的历史条件不同，经济发展水平不同，城市资源状况不同，导致休闲产业发展模式也不尽相同，因此没有一种固定的发展模式适合每一个城市。城市在面临发展模式选择时，通常遵循以下的规律和特点。

1. 地域依赖性

不论何种发展模式都应当适合城市发展环境。由于不同城市资源条件的不同，城市发展休闲产业的起始条件、产业类型选择、发展路径都不相同，一个城市休闲产业发展模式的选择，有他自身的发展规律和机制，并且存在较强的地域依赖性。

2. 动态变化性

所有的发展模式，都是在城市在一定的发展环境条件下产业发展的具体方式。城市的发展是一个动态的过程，随着城市的发展，城市资源会发生变化，消费者的需求也在不断变化，外部约束条件的变化决定了产业发展模式不可能是固定不变的，因此要求产业发展模式能够动态调整，及时根据城市的发展和消费者需求的变化而发生转化以适应这种变化。

3. 阶段适应性

阶段性是城市休闲发展动力模式的时间属性。模式的形成是城市中各种资源因素相互作用的结果，随着城市社会经济的发展，这些资源要素也会不断发生变化，其结果必然导致发展模式在目标与内容、结构与功能等方面发生相应的变化，从而呈现一定的阶段性特点。不同的发展模式适合于城市休闲产业不同的发展阶段。不同的休闲产业发展阶段，都可以利用不同的主导资源来合理配置动力资源，促进城市休闲产业快速良性发展。

4. 应用差异性

由于中国区域经济发展不平衡，不同区域城市的经济、人口、社会与文化条件不尽相同，对应的城市休闲产业发展状况也千差万别。城市发展的变化性和城市类型的多样性带来城市休闲产业发展模式应用具有明显的差异性。具体的城市需要根据该城市的资源特点、休闲市场需求和供给情况，分析其资源系统中的主导因素和优势条件，选择以主导资源动力为基础的城市休闲产业发展模式。

5.4.2　路径选择

本章提出 4 种城市休闲产业发展模式的路径选择，如表 5-6 所示。城市资源形成的合力作用跟具体的城市有关系，每个城市拥有的资源是不一样的。城市主体对于休闲产业的模式选择首先要对自身拥有的资源分析，识别各种资源的效用，以及明确自身的优势资源和劣势资源。若城市的规模大，人口众多，经济基础好，基础设施和公共服务体系完善，各项资源要素条件整体都比较丰裕和充足，对城市休闲产业发展形成较强的整体驱动，这类城市就属于综合实力驱动发展模式。很多一线发达城市都属于这一类型。若城市具有强有力的经济基础和大量的人口集聚，同时城市居民休闲需求较大，居民受教育程度高，城市人文沉淀积累深厚，这类城市就可以选择经济和人口资源驱动发展模式，能依靠较高的城市经济发展水平和居民消费能力推动休闲产业的发展。若城市具有良好的城市人居环境、健全的城市基础设施、较高的科技文化发展水平和良好的社会人文环境，这类城市就可以选择城市功能资源和科技文化驱动发展模式。若城市各项资源条件都较平均，不存在明显的资源短板和突出优势，这类城市就可以选择资源均衡发展模式。

表 5-6　城市休闲产业发展模式的路径选择

城市资源特征				主导影响因素	发展模式选择
经济资源	人口资源	城市功能资源	科技文化资源		
丰裕	丰裕	丰裕	丰裕	经济资源、人口资源和其他资源等综合实力强	综合实力驱动模式
丰裕或充足	丰裕或充足	充足或一般	充足或一般	拥有丰裕的经济资源和人口资源	经济和人口资源驱动模式
充足或一般	充足或一般	丰裕或充足	丰裕或充足	拥有丰富的城市功能资源和科技文化资源	城市功能和科技文化资源驱动模式
充足或一般	充足或一般	充足或一般	充足或一般	各类资源较为平均，既无特别突出的优势，也无显著短板	资源均衡驱动模式

发展模式的选择取决于不同时期城市资源利用与开发及资源主导动力。城市的发展是动态的一个过程，随着城市的发展，城市资源动力会发生变化，消费者的需求是在不断变化的。虽然把发展模式划分为4 种模式，但并不是说这些模式能代表所有城市休闲产业发展的模式。城市休闲产业在模式的选择上要注意对自身状态和核心资源能力的正确分析。这就需要各城市根据自身的资源条件来选择休闲产业发展模式，而不要拘泥于一种模式，通过整合优势资源，扬长避短，及时根据城市的发展和市场需求

的变化进行战略选择。

5.4.3 发展趋势

城市休闲产业发展模式是城市休闲产业发展过程中的一个自发的演进过程。城市休闲产业发展模式不是一成不变的，随着时代的演进，城市休闲产业发展所倚重的资源驱动发展模式也在不断更替，与休闲产业所处的阶段相适应，如表 5-7 所示。不同城市通常需要根据核心资源能力强弱采取相应的驱动发展模式。

表 5-7 城市休闲产业发展模式发展趋势

发展模式	资源均衡驱动	城市功能和科技文化资源驱动	经济和人口资源驱动	综合实力驱动
主要优势	选择路径比较丰富	推动城市发展高端休闲产业，有助于塑造城市特色休闲品牌	按照休闲需求和供给规律，满足城市自有人口和外来人口的休闲需求	促进城市休闲产业全局发展，推动城市休闲产业逐步成为城市的主要增长动力之一
存在问题	资源驱动力较弱，比较依赖政府推动	城市形象向休闲产业的转化建设难度大	市场可能的过度竞争风险带来的休闲产业无序发展	产业发展到一定程度后，可能存在可持续发展的问题
发展趋势	起步慢，如不能向其他 3 种模式转化，则发展的持续性较弱	打造特色化、高端化的城市休闲品牌	随着经济的发展，城市功能和科技文化资源驱动模式将与经济资源、人口资源逐步配套，转向综合驱动	4 种资源与休闲产业良性互动，内生增长，推动休闲产业向体系化、国际化、高端化发展

资源均衡驱动发展模式的资源驱动力较弱，起步慢，如不能向其他 3 种模式转化，则比较依赖政府推动，发展的持续性较弱。城市功能和科技文化资源驱动发展模式存在的问题是城市形象向休闲产业的转化建设难度较大。城市管理者要善于利用和发现社会文化资源，并根据城市文化发展方向深度挖掘城市文化特色体验，通过创意性的整合与创新，增强城市休闲功能。以城市为点状依托向周边辐射，延长休闲者在城市中的停留时间，打造特色化、高端化的城市休闲品牌。部分城市的休闲产业也朝着与其他服务业相结合的方式发展，如与医疗相结合的度假式体检，与教育相结合的各类体验式旅游，使得休闲产业逐步成为高附加值产业。经济和人口资源驱动模式依托雄厚的城市经济基础，通过发展商贸活动带动城市整体休闲消费，使得城市休闲产业朝现代化和商业化的路径发展。这种模式可能存在市场可能的过度竞争风险。随着经济的发展，城市功能和科技文化资源驱动模式将与经济资源、人口资源逐步配套，转向综合驱动4 种资源与休闲产业的良性互动，内生增长，推动休闲产业向体系化、国际化、高端化发展。综合实力驱动发展模式意味着城市休闲进入高级阶段，是城市一体化协

作发展，社会联动合作促进城市全局发展，推动城市向国际化、全方位发展。

5.5　本章小结

城市休闲产业发展模式是城市休闲产业在城市资源约束环境下发展的总体方式，是在各种资源要素作用下对城市休闲产业发展形式的高度概括，体现了城市休闲产业的发展方向和总体特征。本章用聚类分析方法，对 20 个样本城市进行聚类分析，将样本城市分为5 类，第一类包括北京、上海；第二类包括天津、广州、成都、青岛；第三类包括杭州、深圳；第四类包括宁波、大连、珠海、东莞、佛山、中山；第五类包括威海、泉州、惠州、肇庆和江门。运用本书提出的城市资源评价指标体系对这5 类城市的城市资源进行评价，根据各个资源的得分进行排序，归纳其城市资源特征。

根据聚类分析的结果，分析这些样本城市的资源组合的特征规律，进而识别资源视角下城市休闲产业发展的不同模式。通过对比分析，本章提出了综合实力发展模式、经济和人口资源发展模式、城市功能和科技文化资源发展模式和资源均衡发展模式 4 种产业发展模式。4 种模式各有特点，综合实力发展模式的各类城市资源都较为丰裕，资源优势较为突出，各种资源相互作用形成合力，推动休闲产业快速、优质发展；经济和人口资源发展模式是以城市强有力的经济基础为支撑，依靠较高的城市经济发展水平和较大的人口规模和第三产业就业人口作为产业发展的主要动力源；城市功能和科技文化资源发展模式是以良好的城市人居环境、健全的基础设施和公共服务为特点，同时利用科技文化发展的驱动来推动休闲产业的发展；资源均衡发展模式是指城市各项资源都较为平均，既无特别突出的资源优势，又无明显资源短板，通过现有资源的合理利用达到资源和经济的协调发展。通过对4 种模式的比较分析，可知发展模式的选择取决于不同时期城市资源的利用与开放及资源主导动力。这就需要各城市根据自身的资源条件来选择产业发展模式，而不要拘泥于一种模式，应及时根据城市的发展和市场需求的变化进行战略路径选择。

第 6 章　珠海城市休闲产业发展模式案例研究

6.1　珠海城市休闲产业发展概况

2015 年《中国（广东）自由贸易试验区总体方案》中提出将珠海横琴新区建设成为“国际商务服务休闲旅游基地”。由此，珠海被赋予了重点发展旅游、休闲、健康等产业的使命。粤港澳大桥的开通、粤港澳大湾区的建设都给珠海城市休闲产业发展带来巨大的优势与发展机遇。

城市休闲产业作为一个新兴产业，不仅满足了珠海居民和外来游客个性化、多元化的休闲需求，而且促进了城市公共服务水平的提升和人们生活品质的提升。同时，释放了城市居民休闲消费潜力，增强了城市的经济实力。随着珠海城市经济发展水平的提升，居民收入的增加，以旅游业为首的旅游、文化娱乐、体育健身等相关服务业都持续增长，初具规模，相关统计数据如图 6-1 所示，过去十余年间珠海市城市休闲业发展势头良好。休闲产业产值从 2005 年的 119.5 亿元增长到 2015 年的 284.6 亿元，呈稳步上升态势，尤其是 2009 年以后实现了飞跃性增长。分产业来看，旅游产业增长迅速，总收入从 2005 年的 115.95 亿元增长到 2015 年的 277.32 亿元，在休闲产业中占强势主导地位。2015 年珠海旅游业产值居广东省第三，仅次于广州和深圳。珠海的文化娱乐、体育休闲等产业也在逐年增长，由 2005 年的 3.55 亿元增长到 2015 年的 7.28 亿元，但总体在休闲产业中比重很小，产业地位不明显。

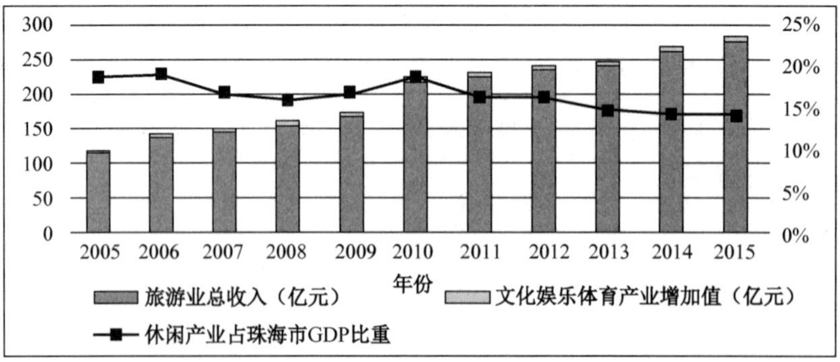

图 6-1　2005—2015 年珠海休闲产业发展概况

数据来源：根据中国城市年鉴相关数据整理。

6.1.1　珠海旅游业发展现状

1. 旅游接待能力逐步增强

珠海一直以来以优美的城市宜居环境为大众所熟知。珠海的特点在于整体城市景观，而知名旅游景点并不多。2005 年珠海只有1 个国家 3A 级以上旅游景点，2015 年增加到4 个。珠海的旅游资源不是名胜古迹，而是海岛、温泉等综合性度假景区。近年来，随着温泉度假、海岛游的兴起，斗门乡村旅游的发展，特别是 2014 年珠海长隆海洋主题度假区开业，珠海已逐步实现从观光旅游城市向休闲旅游城市转变。

近年来，珠海的旅游接待能力在逐步增强。据网络数据，2016 年珠海挂牌五星级酒店有 10 家，位居广东省第 4 位，在东莞、广州、深圳之后。2015 年珠海各主要旅游景点共接待游客 2003.61 万人次，比 2014 年增长 22.5%。旅行社组团国内游 94.69 万人次，比 2014 年增长 2.3%；出境游 40.97 万，比 2014 年增长 6.3%①。图 6-2 显示了从 2005—2015 年珠海接待游客总量的变化，可以看出珠海接待国内国外游客逐年增加，尤其是国内游客数增长速度很快。2005 年接待国内游客 467.29 万人次，2015 年增长到 3121.47 万人次②，说明近年来珠海通过城市文化建设和打造良好的城市品牌形象，国内影响力日益提升，旅游接待能力在逐步增强。

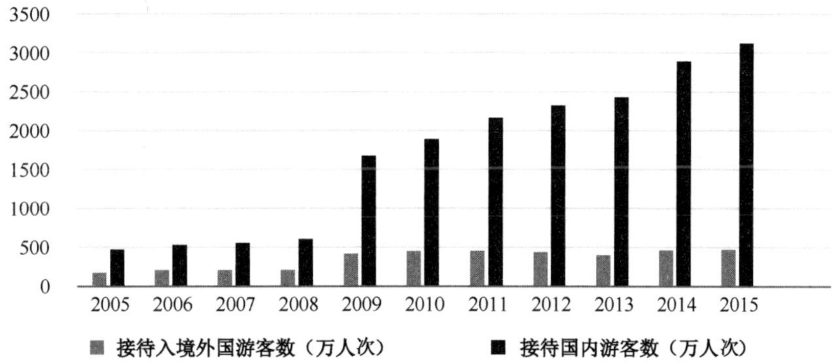

图 6-2　2005—2015 年珠海接待游客数

数据来源：中国城市统计年鉴（2006—2016 年）。

2. 旅游业收入大幅增加

从图6-3 所示，珠海旅游业收入逐步增加，国内市场的增长更为明显。珠海国内旅游收入从 2005 年的 58 亿元增长到 2015 年的 217.9 亿元。从国际市场来看，国际旅游外汇收入呈上升趋势，2010 年成为拐点，2011—2013 年持续下降，到 2014 才缓步回升。

① 2015 年珠海市国民经济和社会发展统计公报。

② 中国城市统计年鉴. 2006—2016 年。

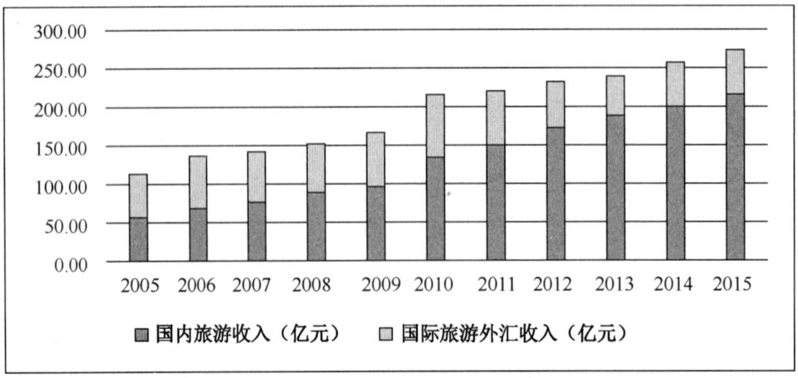

图 6-3 2005—2015 年珠海市国内和国际旅游收入

数据来源：中国城市统计年鉴（2006—2016 年）。

旅游业的发展与经济环境密切相关。2011 年以来国际经济环境为发达经济体失业率居高不下、欧债危机加剧，新兴经济体通货膨胀压力增大，在这种复杂国际经济背景下，国外旅游者人数和海外旅游收入锐减，但是同期国内经济内生动力较强，虽然经济增速放缓，但仍保持每年较快地持续增长，给国内休闲旅游业带来良好的经济环境。

3. 旅游业占 GDP 比重下降

虽然珠海旅游总收入逐年稳步增加，但旅游业在 GDP 中所占比重由 2005 年的 18.27%下降到 2015 年的 13.69%，在第三产业中所占比重也由 2008 年的 40.7%下降到 2015 年的 28.52%，如图 6-4 所示。这一方面是因为珠海近年来利用后发优势，GDP 持续快速增长，尤其是房地产行业发展速度较快，因此旅游业在 GDP 中的相对占比下降；另一方面是因为珠海第三产业中的其他服务行业也在迅速发展，导致旅游业在第三产业中的相对占比下降。

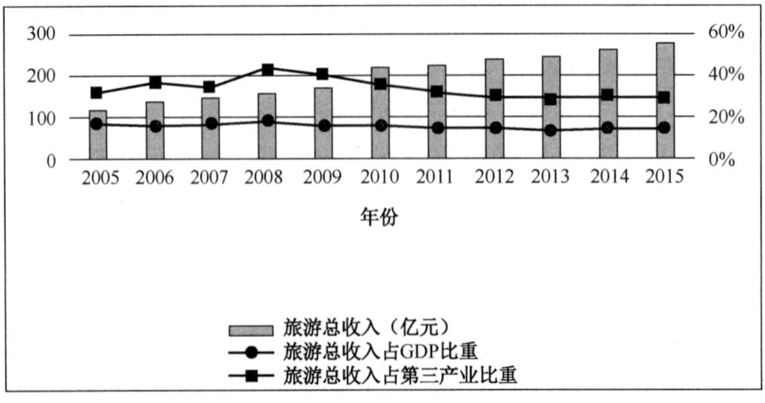

图 6-4 2005—2015 年珠海市旅游总收入、旅游收入占第三产业、GDP 的比重

数据来源：中国城市统计年鉴（2006—2016 年）。

6.1.2　珠海文化休闲产业发展现状

1. 产值稳步增长，实力缓慢增强

由于统计口径的不同，《珠海年鉴》中的文化产业产值和《珠海统计年鉴》中文化体育娱乐业产值的统计数据存在差异，所以本书不细究文化产业产值的绝对数值。由于近几年文化产业数据的缺失，只能获得《珠海年鉴》2003—2012 年间的数据。从图 6-5 可以明显看出近年来珠海文化产业产值增速明显，呈稳步增长的态势，说明产业实力在逐步增强。根据文化产业一直呈现上升的趋势来看，2011 至 2012 年的比重下降有可能是因为珠海第三产业产值上升速度较快，其他产业占第三产业的比重上升，导致文化产业相对占比略有下降。

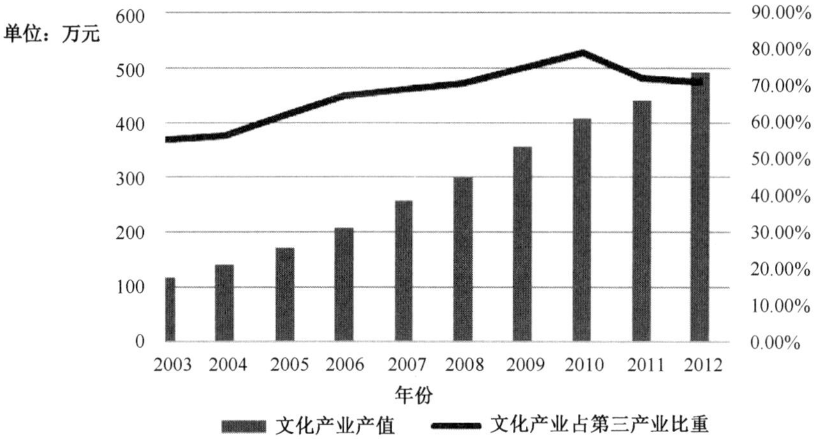

图 6-5　2003—2012 年文化产业产值占第三产业比重

数据来源：根据《珠海年鉴》（2003—2012 年）数据整理。

2. 初步形成了较具规模和发展潜力的优势产业

珠海在“文化+科技”上有较好的发展基础，目前已形成了传统制版印刷、光盘生产复制、软件开发、网游开发、动漫设计、卡通制作、数码合成、艺术创作及加工等产业体系。目前，珠海有 5 家文化创意产业园区，金山网游、传奇动画、网易达手游、天空动漫、火车头设计等一批在业内有影响力的文化企业在珠海落户。珠海比邻港澳，有发展文化产业得天独厚的区位优势。近年来，珠海以国际航展、游艇展等为龙头的文化会展产业也取得了长足发展。珠海优越的城市环境、相对完善的公共文化设施、便利的城际交通网络非常适合发展文化（创意）产业。

3. 相对完善的公共文化设施

珠海近年来大力推动城市文化建设，营造良好的城市文化氛围，建成珠海歌剧院、城市规划馆等一批城市公共文化设施。珠海市文化产业机构总数从 2003 年的 13 所增

加到2014年的21所；公共图书馆的数量虽然没有太大的变化，但是藏书量从2003年的32万册上升到了2014年的334万册；文化馆的数量则是从2003年的2所增加到2014年的4所[①]。

随着珠海市的艺术表演场馆及艺术表演团体的增加，珠海人民对于文化艺术表演更加重视，演出观众人数从2003年的98万人上升到了2014年的240万人。而且2015年后，随着一批标志性的文化设施，如珠海国际博览中心、珠海大剧院、华发演出中心等相继投入使用，珠海的休闲文化产业有了一个较大的跨越式发展。

4. 成功打造城市特色文化活动品牌

珠海在逐步完善公共文化设施建设的同时，积极打造市级群众文化品牌活动。目前有一定影响力的市级文化活动品牌包括珠海沙滩音乐节、北山文化节、滨海之声音乐会等。珠海各区也因地制宜地打造各具特色的群众文化品牌，包括金湾区的航空艺术节、斗门区的水上婚嫁、唐家湾的会同美食节等特色文化活动，丰富了市区群众的文化生活。

6.1.3 珠海体育休闲产业发展现状

虽然珠海体育休闲产业起步较晚，但从总体上看发展势头良好。由于缺少最新的统计数据，不能直观地看到最近几年珠海休闲体育产业发展状况，根据观察可见，近几年珠海体育场馆设施不断增多和完善，大型体育竞技赛事日益丰富，居民社区体育文化活动氛围日益浓厚。

1. 公共体育设施日益完备，市民体育休闲生活日益丰富

体育产业发展不仅可以获得明显的经济效益，而且可以带来良好的社会效益。从珠海市服务设施供给情况来看，截至2015年，全市拥有各类健美操、健身、高尔夫球、网球、壁球、游泳等健身娱乐场所及俱乐部共计400多家，且高中低档次划分明确，在数量上也逐年递增。根据《珠海统计年鉴》数据，2007—2016年珠海市体育场馆数总体由8个增加至175个[②]。尤其是珠海主城区香洲区，自2010年以来，强力推进社区体育公园建设，建设了一大批免费开放的健康步道、骑行道、篮球场、网球场等公共体育设施，极大丰富了珠海市民的体育休闲生活。珠海不断推动文体惠民工程，通过举办市青少年学生年度体育竞赛、“容国团杯”乒乓球比赛、群众体育展演大会、市民健身运动会、美丽横琴自行车骑行活动等推动文体活动进入校园和社区。

---

① 珠海统计局. 珠海统计年鉴，2004—2015年。

② 珠海统计局. 珠海统计年鉴，2008—2017年。

2. 体彩业发展势头迅猛

体育彩票（以下简称“体彩”）是体育休闲产业重要的组成部分，为休闲体育业带来了巨大的经济效益。体彩自 1996 年发行以来销售额逐年增加，广东省体彩发行量历来居全国首位。2003 年珠海体彩销售额为 0.6 亿元，2016 年超过 3.48 亿元，其间仅 2012 年为 1.92 亿元，略有下降，整体呈现稳步上升趋势[①]。珠海居民对体彩、休闲体育的关注参与度在不断提高，为休闲体育产业规模的扩大和产业的结构优化提供了资金保障。

3. 体育竞赛表演产业初具规模

珠海体育竞赛表演行业初具规模，有巨大的发展空间。珠海组织、承办了数量极多、规模大小不一的体育竞赛表演活动。据不完全统计，仅 2016 年下半年体育竞赛表演活动就有 46 场。其中，国际大型体育赛事包括 2016 珠海环中国国际公路自行车赛（珠海站）、2016 珠海 WTA（国际女子网球联盟）超级精英赛、2016 帆船锦标赛、2016 国际围棋嘉年华等。目前，珠海有国际标准的高尔夫球场、国际赛车场、国际博览中心、国际网球中心、珠海体育中心等承办国际体育赛事的场馆。

体育竞赛表演行业的发展为珠海体育产业乃至第三产业的发展注入新动力，对丰富市民精神文化生活，凝聚城市发展“精神”也有重要意义。珠海属于亚热带气候，常年温暖，空气质量好，适合常年开展体育活动，具备大力发展体育竞赛行业的优势条件。珠海的体育产业可以承办国际体育赛事为切入口，大力发展体育竞技表演产业。体育产业具有资源消耗低、附加值高的特点，无疑符合珠海发展高端服务业的方向，对促进产业的转型升级具有重要意义。

6.1.4　珠海娱乐休闲产业发展现状

1. 电影行业快速发展

电影行业是休闲娱乐的龙头行业之一。电影产业能加强与其他文化产业间的融合，观看电影已经成为时下大众闲暇时的热门选择之一。近年来珠海在中国电影市场中保持高速增长态势，从电影设施供给情况来看，影剧院数从 2010 年的 6 家增加至 2015 的 21 家；从观影人次来看，2015 年影院观影人次达到 548.3 万，比 2014 年增长了 210 万。2015 年票房收入达到 1.8 亿元[②]。在全国电影业较低迷的状态下，珠海票房收入递增明显，85 后到 90 后成为电影观众的主流群体。珠海近几年大力发展教育文化产业，

---

① 国家统计局. 中国城市统计年鉴，2004—2017 年。

② 国家统计局. 中国城市统计年鉴，2011—2016 年。

推动大学教育园区的建设。珠海每万人大学生数量远远高于广东省的其他城市，而 90 后的大学生正是电影行业的主要消费群体。

2. 休闲娱乐服务业规模较小

截至 2014 年，珠海市休闲娱乐行业中规模以上服务业企业共有 17 家，数量较少，资产总计为 6.5 亿元，占全市资产总计的 0.22%，占比很小。这些数据都说明珠海休闲娱乐行业规模以上服务业企业较少，市场不成熟，没有形成产业规模，竞争力较弱。

3. 发展潜力大

按照广东自贸试验区的总体建设方案，珠海横琴将成为国际旅游休闲服务基地，重点发展旅游休闲、体育娱乐、商务金融等服务业。目前，多个投资百亿元以上的旅游休闲和文化创意项目已经在横琴落户。珠海比邻“世界娱乐之都”澳门，维护港澳地区的长期繁荣稳定，促进产业适度多元化发展是横琴新区建设的重要使命。国家政策允许港澳资金在横琴新区建国际学校、经营娱乐业。随着港珠澳经济一体化的加强和横琴旅游休闲项目的建设，珠海具有发展娱乐产业的巨大潜力。

6.2 珠海城市资源评价分析

6.2.1 自然资源评价

根据本书提出的城市资源的指标评价体系，对 20 个样本城市的自然资源指标得分进行排序，珠海的自然资源得分位居第二。

珠海的自然条件十分优越，水资源充裕，植被茂密，生态环境优美。截至 2015 年年底，珠海城市绿化覆盖率为 57.19%，人均绿地面积为 16.19 平方米，居广东省前列。2015 年珠海市被授予“国家森林城市”称号。在每年的全国城市空气质量排名中珠海都名列前茅。珠海市素有“百岛之市”之称，从自然资源条件来看，是珠三角中海洋面积最大、岛屿最多、海岸线最长的城市。作为新兴城市，早在建市之初，珠海在城市规划建设方面就始终坚持环境保护优先，并始终贯穿于每一轮城市规划中，使珠海的城市与山海有机融合，形成了独特的城市海滨生态景观。珠海以整体城市景观为特色，被评为“全国旅游城市”和“国家生态园林城市”。

珠海一直重视城市生态环境的保护，产业结构也以高端制造业、技术产业和服务业等对城市生态环境影响较小的产业为主。因此，珠海空气质量优良，是首批“全国生态文明建设试点城市”之一。珠海始终坚持“生态优先”的发展理念，将“宜居”作为城市发展定位。2015 年的《中国宜居城市研究报告》中，珠海宜居指数在全国排名第七。2015 年 8 月，中国社会科学院城市与竞争力研究中心发布全国宜居城市竞争力排名，珠海排名第一。目前，珠海是珠三角生态环境最好、土地开发强度最小、低端产业集聚最少的城市之一。从自然资源来看，珠海具备发展城市休闲产业良好的基础。

6.2.2 人口资源评价

根据本书提出的城市资源的指标评价体系，对 20 个样本城市的人口资源指标得分进行排序，珠海的人口资源评估得分在样本城市中居后位。

珠海人口资源得分排名靠后，主要是因为人口总量少，是广东省人口规模最小的城市之一。《2016 年珠海市国民经济和社会发展统计公报》显示，2015 年年末珠海市常住人口为 163.41 万，全市户籍人口为 112.45 万。珠海作为新兴城市，人口少，商业环境不太活跃，是珠三角城市中人口最少的城市。从人口年龄构成看，2015 年珠海市户籍人口中 60 周岁以上老年人占 12.7%[①]。按联合国的标准，60 岁以上人口占总人口 10%，或者 65 周岁以上人口占总人口 7%，标志着进入老龄化社会。珠海的人口数据显示珠海城市老龄化程度已超过我国城市的平均水平。从表面上来看，人口老龄化会影响休闲产业的劳动力市场的供给和休闲消费需求，但同时也应看到老年群体是一个特殊的群体，尤其是经济发展水平较高地区的老年人，既有钱又有闲，可形成未来休闲产业最大的潜在市场。在欧美发达国家，老年人是旅游休闲产业的主要目标消费者。随着年龄的增长，老年人的身体机能逐渐退化，依赖社会公共服务的强度加大，闲暇需求也相应地增加。不同年龄群体对休闲产品和服务的需求存在巨大差异，人口老龄化趋势将对珠海城市休闲产业的发展方向和布局产生重要影响。

虽然珠海人口整体基数偏小，但是改革开放以来，聚集了大量的外地劳动力人口。根据 2013 年中国社会科学院发布的《中国城市竞争力报告》，珠海净流入人口占总人口30%以上，被评为强势包容城市。当社会经济发展到一定阶段后，人们更注重生活品质及休闲生活的追求。随着环境污染问题日益严重，城市的生态环境和宜居性成为人口集聚的吸引力。珠海良好的生态环境和休闲的城市生活日益受到高端人才和优质企业的青睐，成为吸引外部人才资源的优势所在。随着港珠澳大桥建成、横琴自贸区和粤港澳大湾的建设，珠海面临巨大的发展机遇和前景。外部人才的不断输入，给珠海休闲产业发展提供了优质的人力资源，极大地促进了产业的快速发展。

---

① 珠海统计局. 珠海市国民经济和社会发展统计公报，2016 年。

6.2.3 经济资源评价

根据本书提出的城市资源的指标评价体系，对 20 个样本城市的经济资源指标得分进行排序，珠海的经济资源评估得分在样本城市中位居第九。

经济资源是城市休闲产业发展重要的资源要素，直接决定人们对休闲产品和服务的消费能力。《珠海统计年鉴》数据显示，2015 年珠海地区生产总值跃升到 2038 亿元，人均 GDP 是广东省平均水平的 1.8 倍，仅次于的深圳和广州，位居广东省第三。珠海一直坚持“生态优先”的发展理念，以发展对环境影响较小的产业为主，城市工业基础较为薄弱，导致城市经济总体规模较小。2015 年珠海 GDP 总量仍然处于珠三角地区倒数第二位，仅比肇庆略高。在固定资产投资和工业经济相对快速增长的情况下，珠海休闲产业发展速度受限于珠海经济的总体发展。

如图 6-6 所示，珠海市城镇居民收支状况基本保持平稳增长，人均可支配收入大幅度提高。截至 2015 年，城镇常住居民人均可支配收入为 38 322.0 元，比上年增长 8.6%；城镇常住居民人均消费性支出为 28 741.5 元，增长 7.9%[①]。随着居民收入增加，消费理念也发生了变化。如图 6-7 所示，珠海城镇居民消费支出中的教育文化娱乐支出比重不断增加，连续增长幅度尤为明显。2015 年教育文化娱乐支出占消费支出比重达到 14.1%。这些数据说明珠海城市居民生活逐步富裕起来，居民的消费结构发生变化，人们越来越注重精神层面的休闲消费，休闲消费能力大幅增长。

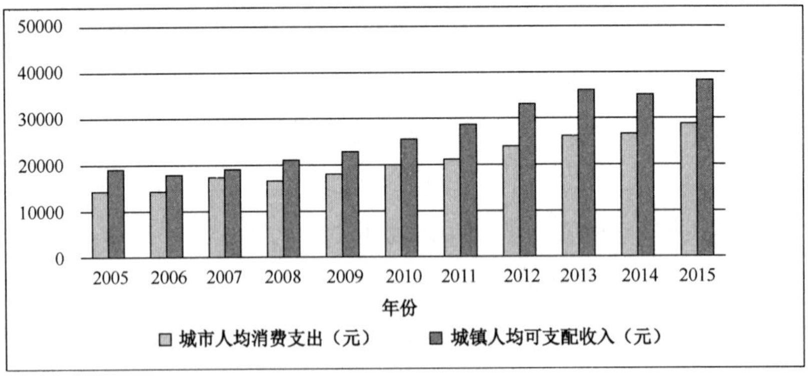

图 6-6 2005—2015 年珠海市城镇人均可支配收入、城镇人均消费支出

数据来源：根据《珠海统计年鉴》（2005—2016 年）整理。

产业发展还需要外部资本带动。近年来，珠海依靠重点项目带动及粤港澳大湾区和港珠澳大桥带来的房地产投资的推动，2011—2016 年固定资产投资连续增长，排名一直高居珠三角首位。2015 年，珠海市固定资产投资为 1305.14 亿元，同比增长 15.0%。分行业看，2015 年珠海文化娱乐体育产业固定资产投资为 26.9 亿元，比 2014 年增长 113.4%，占地均固定资产投资的 1.69%，远远大于同年广州的 0.97%、深圳 0.55%。2015

年珠海实际吸收外商直接投资 21.78 亿美元，增速较快，同比增长 12.8%。2014 年珠海第三产业占 GDP 比重为 47.4%，2015 年增长到 48%。其中，现代服务业增加值增长 10.1%，占 GDP 的 27.8 %①。

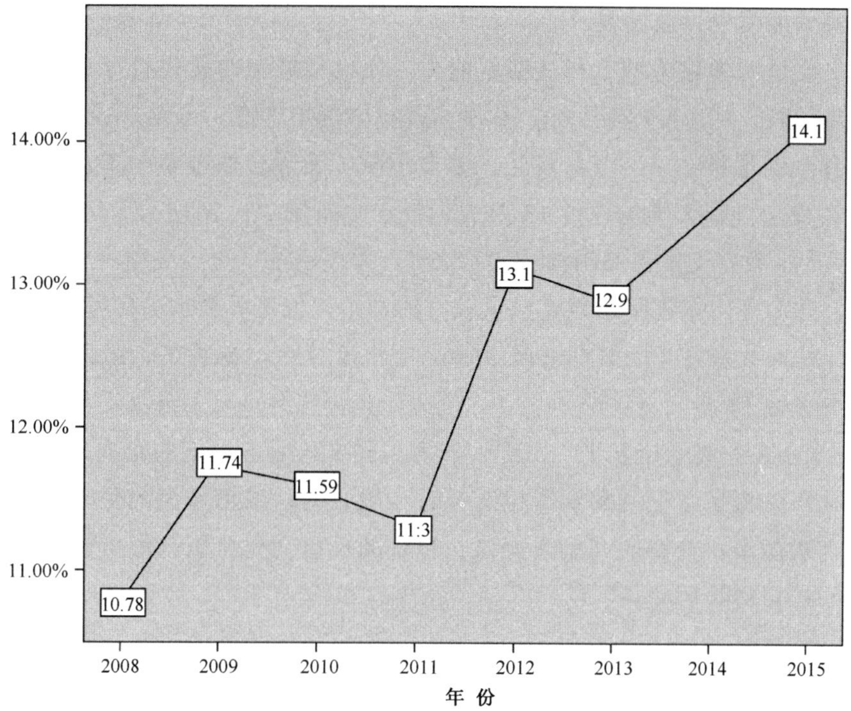

图 6-7　教育文化娱乐消费占消费支出比重

数据来源：根据《珠海城市年鉴》（2005—2015 年）数据整理。

珠海市近年来的经济发展趋势良好，产业结构逐步优化，为城市休闲产业发展提供了良好的经济基础。同时，珠海第三产业占 GDP 比重、固定资产投资，尤其是文化娱乐产业固定资产投资和利用外资额的大幅增加是珠海城市休闲产业发展强劲的助动力。

6.2.4　科技文化资源评价

根据本书提出的城市资源的指标评价体系，对 20 个样本城市的科技文化资源指标得分进行排序，珠海科技文化资源评估得分在样本城市中位居第一。

科技文化资源主要指促进城市休闲产业发展的科技创新能力和知识存量。科技创新可以降低产业发展成本，提高产业发展质量和效率。截至 2015 年，珠海市科技从业人员人数占就业人数的比重为 1.15%，研发支出占 GDP 的比重为 2.08%，在珠三角城

① 珠海统计局. 珠海市国民经济和社会发展统计公报[R]. 珠海：珠海统计局，2015。

市中居中上水平。高新技术企业占规模以上工业企业比重为35.1%，总产值占54.7%，占比居广东省前三①。在2016年广东省社会科学院发布的中国城市创新指数中，珠海位居第八。这些数据都表明近年来珠海的城市科技创新能力迅速提升，创新要素和科研人才的集聚能力也日益增强。

科技文化资源中除了城市科技创新能力，还包括城市的文化教育水平。珠海的高等教育起步较晚，从1999年至今，10所高校相继落户珠海，已经形成了专、本、硕、博等较为齐全的学科体系，兼具校区、独立学院、国际合作办学等多元办学模式。目前，珠海在校全日制大学生超过13万人，位居全省第二。2015年珠海每万人大学生数为813.9人，教育支出占GDP比重为2.6%，大大超过广州、深圳。从教育文化资源方面来看，珠海是广东省基础教育质量较好的城市，也是教育均衡化程度较高的城市。

目前，珠海共有各类公共图书馆3个，文化馆4个，博物馆、纪念馆2个、美术馆1个，电影城34座，文化站24个②。按此计算，珠海每万人公共文化设施面积约为1 679平方米，大大高于全省平均水平。珠海居民文化服务设施的完善，为居民自主参与公共文化活动提供了便利和多样化选择。一般认为，城市居民的受教育程度越高，休闲消费需求越多。珠海的高素质人口、良好的城市文化氛围为城市休闲产业发展提供了良好的社会文化环境。

6.2.5 城市功能资源评价

根据本书提出的城市资源的指标评价体系，对20个样本城市的城市功能资源指标得分进行排序，珠海城市功能资源评估得分在样本城市中位居第八。

从交通条件来看，珠海市2016年年末公路通车里程为1461.66千米。从广州市经佛山市、中山市，至珠海市拱北口岸的广珠城际轨道交通建设大大提高了珠海的可进入性。珠海机场2016年实际旅客吞吐量已接近600万人次，逐步跻身国内中型机场行列。整体来看，珠海的交通环境在最近5年有了质的发展，轻轨、机场和道路建设的大发展对珠海进一步发挥区位优势、吸纳休闲消费人口、发展休闲产业提供了良好基础。

由于人口基数小，珠海人均道路面积、人均移动电话网络、人均医生数都位居珠三角城市前列，属于城市公共设施和服务较好的城市。珠海虽然城市功能资源评价得分排名靠前，但在发展城市休闲产业中也面临一些短板，如主城区基础设施和公共服务配套设施老化及交通车辆拥挤等压力。家庭汽车数量快速增加是导致珠海交通拥堵的主要根源之一。数据显示导致交通拥堵的原因之二是珠海城区的路网密度和结构不

① 珠海统计局. 珠海市国民经济和社会发展统计公报，2015年。

② 珠海统计局. 珠海统计年鉴，2017年。

合理。

2015 年年末，全市拥有公交巴士 2376 台，近 5 年年均增长量远远低于小汽车年均增长量。珠海现有公交专用道 5 条，总里程仅 25.6 千米；2015 年公交日均客运量为 98.7 万人次，公共交通机动化出行分担率为 20.4%[①]，这些指标都低于国家交通运输部发布的公交都市的指标要求。城市路网密度和结构不合理，以及公共交通模式单一导致城市交通拥堵都是珠海未来大力发展城市休闲产业的制约因素。

6.2.6　珠海城市资源总体评价

珠海城市资源综合评价得分居中，在 20 个样本城市中排名第 12。在这 5 种资源中，自然资源得分较高，说明城市自然禀赋基础较好，城市功能和科技文化资源条件得分居中，而人口和经济资源明显较弱，如图 6-8 所示。

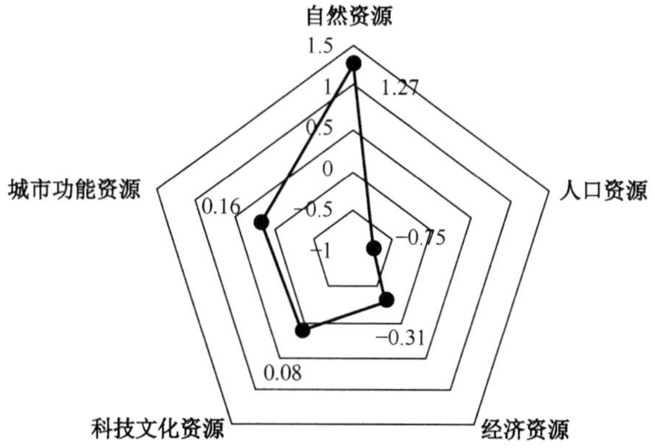

图 6-8　珠海城市资源评价得分

珠海的自然资源指标在 20 个样本城市中排名靠前。珠海的环境质量（人均绿地面积、优良天气数等）和环境容量（人均生活用水、人口密度等）在全国排名靠前。这是由于珠海选择了一条不同于珠三角地区其他城市的快速工业化发展道路，坚持不引进污染型企业和劳动密集型企业，为珠海保留了较好的自然资源。但同时这也是导致珠海经济整体规模小（在珠三角城市中排名倒数第二）、人口总量少（在珠三角城市中常住人口最少），制约了城市休闲产业的发展。

珠海的人口资源指标在 20 个样本城市中排名中后。具体而言，珠海的常住人口、第三产业人数等绝对量指标偏低，但第三产业人口比重等相对指标较好。珠海的客运周转量较大，这与珠海比邻港澳，拥有中国最大的陆路口岸——拱北口岸等密切相关。

珠海的经济资源指标在 20 个样本城市中排名居中靠后。具体而言，珠海的人均 GDP、人均消费支出等指标较好，表明珠海本地居民的休闲需求较强。但产业推动力

① 数据来源：珠海特区报，http://news.zh51home.com/artical/170915.html。

指标较低，地均固定资产投资、文化体育娱乐业固定资产投资等偏低，导致休闲供给不足。

珠海的科技文化资源指标在20个样本城市中排名中上。具体而言，文化教育指标排名领先，受益于21世纪初大规模引进高等教育资源和基础教育优质均衡发展工程，珠海的每万人大学生数等指标在20个城市中排名第一，但是其科技人员占就业人员比重、R&D占GDP比重等科技发展类指标一般，这将制约未来珠海的产业升级发展。

珠海的城市功能资源指标在20个样本城市中排名中上。珠海的城市功能资源指标总体较好是因为珠海从建市以来就高度重视基础设施建设。珠海在20世纪90年代修建珠海机场、珠海大道等城市主要基础设施具有较强的前瞻性。目前，珠海的每万人公共交通车辆、每万人出租车等都在样本城市中排名第一，而通过大规模引进中山医科大学、暨南医学院、遵义医学院等学校和附属医院，珠海的公共医疗保障水平在国内也处于领先地位。

6.3 基于城市资源的珠海城市休闲产业发展模式分析

6.3.1 珠海城市资源特征分析

本书将城市资源的丰裕程度分为4种类型：资源丰裕型、资源充足型、资源一般型和资源匮乏型。通过对珠海城市资源的系统分析，珠海城市资源特征如表6-1所示。

表6-1 珠海城市资源特征

资源类型	资源特征
自然资源	丰裕型
人口资源	一般型
经济资源	一般型
科技文化资源	充足型
城市功能资源	充足型

1. 经济和人口资源基础较弱

珠海20世纪70年代末期就积极与外商合作洽谈，引进外资，但主要以旅游服务业为主，工业项目的引资力度相对较小，导致工业发展速度相对缓慢。20世纪80年代中后期珠海适时调整发展战略，从以旅游服务业为主逐渐转移到以工业为主；90年代初珠海又调整产业结构，确立“以高新技术产业为先导，以第三产业为支柱的产业结构体系”的战略，限制劳动密集型工业和高污染的低端制造业。当时珠海城市的建设目标是环境优美、经济繁荣、科技发达的现代化花园式特色海滨大城市。这种战略布局的结果是珠海的城市生态环境得到了最大限度的保护，在各类宜居城市排行榜中，珠海一直稳居国内宜居城市前列。同时，这样的战略选择和产业布局严重地制约了珠海的经济发展。改革开放以来，珠海虽是珠三角的经济特区，但是 GDP 远远落后于周边的中山、东莞等城市。珠海的 GDP 一直位于珠三角城市群的下游地位，经济体量偏小，尤其实体经济较弱是城市休闲产业发展的短板。同时，珠海也是珠三角人口最少的城市之一，人口资源和经济资源基础薄弱，导致珠海休闲产业发展驱动力不足。

2. 高素质的人力资源

作为粤港澳大湾区的西部核心城市，珠海的城市资源优势在于其良好的区位。2017 年港珠澳大桥的完工，使珠海成为内地唯一与港澳陆地相连的城市。珠海接待入境人数主要得益于比邻港澳的地缘优势所带来的客流，尤其是拱北口岸作为国内最大的陆路口岸带来的巨大客流。尽管珠海的人口资源总量和经济资源的总量优势不突出，但质量优势突出，由于人口整体基数偏小，每万人中的大学以上学历人数和每万人中在校大学生数都位于珠三角地区前列。近年来，珠海良好的生态环境和休闲的城市生活日益受到高端人才和优质企业的青睐，成为吸引外部人才资源的优势所在。随着港珠澳大桥建成、横琴自贸区和粤港澳大湾区的建设，珠海面临巨大的发展机遇和前景。外部人才的不断输入，给珠海休闲产业发展提供了优质的人力资源。港澳的巨大客源、较高的人均学历、人均 GDP 为珠海休闲产业发展的高端化和品牌化提供了发展基础。

3. 自然环境资源优势突出

珠海素有“百岛之市”之称，生态环境优美，自然禀赋十分优越。早在建市之初，珠海在城市规划建设方面就始终坚持环境保护优先，并始终贯穿于每一轮城市规划中，使珠海的城市与山海有机融合，形成了独特的城市海滨生态景观。珠海始终坚持“生态优先”的发展理念，将“宜居”作为城市发展定位，重视城市生态环境的保护，产业结构也以高端制造业、技术产业和服务业等对城市生态环境影响较小的产业为主。目前，珠海是珠三角生态环境最好、土地开发强度最小、低端产业集聚最少的城市之一。因此，珠海空气质量优良，在全国城市空气质量排名中位居前列。从自然资源条件来看，珠海具备发展城市休闲产业良好的禀赋基础。

当社会经济发展到一定阶段后，人们更注重生活品质及休闲生活的追求，城市良好的生态环境和宜居性成为人口集聚的吸引力。

4. 相对充足的城市功能资源和科技文化资源

良好的城市人居环境一直是珠海的名片和资源优势。作为珠三角区域海岸线最长、海岛最多、空气质量最好的城市，珠海享有“全国卫生城市”“全国文明城市”“最宜居城市”等诸多称号。珠海在建市之初就非常重视城市基础设施，按照“高标准、高起点”超前发展的战略，优先发展交通、通信、能源等基础工程，大规模展开城市基础设施建设。作为国内首批经济特区，珠海在国内地级城市中知名度很高，且其特区立法权也为城市综合管理提供了较多的保障。在《2016 年中国地方政府效率报告》中，珠海名列地级市政府前六名。从 1999 年引进中山大学办学开始，珠海的高等教育经历了一个从无到有、从小到大快速发展的过程。经过短短 17 年的发展，目前珠海在校全日制大学生已经接近 14 万人，在校生总规模仅次于广州，排名全省第二。珠海作为广东省第二大高校集中地，每万人中的大学以上学历人数和每万人中在校大学生数都位于珠三角地区前列。2015 年珠海市科技从业人员数量和研发支出在珠三角地区城市中皆处于中上水平。2016 年，在广东省社会科学院发布的《中国城市创新指数》60 个城市的创新指数排名中，珠海居第八名。高素质的人口、相对完善的城市基础设施、良好的城市文化氛围和较强的科技创新能力构成了珠海休闲产业发展的资源优势。

6.3.2　珠海城市休闲产业分析

近年来珠海城市休闲产业各领域逐步增长，产业地位逐步上升，但是总体发展水平不高。作为中国最知名的宜居城市和生态文明城市之一，珠海虽然以优美的城市人居环境和较为完备的城市公共服务设施为国人称道，但是城市休闲产业总体规模不大，产业发展不成熟，未将珠海的资源特色和资源优势发挥出来。

珠海休闲产业占第三产业比重和占 GDP 的比重都呈下降趋势。与产值的相对下降相比，第三产业人数能显示产业的发展动力。如图 6-9 所示，珠海第三产业人数在过去 10 年中变化不大，但占总就业人数比重在 2011 年显著下降，并在此之后维持在一个较低的水平。

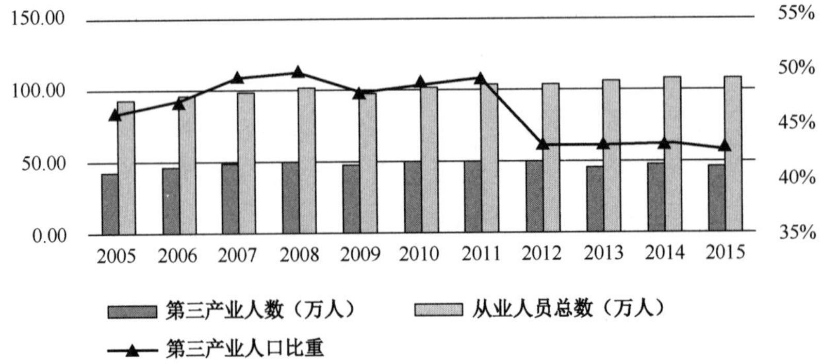

图 6-9　2005—2015 年珠海第三产业就业人口数和比重

数据来源：根据《珠海统计年鉴》（2006—2016 年）数据整理。

这主要是由于珠海的第二产业人数快速增加造成的，但也说明包括休闲产业在内的珠海第三产业发展动力不足。2006 年以后，珠海实施“三高一特”的产业规划，大力发展高端制造业、高新技术产业、高端服务业、特色海洋经济和生态农业。“三高一特”产业的快速发展导致珠海的第二产业快速增长，增速远超休闲产业。在第三产业内部，近年来随着港珠澳大桥通车、粤港澳大湾区规划出台等众多利好与珠海原有的宜居城市环境优势叠加，带来珠海的土地升值，房地产业进入快速发展通道，这也使得休闲产业在第三产业内部的比重也在逐步下降。总体而言，当前珠海新的产业规划侧重于快速完成工业化，在第三产业内部，也主要聚焦于金融、港口物流等生产线服务业，政府未将休闲产业纳入城市整体产业战略，缺乏对休闲产业的总体规划和统筹布局。

珠海以整体城市景观为特色，被评为“全国旅游城市”和“国家生态园林城市”。珠海的旅游业一直以城市整体景观为名片，由于缺乏标志性的景点，休闲产业并没有充分发挥自然资源的优势来带动产业的高速发展。珠海游客以澳门过境游客为主。与广州、深圳等珠三角发达城市相比，珠海无论是旅游总收入还是总接待人数都相差很远。受益于比邻港澳的区位优势，拱北口岸更是国内最大的陆路口岸，珠海接待的入境人数一直较多。但通过数据对比发现，珠海的人均旅游收入远远低于以临近的广州、深圳，这显示出珠海的旅游业存在的问题。珠海高水平的休闲产品与配套的服务设施不够，旅游者的停留时间不长，旅游产品的附加值不高，呈现典型的过境游特点。

21 世纪初，珠海开始布局大型旅游休闲品牌，建设了海泉湾、御温泉等超大型、高标准综合性温泉旅游度假区。尤其是 2012 年开业的超大型海洋主题公园长隆海洋王国为珠海旅游业总收入逐年大幅度增加贡献巨大。但是与此同时，珠海的第二产业发展速度更加迅速，导致珠海旅游业收入在 GDP 中的比重却呈下降趋势。2005 年珠海旅游业占 GDP 的 18.27%，到 2015 年下降到 13.69%，如图 6-10 所示。同时在第三产业内部，珠海旅游业收入的比重也明显下降，2005 年高达 40.7%，到 2015 降到了 28.5%。

6.3.3　珠海城市休闲产业发展模式选择

本书认为如果一个城市的经济资源、人口资源、城市功能资源、科技文化资源和自然资源都比较丰裕或充足，其休闲产业的发展可以采取整合资源驱动模式；而如果经济资源和人口资源丰裕，或城市功能资源和科技文化资源丰裕，也可以采取优势资源驱动发展模式；或者在各种资源均无明显优势、也无明显短板时，采取资源协调发展模式。但无论哪种发展模式，都要求对城市休闲资源进行认真分析、统筹规划、明确重点。通过对珠海城市资源的分层评估，珠海城市资源总体特点属于科技文化和城市功能资源较为充足，经济资源和人口资源一般。从现有城市资源状况来看，珠海较符合城市功能和科技文化资源驱动发展模式。该模式的城市资源特点，如表 6-2 所示，在4种资源构成中，城市功能资源和科技文化资源较为充裕，城市功能和科技文化资源成为主导资源优势来驱动休闲产业的发展。适用这种模式的城市需具备以下条件：有良好的自然资源禀赋，城市在环境保护、基础设施建设、环境质量方面的管理较为规范，城市基础设施完善，城市环境优美且布局合理，城市的休闲功能完善，能充分满足城市居民居住、休闲和生活需求；城市居民的幸福指数高，人居环境和谐，城市对外形象好，对外来休闲旅游者吸引力强；同时城市科教文卫发展程度好，居民受教育程度高，第三产业人口素质高，城市居民休闲文化理念深入。

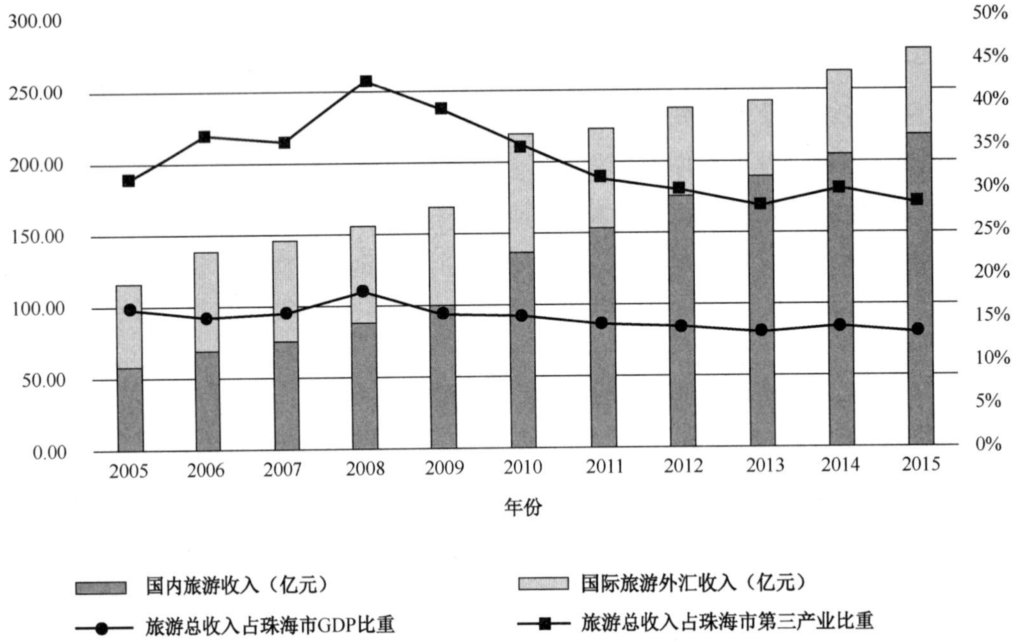

图 6-10　2005—2015 年珠海市旅游总收入，旅游收入占第三产业、GDP 的比重

数据来源：根据《珠海城市年鉴》（2006—2016 年）数据整理。

表 6-2　城市功能和科技文化资源驱动模式

城市资源特点				发展模式
经济资源	人口资源	城市功能资源	科技文化资源	
一般	一般	充裕或充足	充裕或充足	城市功能和科技文化资源驱动

珠海休闲产业发展在很大程度上受限于珠海人口总量和总体经济发展水平。在目前的资源条件下，珠海适宜选择城市功能和科技文化资源驱动模式，充分发挥城市功能资源和科技文化资源的优势，来驱动休闲消费和供给。珠海作为广东省高等教育资源较为丰富的城市，城市人口总量不大，但受过高等教育的人口占总人口的比例较高；在产业结构中，高新技术产业、文化创意类产业较为发达；城市人均收入在珠三角地

区仅次于深圳、广州，居民边际消费倾向较大，闲暇时间较多；港珠澳大桥开通后，珠海成为唯一与港澳路桥相连的内地城市。以上因素导致珠海的人口流入和聚焦速度不断加快，仅以珠海机场为例，其已成为年旅客运送量超千万人的中大型机场，作为在新白云机场、深圳机场、香港机场等世界级航空港服务辐射半径内的地级市机场，珠海机场的旅客运送能力已经超过内地部分省会城市机场。人口的集聚带来休闲需求，从而产生经济集聚，促进休闲产业发展。珠海通过在科技文化方面的持续投入，不断提升城市居民的素质水平。高素质的人口和消费倾向的提升将带动休闲需求，驱动产业发展。

在休闲供给方面，珠海也在不断开发新的休闲产品和服务，以带动经济发展和产业的升级。以长隆国际海洋王国为代表的主题公园已经在短短数年内成为全球最成功的主题公园之一，以东澳岛格力酒店等高端度假型酒店为代表的海岛休闲度假旅游业的发展迅速，使得珠海的休闲产业的供给呈现高附加值产品供给的特点。同时，珠海市作为“全国卫生城市”“文明城市”，具有良好的城市环境，“智慧城市”建设、“平安城市”建设也均走在全国前列，在各级各类宜居城市评比中，均处于全国前列。公共服务、医疗保障、遍布全市的社区公园、体育设施等城市功能资源为珠海休闲产业的发展提供了良好的支撑。

根据珠海的城市资源特点，本书为珠海提出了城市功能和科技文化资源驱动的发展模式的路径选择，如图 6-11 所示，一方面通过发挥科技文化资源优势，促进休闲需求；另一方面通过提升城市功能资源，提升休闲供给，并为城市休闲产业发展提供支撑。

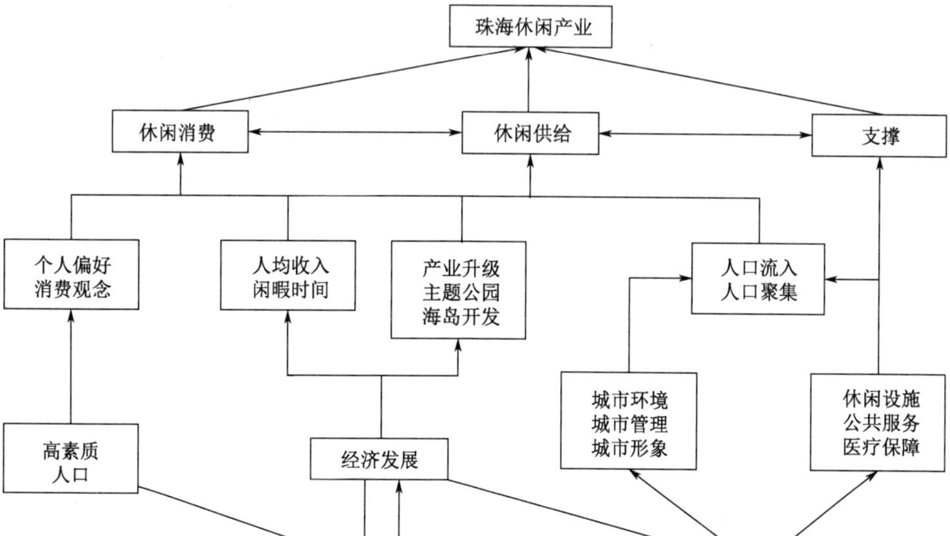

图 6-11　珠海城市休闲产业发展模式

6.4 珠海城市休闲产业发展模式优化路径

产业发展模式的形成与发展是动态的变化过程。模式也不是一成不变的，无论是产业发展的城市资源要素变化还是城市外部环境发生变化，都会导致产业发展模式的变化。珠海休闲产业要充分发挥自身优势，从增强核心资源要素的驱动力入手，优化产业发展模式，从而推动整体经济发展。

6.4.1 强化优势资源，实现休闲产业的高端发展

在过去的30多年里，珠三角城市大多选择大力发展劳动密集型产业实现快速工业化的道路。而珠海选择了一条独特的发展道路，虽然经济增长较缓，但是留住了蓝天和青山绿水，成为珠三角地区综合环境最好的城市。与此同时，珠海也是珠三角地区除广州、深圳外，产业结构更为合理的城市，尽管其GDP排名靠后，但其中的第三产业比重较高，人均GDP一直稳居珠三角第三。目前，整个珠三角地区都在进行产业的转型升级，包括休闲产业在内的现代服务业将成为发展的重点。珠海要利用自己在大湾区、连接港澳的区位优势，参与制定大湾区城市休闲产业的整体业态规划，通过区位竞合关系，实现资源互补。

同时，作为珠三角地区高校数量、在校大学生数量仅次于广州的城市，珠海的科技文化资源也较为丰富，尽管20余家上市企业的总量不高，但以高新企业为主，占全市工业总产值的比重较大。在消费升级的趋势下，城市休闲消费正在从低层次的旅游观光需求向高层次的体验性休闲度假需求转型升级。城市居民开始追求更健康、更有品质的休闲方式，休闲消费结构日趋高级化，参与群体更广泛、消费需求更多元、更注重休闲活动的参与性和体验性。高素质城市人口构成、较高的人均收入、较高的休闲消费潜力构成了珠海休闲产业资源主导优势。珠海近年来新建的长隆海洋王国、珠海歌剧院等标志性文化旅游设施已经成为珠三角地区的标志性产品，较为丰裕的科技文化资源使得珠海的休闲产业可能跨过劳动密集型阶段，直接发展高附加值休闲产业。

6.4.2 加速经济发展，提高人口总量，实现资源综合驱动

1. 加速经济发展

前文的研究结论是发展城市休闲产业最重要的资源要素是经济资源和人口资源。大力发展城市休闲产业仅仅依靠城市的优美生态条件是远远不够的，城市发展需要实体经济，城市休闲产业更需要实体经济的拉动。珠海虽然以优美的城市人居环境和较

为完备的城市公共服务设施为国人称道，但是由于缺乏经济和人口的驱动，休闲产业发展缓慢。珠海经济体量偏小、实体经济较弱是城市休闲产业发展的短板。事实上，发展休闲产业并不会和发展实体经济发生冲突。珠海政府需要更新休闲产业发展理念，重新审视城市休闲产业发展的驱动力，尤其要补足实体经济发展的短板。

珠海要优化经济资源，首先要通过优化经济结构，来提高经济发展总量。近年来，珠海的经济增长依赖房地产的投资占比较大。珠海在大力推动经济结构调整时，要降低国民经济对房地产业的依赖，而更加关注实体经济的发展速度和发展质量。《中国制造 2025》行动纲领中提出全面推进实施制造强国战略，珠海被定位为先进装备制造产业城市。先进装备制造产业当前受到国家和广东省政府的高度重视，珠海面临很好的发展机遇。此外，珠海可把高技术产业作为未来优先发展的重点产业，结合产业基础，发挥产业创新能力较强的优势，选择生物医药、电子信息、软件等为重点发展产业，并且在产业领域上要相对集中，避免资源分散。必须有强劲的城市经济实体的支撑，珠海城市休闲产业才能得到长足稳定的发展。

2. 强化人口驱动

珠海大力发展城市休闲产业需要大力挖掘人力资源，强化人口驱动。珠海在人口资源方面，主要可以提升人口的质量和挖掘人口的消费潜力。珠海要利用基础教育和高等教育发达的优势，重点开展休闲管理教育与培训，成为国内休闲教育培训中心，为珠海和国内外休闲行业培育管理和专业人才。珠海定位在发展高端休闲产业，需要高端休闲管理人才和高素质的休闲产业从业人员。高端休闲市场对休闲服务的设施设备、管理模式、服务品质、时间安排、活动项目等方面都有较高要求。珠海可以依托珠海地方院校开展“订单式”人才培养计划，加强高素质休闲管理与服务人才培养，营造良好的创业环境，积极吸引国内外的高级休闲管理人才来珠海发展。通过人才的引进，带动珠海休闲行业经营水平的提高。

开发人口资源优势，除了提升人口质量，还要挖掘现有人口的休闲消费能力。珠海虽然经济总量不大，但是城市居民人均 GDP 和人均可支配收入高，尤其比邻港澳，本地高收入消费人群和港澳居民都是珠海城市休闲产业的目标客户群体。这些高收入和高素质的人群都为珠海提供高附加值休闲产业和服务、发展高端休闲产业奠定了重要的市场基础。

6.4.3　发挥区位优势，推动休闲产业跨越式发展

随着粤港澳大湾区城市群规划的推进，粤港澳合作发展将进入新的阶段，进入到由国家规划目标引导的跨境协同发展与跨境区域治理阶段。粤港澳大湾区城市群的建

设目标是建设“宜居宜业宜游的优质生活圈和内地与港澳深度合作的示范区和世界级城市群”。香港、澳门、深圳、广州、珠海的一小时生活圈是休闲产业的潜在市场，这是高端休闲产品的巨大潜在市场。面对“大桥时代”“自贸区时代”和“一带一路时代”三大历史机遇，珠海要借鉴港澳休闲产业发展的经验，主动对接港澳休闲产业，充分发挥政策和区位优势，提升休闲产品和服务品质，走高端休闲服务业的道路，要发挥科技文化优势，提高休闲供给水平，挖掘休闲消费潜力，提高休闲产业的单位产值，避免单纯地走数量扩张路径，尽快使珠海的休闲产业与湾区休闲产业发展对标和接轨，推动珠海休闲产业跨越发展。

6.5 本章小结

珠海城市休闲产业已初具规模，近年来也保持增长态势，初步满足了珠海市民和外来游客个性化、多元化的休闲需求。珠海拥有良好的自然资源，且政府管理效率高，城市功能资源发展状况好，但在城市休闲产业发展最重要的两类资源——人口资源和经济资源方面，却存在质量高、总量低的现象。人口资源和经济资源方面的人均指标均位居样本城市的前列，但囿于城市规模，其总量指标均偏低。

珠海城市资源总体特点属于人口资源一般、经济资源一般、科技文化和城市功能资源充足型。根据本书提出的4 种城市休闲产业发展模式，珠海适宜选择城市功能和科技文化资源驱动发展模式。珠海休闲产业发展的总体规模不大，产业发展不成熟，高品质的项目仍然不足，未将珠海的特色和优势发挥出来。在5 个层面的资源中，人口资源和经济资源是休闲产业发展最重要的资源驱动力，而珠海这两方面资源的总量都不大。基于对珠海城市资源和休闲产业现状分析，本书认为城市功能资源和科技文化资源对休闲产业的贡献相对较弱，其直接驱动力不强，需要将城市功能资源和科技文化资源转化为人口资源和经济资源优势，才能进一步刺激休闲需求或形成休闲供给，最终拉动城市休闲产业发展。珠海城市休闲产业必须挖掘市场需求，利用自身的资源优势提升休闲供给水平，发展高端休闲产业，利用当前港珠澳湾区的区位和政策优势，不断优化产业发展。

第7章 结论与展望

7.1 结论

本书从城市资源角度，识别出城市资源视角下休闲产业发展的4种模式。主要有以下几方面结论。

第一，对城市休闲产业的内涵和范畴做了界定，构建了城市休闲产业发展模式概念模型。本书认为城市休闲产业是指在城市空间范畴内，为城市居民和外来者提供各种休闲产品和服务的行业总和，主要涵盖旅游休闲业、文化休闲业、娱乐休闲业、体育休闲产业构成的产业群。通过对产业发展的动力和发展模式的理论梳理，建立了“资源评价分析—资源与产业的驱动关系—模式探索”的分析框架，创新性地从资源驱动视角构建了城市休闲产业发展模式概念模型。

第二，对城市资源相关研究进行理论梳理，构建了基于休闲产业的城市资源的系统框架，将城市资源系统划分为自然资源、人口资源、经济资源、科技文化资源及城市功能资源 5 个子系统，在此基础上构建了 5 个层面、9 个领域、31 个具体测度指标的城市资源评价指标体系，并通过了样本数据检验。

第三，探究城市资源因子和城市休闲产业产出的驱动关系。研究发现，自然资源、人口资源、经济资源、科技文化资源、城市功能资源和城市休闲产业产出呈显著正向关系，研究结果表明，对城市休闲产业产出贡献力最大的是经济资源，人口资源次之，然后是城市功能资源和科技文化资源。由此确定经济资源和人口资源为城市休闲产业发展的主导资源，城市功能资源和科技文化资源为城市休闲产业发展的辅助资源。

第四，根据样本城市的聚类分析结果，进行不同资源驱动力组合，识别出4 种城市休闲产业发展模式——综合实力驱动发展模式、经济和人口资源驱动发展模式、城市功能和科技文化资源驱动发展模式、资源均衡驱动发展模式。

第五，以珠海作为案例研究对象，运用研究提出的城市资源评估指标体系，分析得出珠海城市资源总体特点为人口资源一般、经济资源一般、科技文化和城市功能资源较为充足。基于本书提出4 种休闲产业发展模式，珠海适宜选择城市功能和科技文化资源驱动发展模式。在此基础上，本书提出珠海城市休闲产业发展的对策建议。

7.2 展望

目前我国《国民经济行业分类与代码》中没有关于休闲产业的分类，国家和各级地方统计局也未发布休闲产业的直接数据。由于分类缺乏统一标准，关于休闲产业的内涵与外延均不十分明确。行业分类标准的缺乏直接导致休闲产业相关数据统计口径并不一致。基于权威性和可操作性原则，本书的城市休闲产业数据主要采用的《中国旅游统计年鉴》、各省和城市统计年鉴及国民经济和社会发展统计公报中发布的与休闲产业相关产业的数据，不可避免地存在样本城市中个别城市的统计数据不完整、省统计年鉴和地方城市统计年鉴某些指标口径不一致等问题。本书的城市资源分析基于城市休闲产业的视角，在选择资源因子时，首先考虑的是易于量化分析的资源因素，但影响城市休闲产业的诸如城市管理、城市形象等方面的因素却难以量化，考虑到数据的一致性和客观性，未将此类资源纳入评价指标体系中。

由于以上的局限性，本书提出以下展望。

（1）希望国家统计局等相关部门加快明确划分休闲产业的边界，逐步统一休闲产业相关的数据统计口径，以便及时掌握休闲产业的规模和结构，为休闲产业的后续研究和战略指导提供更为科学的数据支撑。

（2）本书选取的样本城市主要来自城市休闲产业发展水平较高的长三角和珠三角地区，未来的研究可以拓展到中西部城市。运用本书提出的研究方法和模型对中西部城市的休闲产业发展模式进行实证研究，可为城市休闲产业发展模式研究提供更多的案例支撑。

参 考 资 料

[1] Auty R M. Industrial policy, sectoral maturation, and postwar economic growth in Brazil: the resource curse thesis[J]. Economic Geography. 1995, 71(3): 257-272.

[2] Becker G S, Tomes N. Child endowments and the quantity and quality of children[J]. Journal of Political Economy, 1976, 84(4):143-162.

[3] Bell D. Welcome to the post-industrial society[J]. Physics Today, 1976, 29(2):46-46.

[4] Bramham P, Henry I, Mommaas H, et al. Leisure and urban processes: critical studies of leisure policy in Western European cities[M]. Routledge, 1989.

[5] Bright Alan D. A multiple behavior alternative application of theory of evaluation: A case study of preference for recreation facility development[J]. Leisure Science, 2003, 25(4):327.

[6] Brightbill C K, Chandler N. Man and leisure: A philosophy of recreation[M]. Englewood Cliffs, NJ: Prentice-Hall, 1961.

[7] Brightbill C K. The challenge of leisure[M]. Prentice-Hall, 1963:86-94.

[8] Brightbill C K, Mobley T A. Educating for leisure-centered living[M]. New York: Wiley, 1977.

[9] Csikszentmihalyi M. Flow: The psychology of optimal performance[M]. New York: Cambridge University Press, 1990.

[10] Cunha S K, Cunha J C. Tourism cluster competitiveness and sustainability: proposal for a systemic model to measure the impact of tourism on local development[J]. Bar Brazilian Administration Review, 2005, 52: 47-62.

[11] Darlington Richard B. Multiple regression in psychological research and practice[J]. Psychological Bulletin, 1968, 69(3): 161-182.

[12] De Grazia S. Of Time. Work, and Leisure[M]. New York: Twentieth Century Fund, 1962.

[13] Dumazedier J. Toward a society of leisure[M]. New York: Free Press, 1967.

[14] Edginton C R, Jordan D J, Degraaf D G, et al. Leisure and life satisfaction[M]. WCB/McGraw-Hill, 1995.

[15] Fernando I N, Long W. New conceptual model on cluster competitiveness: A new paradigm for tourism? [J]. International Journal of Business and Management, 2012,7(9):75.

[16] Ferreira J M, Estevo C M S. Regional competitiveness of tourism cluster: A conceptual model

proposal[J]. MPRA Paper, 2009(5):37-51.

[17] Freestone R, D Nichols. Realising new leisure opportunities for old urban parks: the internal reserve in Australia[J]. Landscape & Urban Planning, 2004, 68(1):109-120.

[18] Gahwiler P, Havitz M E. Toward a relational understanding of leisure social worlds, involvement, psychological commitment, and behavioral loyalty[J]. Leisure Sciences, 1998, 20(1):1-23.

[19] Godbey G. Leisure and leisure services in the 21st Century: toward mid century[M]. Venture Pubishing, 1997.

[20] Goodale T L, Godbey G. The evolution of leisure: historical and philosophical perspectives[M]. Venture Publishing, 1988.

[21] Gronau R. Economic approach to value of time and transportation choice[J]. Transportation Research Record, 1976.

[22] Gunn C, Clare A. Tourism planning[M]. Taylor & Francis, 1988.

[23] Hall C M. Rural wine and food tourism cluster and network development. Rural tourism and sustainable business[J]. 2005: 149-164.

[24] Havitz M E, Dimanche F. Leisure involvement revisited: Conceptual conundrums and measurement advances[J]. Journal of Leisure Research. 1997, 29(3): 245.

[25] Havitz M E, Mannell R C. Enduring involvement, situational involvement, and flow in leisure and non-leisure activities[J]. Journal of Leisure Research. 2005, 37(2):152-177.

[26] Hochschild A R. The Emotional Geography of Work and Family Life[M]. Palgrave Macmillan UK, 1996.

[27] Huang Y C, Cheng J S, Chang L L. Understanding leisure trip experience and subjective well-being: an illustration of creative travel experience[J]. Applied Research in Quality of Life, 2019(1).

[28] Jackson J, Murphy P. Clusters in regional tourism An Australian case[J]. Annals of Tourism research, 2006, 33(4): 1018-1035.

[29] Jafari J. Tourism: transnational corporations and cultural identities[J]. Annals of Tourism Research, 1987, 14(2):289-292.

[30] Jansen-Verbeke M. Inner city leisure resources[J]. Leisure Studies, 1985,(42): 141-157.

[31] John R. Kelly. Freedom to Be: A New Sociology of Leisure by [J]. Contemporary Sociology, 1989, 18(4):600-601.

[32] Johnson J W, LeBreton J M. History and use of relative importance indices in organizational research[J]. Organizational Research Methods, 2004(7):238–257.

[33] Johnson J W. A heuristic method for estimating the relative weight of predictor variables in multiple regression[J]. Multivariate Behavioral Research, 2000, 35(1): 1–19.

[34] Johnson R. M. The minimal transformation to orthogonality. Psychometrika[J], 1966(31):61–66.

[35] Kaplan M. Leisure in America: A social inquiry[J]. American Journal of Sociology, 1960, 47(4): 96-98.

[36] Kelly J R, Godbey G. The sociology of leisure[J]. Sociology of Leisure, 1992.

[37] Kim Y, Barkley D L, Henry M S. Industry characteristics linked to establishment concentrations in Nonmetropolitan areas[J]. Journal of Regional Science, 2010, 40(2):231-259.

[38] Krugman P. History and industry location: the case of the manufacturing belt[J]. American Economic Review, 1991, 81(2):80-83.

[39] Linder S. A. The harried leisure class[M]. New York: Columbia University Press, 1970.

[40] McCarville R E, Smale B J A. Perceived constraints to leisure participation within five activity domains[J]. Journal of Park and Recreation Administration, 1993(112):40-59.

[41] McCarville R E. The importance of price last paid in developing price expectations for a public leisure service[J]. Journal of Park and Recreation Administration, 1996, 14(4):52-64.

[42] Mcguire F A, Kelly J R. Freedom to be. A new sociology of leisure[J]. Contemporary Sociology, 1987, 18(4):600.

[43] Mommaas H. Cultural clusters and the post-industrial city: towards the remapping of urban cultural policy[J]. Urban Studies, 2004, 41(3):507-532.

[44] Neil L. An etymology of "tourism"[J]. Annals of Tourism Research, 1983, 10(2):277-280.

[45] Neulinger J. The Psychology ofLeisure[M]. Sprifiled, IL:Thomas Publisher, 1981.

[46] Olkusnik H. Countryside holiday as a cultural and social phenomenon in Warsaw at the end of the nineteenth century[J]. Kwartalnik History Kultury Material, 2001, 49(5):367-386.

[47] Pieper J. Leisure: The Basis of Culture. London: Fontana. Pieper, 1952.

[48] Poudyal N C, Hodges D G, Merrett C D. A hedonic analysis of the demand for and benefits of urban recreation parks[J]. Land Use Policy, 2009, 26(26):583.

[49] Roberts K. The Leisure Industries[M]. New York: Palgrave Macmillan, 2004.

[50] Ross S L, Zenou Y. Are shirking and leisure substitutable? An empirical test of efficiency wages based on urban economic theory[J]. Regional Science and Urban Economics, 2008, 38(5):498-517.

[51] Isoahola S E. The social psychology of leisure and recreation[J]. Nutrition Journal, 1980, 13:46(1): 1-8.

[52] Sachs J D, Warner A M. Natural resource abundance and economic growth[J]. NBER Working

Papers, 1995, 81(4):496-502.

[53] Sachs J D, Warner A M. The curse of natural resources[J]. European Economic Review, 2001, 45(4):827-838.

[54] Stansfield C A. A note on the urban - nonurban imbalance in American recreational research[J]. Tourist Review, 1964, 19(4):196-200.

[55] Stephen G. Trends in the leisure industry since the second world war[J]. Service Industries Journal, 1986, 6(3):330-348.

[56] Sullivan O, Gershuny J. Inconspicuous consumption: work-rich, time-poor in the liberal market economy[J]. Consumer Culture, 2004, (4):22.

[57] Veal A J. Leisure and tourism policy and planning[J]. Leisure and Tourism Policy and Planning, 2002.

[58] Victoria A A, Rafael S, Esperanza V. The leisure experience[J]. The Journal of Socio Economics, 2008, 37(1):64-78.

[59] Tonidandel S, LeBreton J M & Johnson J W. Determining the statistical significance of relative weights[J]. Psychological Methods, 2009(14):387-399.

[60] Tonidandel S, LeBreton J M. Relative importance analyses: A useful supplement to multiple regression analyses[J]. Journal of Business and Psychology, 2011, 26(10):1-9.

[61] Trible J. The Economics of recreation, leisure and tourism[J]. Economics of Recreation Leisure & Tourism, 2011, 349(1):497–500.

[62] Wales T J, Woodland A D. Estimation of the Allocation of Time for work, leisure, and housework[J]. Econometrica: Journal of the Econometric Society, 1977, 45(1):115-132.

[63] Weber A. De la localisation industrielle. Première partie : la théorie pure de la localisation. (Avant-propos de 1909 et introduction)[J]. Géographie conomie Société, 2002, 4(3):363-376.

[64] Wilson I. Economics of Leisure[M]. Heinemann: Heinemann Educational Publisher, 2003.

[65] Williams S. Outdoor recreation and the urban environment[M]. Routledge, 1995.

[66] Zuzanek J, Mannell R. Work-leisure relationships from a sociological and social psychological perspective[J]. Leisure Studies, 1983, 2(3): 327-344.

[67] 贝力. 体育健身休闲产业与养老产业融合发展研究[J]. 文化学刊，2016(664):198-201.

[68] 曹艳英，李凤霞. 基于自组织系统理论的区域旅游产业竞争力形成发展机制研究[J]. 软科学，2010, 24(2):83-88.

[69] 陈秉钊. 可持续发展的住房建设与公平使用城市资源[J]. 城市规划学刊，2006(6):42-44.

[70] 陈超，周彬，陈楠. 休闲产业发展潜力评价及实证研究——以浙江宁波市为例[J]. 莆田学院学报，2016(1):49-53,62.
[71] 陈琳. 基于产业融合的农业旅游新模式研究[D]. 上海：华东师范大学，2007.
[72] 陈世斌. 城市休闲产业合理规模评价研究[J]. 生产力研究，2006(7):206-208.
[73] 程南洋. 基于资源约束的森林休闲旅游产业发展研究[D]. 南京：南京林业大学，2012.
[74] 邓志阳. 休闲与休闲经济[J]. 南方经济，2001(12):51-54.
[75] 戴星翼. 寻找资源节约的制度动力[J]. 探索与争鸣，2007(4):51-53.
[76] 邓超颖，张建萍. 生态旅游可持续发展动力系统研究[J]. 林业资源管理，2012(6):76-80.
[77] 董嘉鹏. 基于 AGIL 模型的城市整合营销研究[D]. 大连：大连海事大学，2012.
[78] 董利民. 城市经济学[M]. 北京：清华大学出版社，2011.
[79] 杜晓黎. 我国城市资源营销策略研究[D]. 青岛：中国海洋大学，2008.
[80] 方竞敏. 共生型旅游休闲产业集群发展研究——杭州案例[D]. 杭州：浙江工商大学，2011.
[81] 方旭. 休闲产业链核心驱动机制构建——以咸宁休闲产业为例[J]. 中国商贸，2012，31(11):238-240.
[82] 冯建国，陈奕捷. 以休闲农业为核心，带动都市农业产业融合[J]. 中国农业资源与区划，2011(4):61-65.
[83] 冯进松，代媛媛. 城市旅游发展动力机制研究——以桂林市为例[J]. 市场论坛，2006(2):45-47.
[84] 付达院. 休闲产业集群的竞争优势及其促进城市竞争力提升的路径[J]. 特区经济，2015(11):103-106.
[85] 弓志刚，陈囿凇. 休闲产业发展规律研究[J]. 商业研究，2011(4):203-207.
[86] 弓志刚，高川. 基于产业整合的城乡休闲产业协调发展路径研究[J]. 城市发展研究，2012，19(12):118-122.
[87] 弓志刚，杨琛丽. 基于共生理论的休闲产业发展理论框架分析[J]. 商业时代，2010(22):131-133.
[88] 郭建宏，钱莲文. RS 和 GIS 技术在城市绿地管理中的应用[J]. 泉州师范学院学报, 2005, 23(004):76-80.
[89] 郭庆宾，刘琪. 城市资源集聚能力研究进展述评[J]. 湖北大学学报：哲学社会科学版，2016(434):122-127.
[90] 郭勇. 休闲产业集群与区域经济发展研究——山西省为例[D]. 太原：山西财经大学，2010.
[91] 郭正模，沈茂英，刘妍婷. 行政中心迁移对迁出地城市资源系统和经济增长的影响研究——以成都市青羊区为例[J]. 决策咨询，2011(4):5-10.
[92] 韩秀丽. 市场发育、政府能力及资源依赖对西北地区城镇化水平的影响研究[D]. 北京：中国农

业大学，2015.
[93] 何建民. 城市休闲产业与产品的发展导向研究——基于休闲需求结构与行为的分析[J]. 旅游学刊，2008，23(7):13-17.
[94] 何宜庆，翁异静. 鄱阳湖地区城市资源环境与经济协调发展评价[J]. 资源科学，2012(343):502-509.
[95] 何祖星，夏贵霞. 运动休闲产业与旅游产业融合发展研究[J]. 西安体育学院学报，2015(6):685-589.
[96] 洪银兴，周诚君. 城市经营和城市政府的改革[J]. 管理世界，2003(8):57-62.
[97] 洪银兴. 科技创新与创新型经济[J]. 管理世界，2011(7):1-8.
[98] 胡建绩. 产业发展学[M]. 上海：上海财经大学出版社，2008.
[99] 黄小晶，骆浩文，黄丽芸. 基于循环经济的城乡旅游产业链构建研究[J]. 广东农业科学，2008(12): 175-178.
[100] 华钢，楼嘉军. 城市休闲系统研究[J]. 旅游论坛，2009(23):419-423.
[101] 季斌. 休闲：洞察人的生存意义[J]. 自然辩证法研究，2001(175):54-57.
[102] 姜杰，周萍婉. 论城市治理中的公众参与[J]. 政治学研究，2004(3):101-105.
[103] 巨鹏，何佳梅. 城市休闲产业部门客源特点[J]. 山东师大学报：自然科学版，2001(164):407-410.
[104] 孔祥智，钟真，原梅生. 乡村旅游业对农户生计的影响分析——以山西三个景区为例[J]. 经济问题，2008(01): 115-119.
[105] 来璐，李世峰，谭建欣等. 基于经济地理学的大城市边缘区农业观光休闲产业的动力机制探讨[J]. 农业现代化研究，2010，31(1):55-59.
[106] 乐仁油，高松龄. 体育会展与体育用品产业集群互动研究[J]. 体育文化导刊，2011(2):52-54.
[107] 李丰玉，董子铭. 基于层次分析法(AHP)的休闲农业产业集群竞争力评价指标体系[J]. 江苏农业科学，2014，42(12):484-486.
[108] 李刚. 成都城市休闲发展研究[D]. 成都：四川师范大学，2009.
[109] 李耿为，邢媛. 城市休闲初探[J]. 沧桑，2007(1):117-118.
[110] 李国强，王大鹏. 京津冀都市圈各城市休闲体育产业竞争力评价研究[J]. 南京体育学院学报（社会科学版），2013，27(6):60-65.
[111] 李丽梅. 中国休闲产业发展评价、结构与效率研究[D]. 上海：华东师范大学，2018.
[112] 李丽梅，楼嘉军. 国外城市休闲化研究述评及启示[J]. 旅游学刊，2016，31(12):126-134.
[113] 李美云. 论旅游景点业和动漫业的产业融合与互动发展[J]. 旅游学刊，2008(1):56-62.
[114] 李楠. 资源依赖、技术创新和中国的产业发展[J]. 经济社会体制比较，2015(4):56-57.、

[115] 李素馨(Su-Hsin Lee), 蔡益銘(Yi-Ming Tsai). 居民个人属性与日常活动特性对社区安全认知之关系——以台中枫树社区为例[J]. 户外遊憩研究，2002，15(2):41-69.

[116] 李涛. 城市资源可持续经营的思考[J]. 现代经济探讨，2003(4):30-32.

[117] 李心芹. 产业链中间产品动态定价研究[J]. 经济师，2005(3):24-25.

[118] 李瑶亭. 城市旅游化水平与城市经济发展的关系研究——以我国 26 个旅游城市为例[J]. 兰州学刊, 2013(01):99-108.

[119] 李勇. 武汉市社会、经济、资源、环境协调发展的评价与预测建模研究[D]. 武汉：华中科技大学，2006.

[120] 厉无畏. 产业融合与产业创新[J]. 上海管理科学，2002(4):4-6.

[121] 梁强. 基于体验经济背景的城市休闲产业集群构建研究[J]. 现代财经（天津财经大学学报），2008(282):46-49.

[122] 梁圣蓉. 城市会展旅游发展的动力机制与评估——以武汉市为例[J]. 旅游学刊，2008(10): 76-81.

[123] 连凯宇. 河北沿海地区休闲产业集群化发展研究[D]. 秦皇岛：燕山大学, 2015.

[124] 刘邦凡，施永福，王宏禹. 基于 PEST 框架的我国休闲产业发展研究[J]. 生产力研究，2009(3): 123-126.

[125] 刘芳. 消费性服务业全面价值管理研究[D]. 济南：山东经济学院, 2010.

[126] 刘飞瀑. 城市休闲产业发展水平评价研究——从长沙市为例[D]. 株洲：湖南工业大学，2015.

[127] 刘慧芳，潘安敏，李文辉. 城市资源管理研究综述[J]. 知识经济，2010(4): 7-8.

[128] 刘建中. 宁波市运动休闲产业与旅游业融合路径及空间布局研究[J]. 南阳师范学院学报，2016(6):45-47.

[129] 刘祺. 山西省休闲产业集群化发展研究[D]. 太原：山西财经大学，2011.

[130] 楼嘉军. 从旅游城市走向休闲城市[J]. 商务周刊, 2006(20):92.

[131] 罗杰斯. 创新的扩散[M]. 北京：中央编译出版社，2002.

[132] 罗斯托. 经济成长的阶段[M]. 商务印书馆, 1962.

[133] 刘忠菁，刘德军，刘霞，陈学广. 城市资源管理博弈分析[A]. 智能信息技术应用学会 2011 年软件工程和多媒体沟通国际会议[C]，2011(5).

[134] 吕宁. 中国城市休闲和休闲城市发展研究[M]. 旅游教育出版社, 2010.

[135] 马春野，田也壮，裴学亮. 旅游产业发展模式演变模型研究[J]. 哈尔滨工程大学学报，2011(322): 228-234.

[136] 马惠娣. 文化精神之域的休闲理论初探[J]. 齐鲁学刊，1998(3):99-107.

[137] 马惠娣. 城市与休闲[J]. 中国城市经济，2004(11):14-18.

[138] 马惠娣.21 世纪与休闲经济、休闲产业、休闲文化[J]. 信息空间, 2004(07):89-94.

[139] 马育倩，段迎豪. 石家庄城市休闲产业发展研究[J]. 石家庄学院学报，2010(125):13-16.

[140] 潘安敏. 论城市资源系统管理[J]. 生态经济，2012(7):86-90.

[141] 潘安敏，陈松岭，李文辉. 城市资源系统的形成与演变[J]. 经济地理，2009，29(12):1963-1966.

[142] 潘安敏，戴静."两型社会"城市资源系统评价标准的构建[J]. 经济研究导刊，2014，13(05):227-232.

[143] 潘安敏，李学兵. 城市资源管理信息系统及其应用研究[J]. 工程勘探，2012，40(12):64-69.

[144] 彭华. 旅游发展驱动机制及动力模型探析[J]. 旅游学刊，1999(6):39-44.

[145] 钱莲文，郭建宏，吴承祯，洪伟，陈睿. 长苞铁杉林林隙物种更新动态的初步研究[J]. 江西农业大学学报，2005(05): 719-722.

[146] 钱静，刘永玘. 创新休闲旅游发展模式推进产业优化升级——北京市房山区十渡镇可持续发展问题研究[J]. 北京农业职业学院学报，2009(236):13-17.

[147] 乔青青，周慧洪. 我国休闲体育产业发展环境探究[J]. 商，2015(39):267.

[148] 卿前龙. 休闲产业：概念、范围与统计问题[J]. 旅游学刊，2007，22(8):82-85.

[149] 卿前龙，胡跃红. 休闲产业：国内研究述评[J]. 经济学家，2006(7):40-46.

[150] 乔青青, 周慧洪. 我国休闲体育产业发展环境探究[J]. 商，2015(39):277.

[151] 芮明杰. 产业经济学[M]. 上海：上海财经大学出版社，2005.

[152] 邵帅，齐中英. 资源输出型地区的技术创新与经济增长——对"资源诅咒"现象的解释[J]. 管理科学学报，2009(126):23-33.

[153] 单菁菁. 资源环境视野下的中国城市可持续发展[J]. 上海城市管理职业技术学院学报，2008(3):15-18.

[154] 石强. 深圳休闲产业发展对策[J]. 经济地理, 2006(2):175-178.

[155] 宋金柱，魏玉轩. 城市建设资源概念与分类研究综述[J]. 法制与社会，2007(1):527.

[156] 宋瑞. 休闲与生活质量关系的量化考察：国外研究进展及启示[J]. 旅游学刊，2006(12): 48-52.

[157] 宋瑞. 休闲：经济学分析与统计[J]. 旅游学刊，2002(06): 26-31.

[158] 宋志英，胡智英. 滨海空间管制区规划探索与实践[J]. 城市，2008(02): 45-47.

[159] 苏东水. 产业经济学[M]. 北京：高等教育出版社，2002.

[160] 沈映映. 城市休闲产业研究[D]. 北京：首都经济贸易大学，2009.

[161] 孙慧，王淑娟，刘晓春等. 唐山市休闲旅游产业链创新研究[J]. 中国商贸，2011(3):203-204.

[162] 孙九霞, 保继刚. 从缺失到凸显: 社区参与旅游发展研究脉络[J]. 旅游学刊，2006(7):65-70.

[163] 孙永平，叶初升. 资源依赖、地理区位与城市经济增长[J]. 当代经济科学，2011(331):114-123.

[164] 唐承财，钟全林，周超明等. 城市旅游发展动力模型判别[J]. 经济地理，2007(6):1030-1033.

[165] 唐书转. 基于产业融合视角的河南休闲农业旅游资源开发[J]. 中国农业资源与区划，2016(373): 221-224.

[166] 唐湘辉. 我国休闲产业结构特征及其影响因素分析[J]. 求索，2006(12):42-44.

[167] 唐志鹏，王志标，祝坤福. 1992—2002 年中国产业结构的变化——基于列标尺量模型的分析[J]. 统计研究，2007(03): 38-43.

[168] 王大悟. 对我国旅游业竞争态势的思辨与分析[J]. 旅游学刊，1998(1):14-17.

[169] 王长安. 城市经营问题讨论综述[J]. 经济理论与经济管理，2003(10):75-79.

[170] 王东宇. 休闲经济: 中部开发新视野[J]. 武汉商学院学报，2000, 14(4):35-38.

[171] 王芳. 滨海旅游可持续发展研究[D]. 南京：南京大学，2011.

[172] 王来军. 基于创新驱动的产业集群升级研究[D]. 北京：中共中央党校，2014.

[173] 王美雪. 关于运动休闲产业与旅游产业融合的驱动因素研究[D]. 武汉：湖北大学，2013.

[174] 王麓怡，邹时荣. 都市休闲文化对区域休闲产业的激励——以武汉都市休闲文化资源为例[J]. 自然辩证法研究，2006(222):91-94.

[175] 王琪延，黄羽翼. 关于休闲产业统计分类的思考[J]. 统计与决策，2015(12):33-36.

[176] 王琪延，徐玲. 基于产业关联视角的北京旅游业与农业融合研究[J]. 旅游学刊，2013，28(8): 102-110.

[177] 王起静. 转型时期我国旅游产业链的构建[J]. 山西财经大学学报，2005(05): 68-72.

[178] 王宁. 略论休闲经济[J]. 中山大学学报（社会科学版），2000(403):13-16.

[179] 王寿春. 城市休闲经济的规模与产业结构构建研究[J]. 财经论丛（浙江财经学院学报），2005(6):22-28.

[180] 王晓鸣，汪洋. 论城市资源的经济外在性与城市规划管理[C]. 城市规划年会, 2005.

[181] 王旭科. 城市旅游发展动力机制的理论与实证研究[D]. 天津：天津大学，2008.

[182] 王雅林. 信息化与文明休闲时代[J]. 学习与探索，2000(6):74-78.

[183] 王雅林，董鸿杨. 闲暇社会学[M]. 哈尔滨: 黑龙江人民出版社, 1992.

[184] 王晔. 城市休闲产业集群化发展理论与创新研究[D]. 天津：天津大学，2006.

[185] 王振有. 关于城市经营主体问题的探讨[J]. 经济学动态，2004(3):42-44.

[186] 温茜茜. 中国产业发展模式研究——以汽车零部件产业为例[D]. 上海：复旦大学，2013.

[187] 翁钢民，贾苗苗，徐晓娜. 河北省滨海旅游发展动力系统的因子分析[J]. 地域研究与开发，2010(291):80-83.

[188] 魏小安，丁娜娜. 关于休闲产业体系的理论思考[C]. 现代休闲方式与旅游发展国际学术会议

研讨会论文集，2006.

[189] 魏小安，李莹. 城市休闲与休闲城市[J]. 旅游学刊，2007，22(10):71-76.

[190] 吴丰林，方创琳，赵雅萍. 城市产业集聚动力机制与模式研究进展[J]. 地理科学进展，2010，29(10):1201-1208.

[191] 吴静祎，闫琳琳，尚金奎等. 河北省休闲体育产业发展模式研究[J]. 成功：教育，2010(8):30-31.

[192] 吴茂力，董娅. 特色产业助推城乡统筹发展模式探讨——以成都市三圣乡乡村休闲产业发展为例[J]. 南方农业，2011(1):71-73.

[193] 伍婷. 农业与旅游产业融合模型及实证研究[D]. 南宁：广西师范大学，2014.

[194] 肖建勇. 饭店产业融合的机理，路径与风险研究[D]. 泉州：华侨大学，2012.

[195] 肖亮. 城市休闲系统研究[D]. 天津：天津大学，2010.

[196] 肖杨，毛显强. 基于动力学模型的城市资源竞争机制[J]. 地理研究，2010(6):1083-1091.

[197] 项英辉. 城市经济学[M]. 大连：大连理工大学出版社，2011.

[198] 许峰. 休闲产业发展初步探析[J]. 中国软科学，2001(6):112-115.

[199] 徐海霞. 基于特色文化定位的休闲产业发展模式探究——以山东半岛蓝色经济区为例[J]. 企业战略，2012(1):31-33.

[200] 徐康宁，邵军. 自然禀赋与经济增长：对“资源诅咒”命题的再检验[J]. 世界经济，2006(11):40-49.

[201] 许斗斗. 休闲、消费与人的价值存在——经济的和非经济的考察[J]. 自然辩证法研究，2001(05):50-53.

[202] 杨春梅. 基于系统动力学的冰雪旅游业发展模式研究[D]. 阜新：辽宁工程技术大学，2014.

[203] 杨莉莉，邵帅，曹建华. 资源产业依赖对中国省域经济增长的影响及其传导机制研究——基于空间面板模型的实证考察[J]. 财经研究，2014(3):4-16.

[204] 杨琛丽. 基于共生理论的城乡休闲产业协调发展研究[D]. 太原：山西财经大学，2010.

[205] 杨琛丽，弓志刚. 休闲产业链及其构建分析[J]. 全国商情（理论研究），2010(3):20-22.

[206] 杨全山，任立兵. 城市经营管理及其基础理论探析[J]. 大连海事大学学报（社会科学版），2007(02): 47-51.

[207] 杨菊仙，田兰. 基于 PEST 框架的长株潭休闲产业集群发展研究[J]. 中国集体经济，2015(16):23-25.

[208] 杨主泉. 生态旅游产业转型升级驱动模型构建研究[J]. 生态经济，2011(2):138-140.

[209] 杨振之，周坤. 也谈休闲城市与城市休闲[J]. 旅游学刊，2008(12): 51-57.

[210] 姚效兴，董林. 基于循环经济的城市资源经营风险防范研究[J]. 安徽工业大学学报（社会科学

版），2005(224):58-59.

[211] 易龙生，潘安敏. 城市资源系统质量评价方法探讨[J]. 生态经济，2011(224):58-59.

[212] 于博，刘新梅，郑响理. 青岛市城市资源、基础设施与其经济社会协调发展的定量评价和分析[J]. 中国人口资源与环境，2007(174):153-157.

[213] 于洪平. 城市经营主体刍议[J]. 财经论丛（浙江财经学院学报），2004(4):76-79.

[214] 于肖肖. 川渝城市群环境与经济协调发展研究[D]. 北京：北京工业大学，2015.

[215] 袁国宏. 旅游业可持续发展的动力系统研究[J]. 旅游科学，2004，18(1):17-21.

[216] 原梅生. 中国休闲农业发展研究[M]. 北京：中国财政经济出版社, 2008.

[217] 赵承华. 我国乡村旅游产业链整合研究[J]. 农业经济，2007(5):19-20.

[218] 章尚正. 政府主导型旅游发展战略的必然转化[J]. 旅游科学，2002(1):9-12.

[219] 张宝成. 我国城市休闲及其休闲产业的发展研究——以西安市为例[D]. 西安：西北大学，2008.

[220] 张冰. 我国休闲体育产业综合实力的因子分析[J]. 湖北社会科学，2013(9):75-78.

[221] 张超. 城市资源空间组合的互补性理论[J]. 中国发展，2004(9):38-43.

[222] 张春生. 陕西省休闲产业与资源效率及经济增长的系统动力学研究[D]. 西安：西安理工大学，2008.

[223] 张凡，薛惠锋，寇晓东. 城市资源转化为资本的初步研究——兼对西安市土地资源转化的思考[J]. 陕西工学院学报，2003(194):56-59.

[224] 张复明. 山西打破“资源诅咒”[J]. 企业管理，2009(12):4-8.

[225] 张广瑞，宋瑞. 浅谈休闲研究[J]. 社会科学家，2001(3):35.

[226] 张侃侃，王兴中. 略论社区体系下城市资源的公正配置[J]. 经济问题，2012(3):52-54.

[227] 张建梅. 论我国旅游业由政府主导向市场主导模式的转换[J]. 现代财经（天津财经大学学报），2003, 23(11):58-61.

[228] 张丽君. 区域休闲产业布局与结构研究——以南京市为例[D]. 南京：南京航空航天大学，2006.

[229] 张磊，吕润. 发展休闲产业带动中国城市化进程[J]. 商业研究，2003(1):141-142.

[230] 张美书. 休闲产业人力资源与休闲经济的内在关联分析——以江苏省为例[J]. 科技和产业，2008，8(8): 9-12.

[231] 张普成. 基于系统动力学的城市休闲分析[D]. 湘潭：湘潭大学, 2008.

[232] 张顺，祁丽. 城市休闲产业组成体系与休闲经济特征研究[J]. 聊城大学学报：社会科学版，2005(6): 45-46.

[233] 张晓东. 休闲产业与城市发展关系研究[J]. 东方企业文化，2012(6): 109.

[234] 张勇. 我国城乡旅游互动发展的动力机制及其对策研究[J]. 河南大学学报（自然版），2010(6):

53-56.
[235] 张维. 休闲产业集群与区域竞争力提升：理论与实证研究[D]. 杭州：浙江工商大学，2007.
[236] 郑慧慧. 基于效用价值观的城市营销模式研究[D]. 哈尔滨：哈尔滨工业大学，2015.
[237] 郑胜华. 我国发展休闲产业的可行性研究[J]. 桂林旅游高等专科学校学报，2001(02): 44-47.
[238] 郑胜华，刘嘉龙. 城市休闲发展评估指标体系研究[J]. 自然辩证法研究，2006(223): 96-101.
[239] 郑胜华，宋国琴. 休闲产业链整合及其策略体系研究[J]. 商业经济与管理，2009(09): 81-87.
[240] 郑炎潮，卢晓媚. 共建“澳门—横琴”一体化的“世界旅游休闲中心”——营造以博彩业为核心的世界旅游休闲产业链和聚集区[J]. 南方经济，2011(11): 78-79.
[241] 郑自立. 文化与科技融合助推湖南休闲文化产业发展的模式与对策研究[J]. 湖南财政经济学院学报，2015(314): 97-109.
[242] 钟菊华. 四川省休闲体育产业与旅游产业融合模式研究[J]. 西南师范大学学报：自然科学版，2015, 40(8): 147-151.
[243] 钟世坚. 区域资源环境与经济协调发展研究[D]. 吉林：吉林大学，2013.
[244] 周冰，郭捷. 中美城市资源利用方式及效率比较研究——以圣何塞市和深圳市为样本[J]. 中国城市经济，2008(5): 50-53.
[245] 周彬. 海港城市休闲产业发展对策研究——以宁波为例[J]. 农业经济与管理，2009(5): 15-19.
[246] 周瑞刚. 边疆城市经济圈人口、资源与环境协调发展研究[D]. 昆明：云南大学，2016.
[247] 周伟，张全智. 城投公司是城市资源整合利用的重要经济主体[J]. 理论观察，2007(5): 141-142
[248] 朱竑，戴光全. 经济驱动型城市的旅游发展模式研究——以广东省东莞市为例[J]. 旅游学刊，2005(202): 41-46.